应用型高校本科专业
产教融合型课程体系改革与实践
计算机科学与技术专业

张亚娟 冯灵霞 姚培娟 编著

清华大学出版社

北 京

内 容 简 介

本书旨在深入探讨如何在快速发展的计算机科学与技术领域中,通过"产教融合"的模式,有效构建适应行业需求的应用型人才培养体系。本书主要包括专业概况、产教融合型课程体系构建、知识建模与教学设计、发展趋势和展望等内容。

本书紧密结合当前教育领域广泛推行的"基于学习产出的教育模式"(outcome-based education, OBE)理念,创新性地将项目化教学作为核心教学策略,为应用型人才培养提供了宝贵的思路和实践指导,适合应用型高等院校计算机科学与技术专业教育者和学习者阅读参考。

图书在版编目(CIP)数据

应用型高校本科专业产教融合型课程体系改革与实践.
计算机科学与技术专业 / 张亚娟,冯灵霞,姚培娟编著.
北京:清华大学出版社,2025.5. --ISBN 978-7-302-69104-4

Ⅰ.G649.21

中国国家版本馆 CIP 数据核字第 2025N15A16 号

责任编辑:陈凌云
封面设计:常雪影
责任校对:刘 静
责任印制:杨 艳

出版发行:清华大学出版社
　　　网　　　址:https://www.tup.com.cn,https://www.wqxuetang.com
　　　地　　　址:北京清华大学学研大厦 A 座　　　　邮　　编:100084
　　　社 总 机:010-83470000　　　　　　　　　　邮　　购:010-62786544
　　　投稿与读者服务:010-62776969,c-service@tup.tsinghua.edu.cn
　　　质量反馈:010-62772015,zhiliang@tup.tsinghua.edu.cn
印 装 者:天津鑫丰华印务有限公司
经　　销:全国新华书店
开　　本:185mm×260mm　　　　印　　张:14.25　　　字　　数:272 千字
版　　次:2025 年 6 月第 1 版　　　　　　　　　印　　次:2025 年 6 月第 1 次印刷
定　　价:52.00 元

产品编号:109537-01

课程是教育教学活动的基本依据,是实现教育目标的基本保证,是学校一切活动的中介。课程教学是师生共存的精神生活过程、自我发现和探索真理的过程、生命活动和自我实现的方式。具体而言,课程的重要性体现在4个结合点:第一,课程是学生和学校的结合点,学校提供课程,学生学习课程;第二,课程是学校和社会的结合点,社会对人才(学生)的不同要求通过课程结构和内容的改变来实现;第三,课程是教学和科研的结合点,科研促进教学,载体是课程;第四,课程是学生个体文化和社会文化的结合点,是学生社会化的重要渠道。课程是学校最重要的事,同时也是最容易被忽视的事。学校领导往往认为,课程教学是教师们的事;教师则容易将自己的研究、关注点放在学术上,忽视对课程的研究。实则,课程是一个开放体系,与政治、文化、经济、民族、语言、性别、制度、学科等紧密相连;课程教学是一项合作的事业,需要政府、社会、大学、领导、教师、学生、职员广泛参与。

黄河科技学院是一所高度重视课程建设的大学。我与该校董事长胡大白先生、执行董事兼校长杨保成教授有过多次交流。2024年10月,我和我们院校研究团队师生到该校进行了为期两天的考察学习。同年11月,我指导的一位博士生又到该校进行了为期一周的调研学习。黄河科技学院的课程建设给我留下了极为深刻的印象。

黄河科技学院遵从党中央"全面提高人才自主培养质量"的要求,从"让每个学生都享有公平而有质量的教育,使具有不同禀赋和潜能的每一个人都得到充分发展"出发,积极开展课程改革。在课程改革中,学校立足为地方和产业发展培育应用型人才的人才培养目标,开展大样本、全覆盖的专业岗位需求调研。通过调研,抓住在应用型人才培养中存在的"产教融合不够深入、师资实践应用能力不够、课程体系与市场需求无法紧密衔接"等问题,探索能够满足中国式现代化发展需求,以提升学生的岗位胜任力、就业适应力和职业发展力为目标的应用型本科教育模式。在这一课程改革过程中,影响深远、成效显著的当属创造性地提出并推进项目化教学体系改革。

项目化教学以能力目标为导向,以企业岗位任务为课程载体,通过真实的项目来促进学生主动学习。项目化教学具有真实性、实践性、探究性和创新性。实施项目化教学有利于增强学生知识整合和应用能力，有利于提升学生综合能力，有利于培养学生职业能力。从我们的考察中了解到，黄河科技学院从 2018 年开始推动项目化教学体系改革。在改革的过程中，学校做了大量工作。

(1) 营造课程建设和改革的制度环境。学校积极营造有利于课程建设和改革的制度环境，出台相关支持政策。首先，开展覆盖全校的课程立项工作，制定各类课程建设标准，每门课给予相应的立项经费支持，累计投入了 3000 多万元支持全校 1300 多门课程的建设和改革。其次，实行优课优酬的制度，根据课程评估结果，给予教师们最高五倍课酬的课时费。再次，给予学校教师横向项目 20％ 的配套经费，支持教师们将科研成果、横向项目转化落地公司化、市场化，落地后给予 10 万～15 万元的经费支持，并鼓励教师们将这些成果积极转化，反哺到课程教学中。

(2) 构建课程建设和改革的组织机构。大学产教融合课程体系的改革需要联合各个教学单位、职能管理部门和一线教师进行互动合作，逐步构建一个有利于产教融合课程体系建设的组织机制。首先，学校进行了体制机制改革，在学校职能部门层面进行"大部制"改革，将原来的 13 个处级单位整合成教师中心、教育教学中心、学生中心三大中心，以及思政工作部、科技发展部、资源保障部等五个大部，实现了职能部门的扁平化管理，大幅提高了职能部门服务课程建设和改革的效率。在教学单位进行"学部制"改革，将 12 个学院整合成工学部、艺体学部、商学部、医学部四个学部，打通了院系壁垒，整合了学科、专业、师资和平台等各类资源，为课程改革提供了有力支持。其次，学校创建了上下协同的组织机制。自上而下，主管校领导、教育教学中心组织项目化和产教融合课程体系建设研讨会，激发和启蒙教师对于课程建设的热情和想法，鼓励教师投入课程改革实践，并通过咨询和课程指导推进课程改革的进行和完善。首批试点课程建设完成后，引导优秀教师利用教学学术思维进行研讨、反思和改进，并作为导师培训其他教师开展课程改革，起到了自下而上的效果。上下协同，推进产教融合课程体系建设的良好发展。

(3) 提供课程建设和改革的资源条件。资源条件包括软件条件和硬件条件。其中，软件条件是指利于课程建设和改革的"人"的资源，主要关注产教融合课程教学团队师资建设。聘请国家教育行政学院刘亚荣教授牵头的专家团队，主管校长亲自带队，通过多种方式对学校管理人员和教师进行培训，制定各类课程评估标准，掌握课程知识建模方法；定期组织课程改革交流工作坊，供教师们学习、研讨和互动；鼓励和动员教师到企业挂职锻炼，提高教师们的实践能力，更好地服务产教融合课程改革。硬件条件是指利于课程建设和改革的基础资源，主要包括项目实践场所、项目设计和实施物资以及产业和企业资源的支持。学校主动协调联系校内资源和企业资源，创办大学科技园、创客工厂、众创空间、各类工程实训中心等场所，并保证各类工具和物资的供应，为课程设计和实施提供条件。学校层面和学部层面都设有产教融合办公室，积极联系和对接企业,进行沟通合作,帮助教师们开拓更广泛的企业资源,保证课程植根于产业并最终走向社会。此外,学校还自主研发了集智能管理、智慧教学和数智评价于一体的数字化课程建设平台,为课程建设和改革提供了优质高效的数字化资源保障。

在实施项目化教学的同时,学校倒推整个课程体系的调整和改革,最终构建了"2+1+1"(基础+实践+应用)的产教融合型课程体系。在学校构建的产教融合型课程体系中,前两年的基础课阶段聚焦学生基本能力的养成,设置基础性课程,通过一些综合性项目,让学生"见过"和"做过";大三的实践阶段,通过项目化教学课程对接企业实践工作岗位的真实项目,培养学生实践创新能力,让学生能够"做成";大四的应用阶段,设置应用型课程,教师直接带领学生进入企业生产一线,通过企业委托项目,让学生能够"做好"。

黄河科技学院课程体系改革已经取得了丰硕成果,产生了广泛的社会影响。学校在教育教学改革后的师生满意度调查中,总体满意度高于 98%。在改革的过程中,全校师生积极参与,共同创造,凝聚改革共识,产教融合走向深入,教师、学生能力显著提升,人才培养与行业企业岗位需求的对接愈发紧密,课程教学质量有了明显提升。改革成果受到省内外高校和社会的广泛关注,130 多所高校、240 多家企事业单位到校交流;课程改革总体设计者、负责人杨保成教授,应邀在国内各类教育学术研讨会及多所高校介绍改革的做法和经验。

现在,学校以"应用型高校本科专业产教融合型课程体系改革与实践"为题,在清华大学出版社结集出版系列图书,十分有意义。一方面,为应用型高校深化教育教学改革、创新人才培养模式、优化课堂教学方式方法、开展常态化课程评价、全面提升育人水平提供了参考。另一方面,为专业负责人、任课教师如何改革课程结构、改进教学方法,特别是在项目化教学中如何将企业的真实任务或者项目与专业课知识真正融合,以构建一门与人才培养目标相匹配、内容适度的课程等提供了借鉴。综上,我十分高兴地向高校同人们推荐该系列图书。

黄河科技学院的"应用型高校本科专业产教融合型课程体系改革与实践"属于规范的院校研究。他们在立足本校课程体系改革的院校研究中,体现出了热心教育、关爱学生的奉献精神;学习教育理论、探索教育规律的科学精神;"勇立潮头,敢于破局",在突破难点、痛点中不断奋进的坚韧不拔的精神,值得我们学习。期望高校同人像黄河科技学院那样开展院校研究,通过院校研究推进学校的建设和发展。

是为序。

华中科技大学原党委副书记

中国高等教育学会院校研究分会创会会长

刘献君

2024 年 12 月 8 日

　　党的二十大报告明确提出了"全面提高人才自主培养质量"的要求,党的二十届三中全会在此基础上审议通过的《中共中央关于进一步全面深化改革　推进中国式现代化的决定》提出了"分类推进高校改革"的要求。为构建高质量的人才自主培养体系,教育部提出了具体的技术路径,包括编制学科专业知识图谱、能力图谱,推动项目式、情景式和研究式教学等深度探索,实现从"知识中心"到"能力中心"的转变。河南省教育厅出台的《河南省本科高等学校深化产教融合促进高质量发展行动计划》,紧密结合本省传统产业提质发展、新兴产业培育壮大、未来产业谋篇布局,全力推动人才培养供给侧和产业需求侧结构要素全方位融合,为加快构建河南现代产业体系,确保高质量建设现代化河南、确保高水平实现现代化河南提供强有力的人才和智力支撑。

　　作为高等教育体系的重要组成部分,应用型本科高校是形成产教良性互动、校企优势互补的产教深度融合发展格局的高等教育主要生力军,为全面建设社会主义现代化国家提供强大人力资源支撑,在推进中国式现代化进程中扮演着至关重要的角色。然而,当前应用型本科人才培养体系改革存在很多堵点、痛点和难点,其中以下三个方面尤为关键。

　　其一,产教融合不够深入。高校与企业合作存在合作浅层化、利益差异化、供需不对接等问题,高校难以准确把握产业需求和企业的实际需求,服务产业发展和行业企业技术升级的能力不够,企业参与高校人才培养过程的积极性、主动性不够。

　　其二,师资实践应用能力不足。大部分教师毕业后直接到高校授课,理论知识丰富扎实,但缺乏行业经验和企业实践经验,难以紧跟行业最新发展趋势,在解决企业实际问题方面的实践应用能力不足。

　　其三,课程体系与市场需求无法紧密衔接。现有课程体系没有从市场导向出发进行系统设计,与市场需求衔接不紧密,课程教学目标、内容、测试方法不能有效促进应用型人才培养目标的实现,导致课程体系对人才培养目标的支撑力不够,学生能力与企业岗位任务要求出现脱节。

　　习近平总书记在2024年9月召开的全国教育大会上的重要讲话,向全党全社会发出了"建成教育强国"的动员令,系统部署了全面推进教育强国建设的战略任务和重大举措。习近平总书记指出,建设教育强国是一项复杂的系统工程。中共教育部党组在《人民日报》发表文章强调,面对新一轮科技革命和产业变革对全球秩序和发展格局带来的深远影响,能不能建成教育强国、为加快实现高水平科技自立自强提供支撑,能不能培养出世界一流人才和经济社会发展所需的大批高素质建设者,是摆在我们面前的重大课题。如何让每个学生都享有公平而有质量的教育,使具有不同禀赋和潜能的每一个人都能得到充分发展,是每一个教育工作者长期努力、不断改革的方向。

黄河科技学院作为全国第一所民办普通本科高校,肩负着为地方和产业发展培育应用型人才的使命。在新时代全面推进教育强国建设的背景下,学校清醒地认识到,要想真正实现面向未来培养人才,必须勇立潮头,敢于破局,重新规划未来学校发展定位,重构全新的产教融合人才培养体系,并且在专业层面、课程层面、课堂教学层面层层深入、彻底落实。教学改革改到深处是课程,改到痛处是教师。办学理念再好,体系设计再先进,没有教师的落地实施,人才培养成效是无法见真章的。为此,黄河科技学院从 2018 年开始,以英语课程和体育课程为破局起点,通过创新探索,让教师们初试初尝"以学生学习成长为中心"的课程和教学模式改革小成功的喜悦和红利;继而通过体制机制重构,全面触发和激励更深层次的人才培养体系创新和方法论创新;通过构建思想引路、问题导向、自我学习探索以及专家咨询等一系列行动学习式的有组织学习,推动全校所有专业所有教师,共同构建和实施了全新的人才培养体系。

人才培养是一个系统复杂的工程,体现在目的—目标体系多层复杂。具体而言,宏观层面必须以党和国家的意志和要求为根本遵循,即落实立德树人根本任务,培养德智体美劳全面发展的社会主义建设者和接班人;中观层面要体现区域需要,即精准对接国家战略和河南省"7+28+N"产业链群,深度聚焦发展新质生产力要求;微观层面,学校明确提出,要以学生的成长发展,提升学生的岗位胜任力、就业适应力和职业发展力为目标。

为实现上述目的—目标体系,学校以支撑目标实现的课程体系改革为突破口,构建了以能力逐级进阶提升为导向的"2+1+1"(基础+实践+应用)人才培养新体系(见图 1)。其中,立德树人的课程思政点作为每一门课的育人目标,纳入教学设计要求。课程体系中的"2"代表本科阶段的大一、大二聚焦学生"基本能力"养成,设置基础性课程。学生通过基础性课程学习专业基础知识和技能,实现"见过"和"部分做过",为后续学习与实践筑牢坚实的理论基础和技能基础。中间的"1"代表大三基于企业真实项目和市场评价标准,创设基于培养实践和创新能力的项目化教学课程,设置就业、创业、应用型研究三个方向,实施分类培养。学生可根据职业发展方向自由选择,实现个性化发展。学生在参与项目化教学课程的学习与实践中,将理论知识与实际项目紧密结合,有效提高实践能力和创新能力,实现"做成"。最后一个"1"代表大四开设应用型课程,教师带领学生直接进入产业企业生产一线,直接参与工作实践,在获取工作报酬的同时接受职业应用性评价,更深入地了解职业需求,为未来职业发展做好充分准备,进一步提升职业发展力,实现"做好",同时为即将步入职场的学生增强信心与竞争力,铺就应用型人才成长之路。学校创新课程体系的最终目的是实现应用型人才的高质量培养,助力学生实现高质量就业。

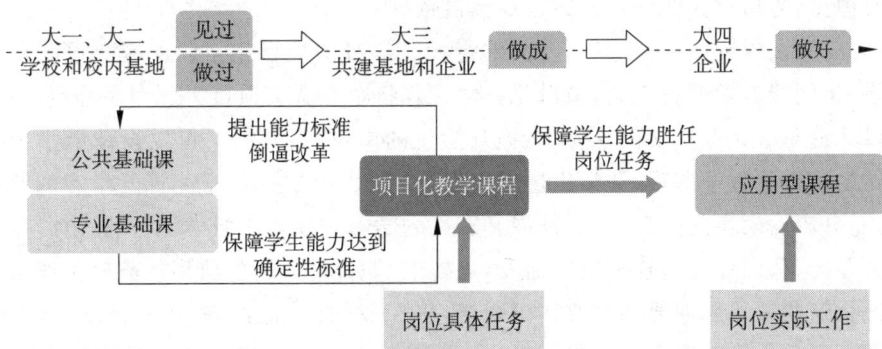

图 1　黄河科技学院"2+1+1"(基础+实践+应用)人才培养新体系

之所以进行这样的课程体系设计,是基于学校在多年产教融合的探索实践中发现,教师按照基于学习产出的教育(outcomes-based education,OBE)理念构建课程和课程模块,将能力作为课程目标,其背后的假设是"课程直接可以支撑能力目标",实际上在操作层面较难实现;而把行业企业的真实岗位任务或工程项目、技术研发项目转化为项目化的课程,其背后的假设是"能力内含在操作真实任务的过程中"。因此,将项目化教学课程作为能力培养的真实载体,教师更容易操作。教师可将自己做过的项目转化为课程,用任务承载真实能力训练,学生完成任务即受能力训练,且培养的能力可在任务结果中体现并进行评价。当然,其难点在于如何将企业的真实任务或者项目与专业课程知识真正融合,以构建一门与人才培养目标相匹配、内容适度的课程。在此实践逻辑基础上,学校以此类课程为起点,倒推整个课程体系的改革、调整和融合。人才培养新体系构建涉及学校及教职工的办学理念层面、工作系统方法层面、落实行为层面和办学效果评价反馈等,是一个复杂的系统工程。为构建这套全新的人才培养新体系,学校做了以下基础性改革工作。

一、抓住关键环节,重构人才培养体系

其一,大样本、全覆盖的专业岗位需求调研。由学校商学部人力资源专业团队牵头,专业设计调研方案,培训所有参与调研的专业负责人和教师。学校所有的专业负责人组队深入学生就业的主要用人单位,开展产业、企业、岗位调研,利用调研数据进行工作分析,最终建立就业数据库:产业—行业—企业分类标准、产业链人才需求标准、专业人才培养质量标准。学校编制了人才需求能力标签,构建了职位标签等,以便更精准地匹配人才与市场需求。学校紧跟产业需求,将这些标签全部纳入自主研发的

数字化平台,形成产业、行业、用人单位就业信息数据库。这些标签都是企业人力资源部门熟悉的用人标签,用人单位后续能够在平台上更新和组合自己的就业数据标签,进而发布就业信息。开放的就业信息数据库能够吸引越来越多的用人单位进驻,逐步覆盖所有本科专业对应的岗位。各专业以此为基础,倒推形成自己的人才综合素质能力评价模型,为后续人才培养模式改革提供依据。

其二,采取课程立项的办法,全面推行大三年级的项目化教学课程建设工程。与项目式、案例式教学课程不同,项目化教学课程将企业真实项目"化"为课程项目任务,既可以无缝对接企业真实岗位要求,提升学生的岗位胜任力;又可以设计成学生是学习主体的项目化教学课程,让学生边做边学,成为学习的主人,成为课堂学习的共同设计者,充分激发学生的内在动力,开展有意义的学习。项目化教学课程的设计,以市场需求为导向,从岗位真实任务要求出发,先提取"职位群—岗位典型任务—工作项目",然后优化这些项目所需要的专业知识图谱,将专业知识图谱与工作项目融合,形成一种新型的项目化教学课程的知识图谱。在此基础上,确定课程教学目标、项目任务、教学内容、课上课下学习任务等。学校制定了项目化教学课程的建设标准:一是强调项目"真实性",必须是源于企业的实际项目,可以是即时性项目或延时性项目,按照岗位任务逻辑,将项目任务、项目流程、项目能力、常见错误和解决办法编排成学习任务单元;二是建立对接企业行业的项目资源库,及时更新,确保项目的延续性和内容的有效性;三是制定以成果为导向、市场直接评价或仿真评价的三级评价标准,学生考核合格即能达到课程对应的岗位任务要求,胜任岗位工作。项目化教学课程是"2+1+1"人才培养新体系中的核心环节,具有承上启下的关键作用。这个环节不进行改革,其他课程改革都只是理念,无法真正落地实施。因此,学校将大三的项目化教学课程的改革作为整个课程改革的切入点,以分批立项的方式完成了大三所有的课程改革。

其三,依托数字化学习平台,基于知识建模、课程教学设计的技术方法全面重构课程体系。作为课程改革的突破口,学校在全面实施项目化教学课程后,开始倒逼前修基础课程改革,支撑大四的应用型课程建设。前修基础课程需在目标制定、内容选择、教学模式和评价考核等方面提供有力支撑,以确保知识的系统性和连贯性。同时,项目化教学课程也为大四学生直接参与用人单位的真实项目和工作,提供更具技术性和实用性的知识,以及解决实际问题能力和创新能力的基础。为此,学校邀请国家教育行政学院刘亚荣专家团队,以课程知识建模为基础,全面重构公共基础课和专业基础课。一是绘制所有课程的知识建模图。本科专业的全部课程绘制知识建模图为新型人才培养体系搭建坚实的知识体系基础。二是重构基础课程。从支撑项目化教学课程或后续专业基础课程的需要入手,倒推专业基础课和公共基础课的知识容量和结构,全面梳理项目化教学课程所需的知识、能力和素质,将知识点进行详细分解、重新组合,重塑现有的知识体系,对前修专业基础课程的知识、能力、素质模块进行组合,形成新的专业基础课和公共基础课。三是明确课程建设标准,推动新版教学设计和课程大纲的制定。基于课程知识建模图,重新制定1206门本科课程的教学设计和课程大纲,每门课的教学设计都重新设计和匹配了"以学生学习为中心"的各种教学、学习资源,包括线上课程、作业练习、各种学习评价工具等。四是建设数字化学习平台系统。所有课程的教学、学习资源都实现了线上师生共享,有效满足了教师教学和学生学习对各种学习资源和工具即时性、便利性的需求;解决了公共基础课学生基数大、师生互动难等问题;也解决了教考分离、多维评价、客观证据翔实的教学和学习评价真实难题;真正实现了学生随时可学,不受限于学期和专业,学完即可结业的泛在学习理念。

其四,基于市场真实评价的应用型课程建设。作为学校"2+1+1"人才培养新体系的最后环节,应用型课程是对应用型人才培养效果的有效检验和直接体现。学校指导各本科专业开展高质量充分就业调研分析,通过定性定量相结合,从知识能力素质要求、工作岗位经验、职业资格证书考取等维度对毕业生高质量充分就业的本质属性进行画像,提出高质量充分就业标准,并落实到应用型课程目标中。应用型课程的设计基于实际的产业发展和市场需求,由教师承接研发创新类等高质量真实市场项目,通过相应的教学设计(如学分、教学安排、课程考核等)赋予其课程要素,从而转换为课程。教师带领学生承接真实的市场项目,接受市场评价,产生经济与社会效益。在此过程中,教师的实践教学能力得以显著提高,逐步向"双师型"教师队伍转型。学生通过岗位任务从合格的入职者变成优秀的入职者,实现从"做成"到"做好",直接实现高质量充分就业。

其五,建立优秀本科生荣誉体系。为引领学生积极进取、全面发展,持续提升学生德智体美劳综合素养,进而激励学生追求卓越、奋发向上,营造"逢一必争,逢金必夺"的优良校园氛围,学校以德智体美劳全面发展为导向重构本科生荣誉体系,促进学生成长成才。一方面,学校表彰在学习、创新创业等方面表现突出的学生。他们或项目成果获企业采纳,实现高质量充分就业目标;或创新创业能力强,勇启创业征程;或勤奋好学,有一定学术成果。学校为他们颁发"全能英才奖""创新创业奖""学业卓越奖",激发学生的内在潜能和创新精神,促进学生更加积极主动地投入到学习和实践中,不断挑战自我,追求更高的目标。另一方面,学校表彰积极参与学校产教融合工作并做出努力和贡献的优秀毕业生。他们或积极牵线搭桥,为学校与企业搭建合作桥梁,不断拓展合作渠道;或参与学校课程设计,将企业实际需求与行业最新动态有机融入教学内容,助力学校构建贴合市场需求的人才培养模式;或为在校生创造大量实习与实践机会,促使学生在实践中茁壮成长。学校为他们颁发"杰出校友奖",对其做出的贡献和取得的成就给予充分肯定。同时,学校激励在校学生努力提升自己,力争成长为创新引领型人才。

黄河科技学院新的人才培养体系不同于传统学科逻辑下的本科人才培养体系,也不同于当前很多应用型大学倡导的校企合作的本科人才培养体系。三种人才培养体系对比分析见图2。传统高校人才培养体系根植于学科逻辑,偏重知识传授,为学生筑牢坚实的理论基础。然而,在对接企业实际工作所需的应用技能培养方面却极为薄弱,使得传统本科教育的毕业生大多呈现出"眼高手低"的特点,必须经过培训期后才能适应岗位任务要求。在知识匮乏、缺乏信息技术传播知识的时代,这种培养方式是大学的不二选择。但在信息技术时代,知识可以泛在索取,这种人才培养体系已经不能再作为任何大学人才培养的基本方式。

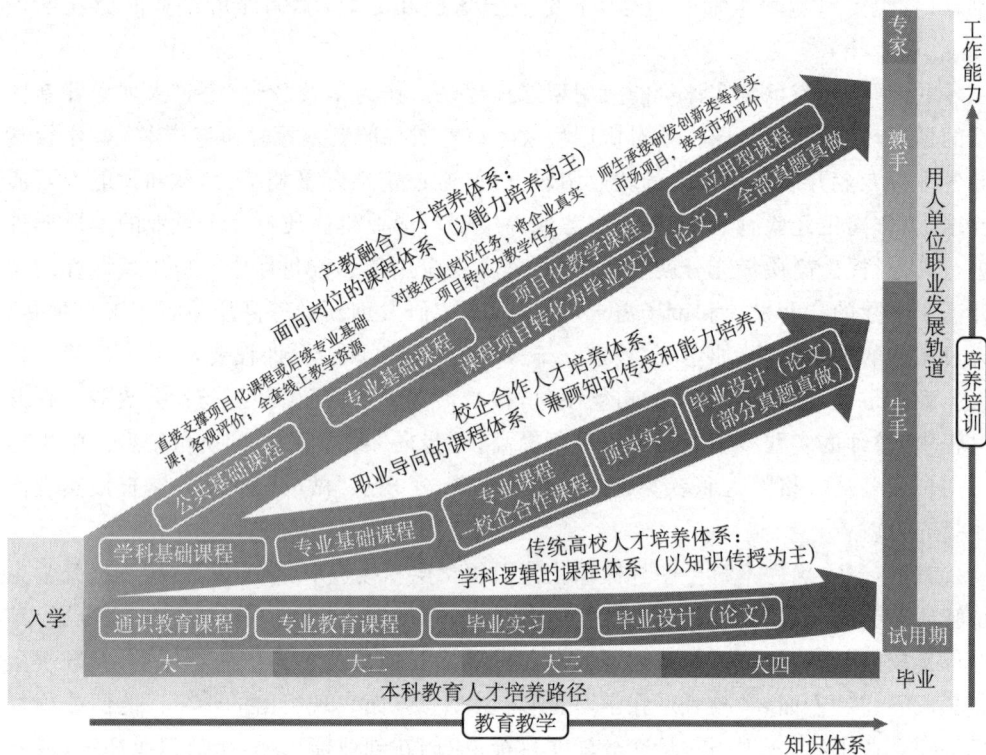

图2 三种人才培养体系对比分析

校企合作人才培养体系以职业为导向,设置校企合作课程、顶岗实习及毕业论文真题真做等实践类课程和环节,既注重知识传授,又兼顾能力培养,尤其强调实践与应用,对提高学生实践能力和职业技能有较大帮助。但是也存在四方面的主要问题。一是课程体系内容衔接度不够。校企合作课程与前端的基础课程以及与企业真实岗位要求之间都缺乏有效衔接,导致课程体系连贯性欠佳,人才培养与市场需求不匹配。二是师资队伍实践应用能力不足。教师因缺乏行业经验与企业实践经验,难以有效解决企业实际问题。三是校企合作课程个性化程度不高。课程多由企业研发,雷同性强,与学校办学特色联系不紧密,无法满足学生的个性化发展需要和市场的多样化需求。四是校企合作课程覆盖领域不广泛。合作项目往往依托"订单式"人才培养开设,局限于企业所需的特定岗位，未能全面覆盖专业面向的所有岗位。

我校的产教融合人才培养体系，从锚定岗位需求出发，重新梳理了人才培养的学习逻辑。在未来的人才培养中，一旦产业中的工程师和学校的教师都具备课程领导力，便能够突破产业和学校的界限，随时将岗位的需求转化为培养的课程。届时，学校将成为任何产业人才随时获取学习机会的场所，也将成为产业孕育未来科技产品的场所。

二、强化支持保障，全面推进综合改革

人才培养体系改革是牵一发而动全身的系统工程，外部需要全社会方方面面的配合与支持，内部也涉及体制机制、数字化平台、课程建设、教学质量评价与持续改进等全要素多维度的支撑和保障。为此，学校主要从以下几方面进行了衔接配套改革。

其一，自主研发数字化平台，实现评价与建设全流程智能化。搭建集智能管理、智慧教学、数智评价于一体的课程建设数字化平台，统筹全校课程资源，对外实现各高校课程资源共建共享，对内实现课程数据与教师数据、学生数据互联互通，协同推进课程建设与评价、学生服务和师资培养；构建基于质量标准、全量化采集、大模型分析的智能化课程评价支持体系，通过统一规划、统一建设、统一管理、统一评价，优化课程结构、明确课程规格、分析课程目标达成度、智能化提供课程画像、过程性规范课程准入与退出，保障一流应用型课程的优质、高效、充足供给。

其二，评价牵引，推进课程高质量建设。学校与国家教育行政学院共同研创课程评价指标体系。分类研创教学设计、教学实施、教学产出评价标准，重点关注课程知识建模的完整性、教学活动目标与任务的一致性、师生交互过程的有效性、教学评价的客观性。聚焦教学设计、教学实施、教学产出三个关键环节，实现课程评估精准化。一是聚焦教学设计。考察 OBE 理念在每个任务和活动设计中的体现，强调选取活动的目标、交互、成果及评价标准的一致性，课程知识建模的完整性等。二是聚焦教学实施。评价教学过程与教学设计的一致性，重点考查学生是否进行高阶思考、是否积极参与各项学习活动、知识能力是否达到预期目标。三是聚焦教学产出。将课程考核评价标准、企业评价标准、企业采纳证明等纳入课程成果重点考察，将教师教学能力提升、课改论文发表等作为教师成果进行评价，将学生考核结果、学生作品、创作等作为学生成果重点考察评价。学校充分利用大数据技术，将日常教学动态数据与专家评估相结合，建立线上线下相互支持，专业、学部、学校三级进阶式评价机制，实现常态化全覆盖"课程＋教师团队"评价。通过线上审阅课程资源和评审材料、深入课堂随机听课、组织课程答辩汇报、强化反馈改进四步骤，构建评价闭环，促进课程评价"反哺"课堂教学，推动全部课程锻优提质。评价结果打破职称定课酬惯例，实行优课优酬，最高给予 5 倍工作量奖励。

其三,深化体制机制改革,推动教学改革落地生根。学校充分利用体制机制灵活、行动决策迅速等优势,深入开展"大部制""学部制"体制机制改革,推动高校与产业、行业、企业资源共享、深度融合、协同发力、共同育人。在职能部门推行"大部制"改革,通过整合13个处级单位,成立教师中心、教育教学中心、学生中心三大中心,以及思政工作部、科技发展部、资源保障部等五个大部,提高职能部门服务教育教学工作的效能度和协同性。在教学单位积极推动"学部制"改革,打破原有的"校—院—系—教研室"多层级结构,将12个学院整合为工学部、艺体学部、商学部、医学部四个学部,依据专业集群下设科教中心,赋予其资源配置的自主权力。通过体制机制改革,充分汇聚学科、专业、师资、平台等各类优势资源,实现了以下三方面的提升。一是教师中心的成立,为教师提供了更专业的发展平台。鼓励教师深入企业实践,提升实践教学能力与专业素养,提供更多职业发展机会和激励机制,打造高素质、专业化、创新型教师队伍。二是教育教学中心的成立,有利于整合教育教学资源,推动产教深度融合。通过搭建教学平台,教师与企业专家共同设计与实施课程、共同制定并修订人才培养方案,促使专业设置紧密贴合产业需求,大幅提升专业与市场对接的精准度与紧密性。同时,引导教师将行业最新动态和技术及时引入课堂,促进教学方法创新,增强教学的针对性和实效性,为培养具有扎实专业知识和较强实践能力的应用型人才筑牢坚实基础。三是学生中心的成立,为学生提供了更多实践机会和职业发展指导。开展职业规划、职业咨询服务、优秀本科生表彰以及行业专家和成功校友经验分享等丰富多彩的活动,为学生在职业选择和发展中遇到的困惑提供个性化指导和建议,进而提升学生的就业竞争力和职业适应能力。

三、发挥改革效能,凸显人才培养成效

学校始终秉持"办一所对学生最负责任的大学"的办学愿景,全心全意为教师服务,全心全意为学生服务,人才培养新体系改革得到广大师生的高度认可和肯定。

学校采用调查问卷、访谈等多种形式开展了教育教学改革后的师生满意度调查。结果显示,总满意度高于98%。教师董菲菲分享村庄规划授课感悟时谈道:"当学生真正成为课堂的主人时,他们便不再是学习的被动承受者,而是积极投身于教学活动之中,化身为学习的主动探索者与协同合作者。他们的学习热情空前高涨,思维也更加活跃。"教师杨颖分享道:"投身于学校课程改革实践,我深切认识到,卓越的教学绝非因循守旧,而在于大胆创新、勇于实践。身为一线教育工作者,我们不只是知识的传播者,更是变革的推进者。课改给予我宽广的舞台,使我能尝试新教学理念与方法。我将项目化、合作学习等理念融入课堂,激发学生兴趣与创造力,实现师生平等互动、共同发展。"学生崔锴洁分享了自己在服装与品牌设计课程中的体验:"在这门课程里,同学们模拟不同岗位,大家分工协作,展现出极强的团队协作精神和学习热情,我能深切地感受到有一股强大的力量推动着我在交叉创新的道路上不断向前。"学生司双颖

谈道:"项目化教学课程风景园林规划与设计具有很强的实践性、应用性和挑战性。在一次次的项目构思与创作过程中,我被激发出全身心投入学习的热情,对这门课程产生了浓厚的兴趣。特别是当自己设计的园林方案被采纳并且最终得以建成的时候,之前所有的辛苦付出都转化为满满的成就感,那种激动和自豪难以用言语来表达,感觉所有的努力都是非常值得的!"

回顾 6 年的改革历程,学校聚焦人才培养模式改革、课程体系构建、课程开发、课程设计以及课程评价等关键环节,先后召开了主管教学部(院)长、科教中心主任、骨干教师等不同层面人员参与的研讨会 300 余场,投入 3000 余万元用于 1300 多门课程的建设。在此过程中,教师们对于人才培养模式改革理念、思路及步骤等有了更清晰、更深刻的认知。在全体师生的充分认可与深度参与下,全校上下已然凝聚起改革共识,产教融合持续走向深入,教师队伍的能力得到显著提升,人才培养与行业企业岗位需求的对接愈发紧密,课程教学质量有了明显提升。改革成果受到省内外高校和社会的广泛关注,130 余所高校、240 余家企事业单位等到校交流;受邀在中国高等教育学会、国家教育行政学院等举办的院校研究高端论坛,郑州大学、成都大学等高校做主题报告 28 次;成果在第 61 届、第 62 届中国高等教育博览会上展出,获得省内外高校教学管理人员和一线教师的高度好评;办学成效被中央电视台《新闻联播》、新华社、《光明日报》《中国教育报》等广泛报道。

斗转星移,岁月如梭,黄河科技学院在时光的长河中稳健前行。2024 年 5 月,学校迎来了辉煌的四十华诞。值此之际,我们集结学校人才培养新体系改革成果,分专业出版"应用型高校本科专业产教融合型课程体系改革与实践"系列图书,为应用型高校深化教育教学改革、创新人才培养模式、优化课堂教学方式方法、开展常态化课程评价、全面提升育人水平提供有效借鉴和参考。这一本本沉甸甸的册子,凝聚着全校教师在课改历程中的智慧与汗水,折射出全体教师的睿智与灵性,更满溢着全体教师"以学生为中心"的教育理想与不懈追求。

此举,一为抚今追昔,以文字铭刻学校波澜壮阔的发展历程,为辉煌历史留存厚重见证;二为激励莘莘学子奋发图强,在知识的海洋中砥砺前行,以拼搏之姿努力成才,为未来铸就璀璨华章;三为鼓舞吾辈同人不忘初心,励精图治,以昂扬斗志勇攀高峰,在教育的新征程上再创佳绩,为国家培养更多栋梁之材,为时代书写更壮丽的教育诗篇。

回顾往昔,那些奋斗的足迹、拼搏的身影,皆是前行的动力源泉。展望未来,我们深感责任重大、使命光荣。我们定会牢记为党育人、为国育才的初心使命,不负重托,与时俱进,努力谱写无愧于前人、无负于时代的璀璨新篇章。

黄河科技学院执行董事、校长

杨保成

2024 年 10 月 16 日

随着高等教育改革的深入推进，应用型高校在人才培养方面面临着前所未有的挑战与机遇。产教融合是高等教育改革的重要战略，其核心价值在于通过教育链、人才链与产业链、创新链的有机衔接，提升人才培养的针对性和实效性，从而更好地满足社会经济发展的需求。本书紧扣这一教育改革脉搏，深入探索产教融合型课程体系改革的有效路径，具有一定的现实意义和前瞻性。

首先，本书通过市场需求分析和学校发展定位，介绍了专业发展现状，探索出应用型人才的培养目标，分析了应用型高校本科专业的课程设置和教学现状，指出了存在的问题和不足，为后续的改革实践提供了有力的依据。

其次，在此基础上，本书总结了计算机科学与技术专业大部分毕业生可以从事的四大类就业岗位、六种具体岗位及其所需要的岗位能力，设计出以完成岗位任务为目标的课程体系。

再次，书中重点介绍了该专业主要课程的知识建模图、教学设计和教案设计。这些内容不仅为其他高校提供了有益的参考和借鉴，也进一步验证了产教融合型课程体系改革的可行性和有效性。

最后，本书对产教融合型课程体系改革的未来发展进行了展望，提出了相关的建议和对策。这包括加强政策引导和支持、深化校企合作、完善评价体系等方面，旨在为应用型高校本科专业的产教融合型课程体系改革提供持续的动力和保障。

张亚娟对本书进行统编，冯灵霞和姚培娟参与主要课程的编写，付辉、王照平参与课程体系构建，蒋文娟、赵鹏涛、陈丽、马晨欣参与了人才需求调研。

本书编写的过程中，参考了许多相关资料和书籍，还参考了中国大学 MOOC 爱课程网站和哔哩哔哩网站上优秀的教学视频，在此对这些内容的作者表示衷心的感谢。

由于编者水平有限，书中难免有不当和疏漏之处，恳请读者批评指正。

张亚娟

2024 年 6 月

目录

第 1 章

计算机科学与技术专业概况

1.1 专业发展历程

1956 年,哈尔滨工业大学等院校率先设立"计算装置与仪器"专业,这标志着计算机专业教育在中国的起步。从 20 世纪 70 年代开始,计算机科学与技术专业在国内多所高校陆续设立,并逐渐构建起多层次的计算机人才教育体系。20 世纪 90 年代后期,随着互联网的兴起和计算机技术的快速发展,计算机科学与技术专业在国内得到了进一步的深化和拓展。2000 年前后,国内多家出版社从国外著名出版公司引进了成套的计算机专业教材,使我国计算机专业教材内容逐步与国际接轨。目前,计算机科学与技术专业已成为国内高校中非常受欢迎的专业,为社会培养了大量的计算机领域专业人才。

黄河科技学院计算机科学与技术专业的本科学历教育始于 2000 年。该专业于 2008 年被评为郑州市重点专业,于 2011 年被评为河南省特色专业建设点。2014 年,其人才培养模式改革研究获郑州市教学成果特等奖。随后,该专业又于 2019 年获批河南省民办普通高等学校品牌专业建设点,于 2020 年获批河南省一流本科专业建设点。2023 年,该学院计算机科学与技术教研室获得郑州地方高校优秀教学基层组织的光荣称号。

除此之外,该学院计算机科学与技术专业还拥有一支高水平的师资队伍。现有专兼职教师 20 人,其中教授 2 人,博士 2 人,副教授以上职称占比达 81.8%,双师型教师占比近 50%。这些教师不仅具有丰富的教学经验和深厚的学术造诣,还注重与学生的互动与交流,积极引导学生参与科研项目和实践活动,为学生的全面发展提供了有力保障。

计算机科学与技术专业贯彻基于学习产出的教育模式(outcomes based education,OBE),强调以学生为中心,注重培养学生的实践能力和创新精神。该专业紧密结合区域经济发展实际,为地方经济社会发展提供有力的人才支撑和智力保障。同时,该专业以深化产教融合、专创融合为途径,注重加强与企业、行业的交流与合作,推动产学研用深度融合,为学生提供更多的实践机会和创新创业平台。

1.2　专业现状

1.2.1　市场需求

当前,计算机科学与技术专业毕业生的市场需求在当今社会呈现出多个鲜明的特点,这些特点不仅揭示了信息技术行业蓬勃发展的现状,也预示了该领域未来对人才需求的持续增长和多元化趋势。

(1)计算机科学与技术专业人才的市场需求量极大。随着信息技术的迅猛发展和广泛应用,各行各业对计算机科学与技术专业人才的需求均呈现出爆发式增长。无论是在软件开发、网络安全、数据科学还是人工智能等分支领域,都急需具备相关知识和技能的人才来支撑和推动业务的发展。这种巨大的市场需求为计算机科学与技术专业的学生提供了广阔的就业空间和发展机会。

(2)计算机科学与技术专业毕业生的就业前景十分广阔。他们可以选择多种职业路径,如软件开发工程师、网络安全专家、数据分析师等。随着新技术的涌现和应用场景的扩展,这些职业路径也在不断拓展和深化。同时,计算机科学与技术专业毕业生还可以选择创业或进入研究机构等领域,实现个人价值的最大化。

(3)计算机科学与技术专业人才的薪资水平相对较高。由于技术含量高和人才供给相对不足,计算机科学与技术专业人才在市场上的价值得到了充分体现。尤其是在人工智能、大数据等热门领域,这些技术对企业的运营和发展具有至关重要的作用,因此相关人才的薪资水平更是水涨船高。

(4)市场对计算机科学与技术专业人才的技能要求越来越高。随着技术的快速更新换代,计算机科学与技术专业人才需要不断学习新知识和新技能,以适应市场的变化和企业的需求。这要求学生在学习期间不仅要掌握扎实的理论基础,还要具备良好的实践能力和创新能力,以便于迅速适应新的技术环境和业务需求。

(5)计算机科学与技术与其他领域的跨界融合趋势越来越明显。如今,计算机科学与技术已经逐渐渗透到金融、医疗、教育等各个领域,与这些领域产生了深度融合。这种跨界融合为计算机科学与技术专业毕业生提供了更多的就业机会,同时也要求他们具备跨领域的知识和技能,能够在不同领域中发挥专业优势和创新能力。

因此,高校在培养计算机科学与技术专业人才时,应紧密结合市场需求和行业发展趋势,注重提升学生的实践能力和创新能力,从而为社会输送更多高素质的复合型人才。

1.2.2　应用型人才培养

黄河科技学院作为教育部"应用科技大学"改革试点建设单位,积极探索并实践了本科教育和职业教育相结合的办学模式及产教融合型课程体系的构建。这一创新模式旨在更好地适应社会对应用型人才的需求,提高人才培养的针对性和适用性。

应用型人才培养是指通过对学生进行理论学习和实践操作相结合的教育教学过程,使学生具备与现实社会需求相适应的实际操作能力和问题解决能力,并培养他们的专业素质和创新意识。这种培养方式在为行业和社会提供所需的高素质人才同时,对学生个人发展和教育体系完善也有所裨益。

(1)从行业角度来看,通过应用型人才培养,企业可以获得符合自身需求的高素质人才,这些人才能够迅速适应工作环境,为企业解决实际问题,从而提升企业的核心竞争力和市场地位。

(2)从社会需求角度来看,应用型人才能够将所学知识和技能应用于实际工作中,解决现实问题,推动社会经济发展。因此,加强应用型人才培养是满足社会需求的必要途径。

(3)从个人角度来看,通过应用型人才培养,个人可以获得更多的实践经验,学习重要的工作技能,拓宽职业发展前景并提高就业竞争力。同时,这种培养方式也有助于个人更好地了解行业需求和发展趋势,为未来的职业规划和发展奠定基础。

(4)从教育体系角度来看,应用型人才培养是高等教育发展的重要趋势。通过优化课程体系、加强实践教学、推进产学研合作等措施,可以完善教育体系,提高教育质量和水平,促进高等教育的可持续发展。

为了有效培养应用型人才,我们需要采取一系列具体的措施,如建立以实践为导向的教学模式、推进产学研合作、加强师资队伍建设、建立完善的质量评价体系等。同时,还可以采用实践导向模式、产学合作模式、导师制培养模式等多种人才培养模式,以满足不同领域和行业的需求。

计算机科学与技术专业在中国的发展历程已有六七十年。从最初的"计算装置与仪器"专业逐渐演变为如今主流的"计算机科学与技术"专业,这一漫长的历史见证了计算机教育的兴起、发展和变革。然而,虽然很多院校已经在应用型人才培养方面进行了多次改革尝试,但由于受到美国"91教学计划"及本专业传统理论体系的影响,许多本科院校的专业教学计划仍难以完全摆脱原有课程体系的束缚。

为了积极响应行业与社会的发展要求,计算机科学与技术专业积极参与课程体系改革,努力打破传统课程体系的束缚,构建更加符合应用型人才培养需求的新课程体系。同时,该专业也鼓励教师们与企业开展深度合作,共同参与教育部协同育人项目,通过外出培训、参与企业项目、发表论文、到企业挂职锻炼等多种方式,不断提升自身教书育人、数字素养和实践应用等方面的能力。

通过这些努力,计算机科学与技术专业的教师不仅成为会教书、会育人的优秀教师,还具备了创新创业能力。他们不仅能够传授学生专业知识,还能够引导学生参与实践活动,培养学生的创新能力和实践能力。在该专业教师的引导下,学生不仅在专业知识上有所建树,还在创新能力、实践能力、团队协作能力等方面得到全面提升,成为具有综合素质的精英人才。

1.3　专业发展趋势和展望

计算机科学与技术专业是计算机软件与硬件结合、面向系统、更偏向应用的宽口径学科。该专业通过基础教学与专业训练,培养基础知识扎实、知识面宽、工程实践能力强、具有开拓创新意识,能够在计算机科学与技术领域从事科学研究、教育、开发和应用的高级计算机专业人才。

展望未来,计算机科学与技术专业将继续深化课程体系改革,加强与企业的合作与交流,不断完善应用型人才培养体系,为社会的经济发展和产业升级做出更大的贡献。同时,该专业也将继续加强教师队伍建设,培养更多具有创新精神和实践能力的高校教师,共同推动计算机科学与技术专业的可持续发展。

计算机科学与技术专业课程体系构建

2.1 人才需求分析

黄河科技学院计算机科学与技术专业教师通过线上与线下相结合的方式,走访了20多家企业,并在各类招聘网站上查看了100多家公司的相关招聘信息,这对于深入了解行业需求和人才市场动态具有重要的意义。

首先,通过实地走访企业,该专业教师可以深入了解企业的业务模式、技术架构和人才需求。这种面对面的交流,有助于教师获取第一手资料,发现企业对计算机科学与技术专业人才的具体需求,包括技能、经验、学历等方面的具体期望。同时,还可以与企业建立联系,为未来的校企合作、人才实习就业等打下基础。

其次,通过在线查看招聘网站的信息,该专业教师可以获取大量关于行业发展趋势和人才市场动态的数据。这些数据包括岗位数量、薪资水平、招聘需求变化等,能够实时反映市场对计算机科学与技术专业人才的整体需求和竞争态势。通过对这些数据的分析,可以更加准确地把握市场脉搏,为制定人才培养方案提供有力支撑。

最后,结合线上和线下的调研结果,该专业教师可以对计算机科学与技术专业的人才培养方案进行有针对性的优化。例如,根据企业的实际需求调整课程设置,加强实践教学环节,提升学生的实践能力和创新能力。同时,还可以根据市场需求调整人才培养目标,培养更多符合市场需求的高素质专业人才。

通过线上与线下相结合的方式来调研市场需求和行业动态,是计算机科学与技术专业优化人才培养方案的重要途径。这样的调研活动有助于该专业教师更好地了解市场需求和行业动态,为人才培养提供更加精准和有效的指导。

2.2 岗位任务分析

2.2.1 计算机科学与技术专业主要就业岗位

教师们根据前期的调研梳理出九大就业方向 74 个具体的工作岗位。结合学校服务地方经济的实际,该专业以四大类就业岗位为主,即研发类、测试类、服务销售类和管理类,具有明确的针对性和适用性。

1. 研发类岗位

研发类岗位是计算机科学与技术专业毕业生的重要就业方向之一。这些岗位通常要求毕业生具备扎实的编程基础、良好的逻辑思维能力、创新能力和团队协作能力。在研发类岗位中,C 开发工程师、C++ 开发工程师、Java 开发工程师和嵌入式软件开发工程师等职位需求量大,薪资待遇优厚。毕业生可以通过参与实际项目,不断提升自己的技术水平和团队协作能力,成为企业研发团队中的核心力量。

2. 测试类岗位

随着软件行业的快速发展,测试类岗位的需求也在不断增加。Web 测试工程师、开发者测试工程师和系统测试工程师等职位,要求毕业生具备扎实的测试理论基础和丰富的实践经验。测试工程师需要熟悉各种测试工具和方法,能够独立完成测试任务,并能够与研发团队紧密合作,确保软件产品的质量。

3. 服务销售类岗位

服务销售类岗位是计算机科学与技术专业毕业生在职业生涯中的另一重要选择。Linux 系统运维工程师、信息化实施工程师和系统集成工程师等职位,要求毕业生具备扎实的技术基础和良好的客户服务意识。这些岗位需要毕业生能够深入了解客户需求,提供定制化解决方案,并通过优质的服务赢得客户的满意和信任。

4. 管理类岗位

管理类岗位是计算机科学与技术专业毕业生的晋升方向之一。系统分析师、软件架构师和硬件架构师等职位,要求毕业生具备深厚的技术功底和卓越的管理能力。这些岗位需要毕业生能够带领团队完成项目任务,制订有效的项目计划和管理策略,确保项目的顺利进行和高质量完成。同时,他们还需要具备前瞻性思维和创新精神,能够为企业的发展提供战略性的建议和决策。

2.2.2　计算机科学与技术专业主要就业岗位任务及能力分析

1. 软件开发工程师

(1) 软件开发工程师的任务主要包括以下七个方面。①软件设计与开发;②需求分析与文档编写;③故障定位与调试;④项目管理与团队协作;⑤系统维护与优化;⑥新技术研究与应用;⑦界面美化及技术支持。

(2) 软件开发工程师的能力要求主要包括以下五个方面。①编程技能:软件开发工程师需要熟练掌握至少一种主流编程语言(如 Java、Python、C++等)和相关开发工具,能够高效地进行代码编写和调试;②软件工程知识:软件开发工程师需要了解软件工程的基本原理和方法,熟悉软件开发流程、项目管理和质量控制等方面的知识;③分析能力:软件开发工程师需要具备较强的逻辑思维能力和分析能力,能够准确理解项目需求,进行系统功能的设计和实现;④团队协作能力:软件开发通常是一个团队合作的过程,因此软件开发工程师需要具备良好的沟通能力和团队协作精神,能够与其他团队成员形成合力,共同完成任务;⑤持续学习能力:由于软件技术的快速更新迭代,软件开发工程师需要具备持续学习的能力和自我提升的意识,不断研究新技术和新方法,提升自己的竞争力。

2. 软件测试工程师

(1) 软件测试工程师的任务主要包括以下九个方面。①设计和执行测试用例,测试软件产品的性能、功能及其他质量特性;②报告和跟踪缺陷,确保缺陷得到修复,并验证其修复效果;③编写测试报告,提供软件产品的测试结果和改进建议;④参与软件开发生命周期的各个阶段,与开发团队密切合作,确保软件产品的质量,并按时交付;⑤制定和优化测试策略,提高测试效率和测试覆盖率;⑥使用自动化测试工具和框架,实现自动化测试,提高测试效率和质量;⑦对软件产品进行压力测试、性能测试、兼容性测试等,确保软件产品在不同环境和条件下都能稳定运行;⑧参与需求评审和设计评审,提供质量保证和改进意见;⑨持续学习和研究新的测试技术和方法,提高测试水平和测试效率。

(2) 软件测试工程师的能力要求主要包括以下八个方面。①测试技能:软件测试工程师需要熟练掌握各种测试方法和技术,如黑盒测试、白盒测试、自动化测试、性能测试、安全测试等。他们还需要具备编写测试用例、执行测试计划,以及记录和分析测试结果的能力;②编程能力:软件测试工程师需要熟练掌握至少一门编程语言,能够编写自动化测试脚本和工具,以提高测试效率和质量;③业务理解能力:软件测试工程师需要对软件所涉及的业务逻辑有深入的理解,能够准确领会用户需求,并根据业务需求制定测试策略;④交流能力:软件测试工程师需具备良好的沟通能力和团队协作能力,能够与开发人员、产品经理、用户等进行有效的沟通和协调,促进问题的解决。同时,还需要具备撰写测试报告和测试总结的能力,以便清晰地向相关人员传达测试结果和建议;⑤分析能力:软件测试工程师需要具备对测试结果进行深入分析的能力,能够发现潜在的问题和缺陷,并提出改进建议;⑥细心和耐心:软件测试工程师需要具有耐心和细致的态度,能够认真地执行测试用例和测试计划,确保测试的全面性和准确性;⑦抗压能力:面对紧张的测试周期和严格的质量要求,软件测试工程师需要具备良好的抗压能力,保持冷静和专注;⑧学习能力:软件测试工程师需要持续学习和更新测试技术和知识,跟随技术发展趋势,不断提升测试水平和能力。

3. 系统运维工程师

(1) 系统运维工程师的任务主要包括以下十个方面。①基础环境搭建和管理:负责搭建和管理服务器、网络设备等基础环境,确保其运行的稳定性和可靠性;②系统监控和维护:负责对服务器、数据库、中间件等系统进行监控和维护,及时发现和解决系统故障,确保系统的可用性和稳定性;③数据备份与恢复:负责制订和执行数据备份与恢复计划,确保数据的安全性和完整性;④配置管理:负责配置和管理系统软硬件,包括系统软件、安全软件等的安装、配置和管理;⑤系统优化和升级:负责对系统进行优化和升级,提高系统的性能和稳定性;⑥安全管理:负责系统的安全管理和风险控制,包括安全策略制定、漏洞扫描、安全审计等;⑦响应突发事件:负责及时响应和处理系统突发事件,包括系统故障、安全事件等,采取有效措施解决问题;⑧文档编写和维护:负责编写和维护系统运维文档,包括系统架构图、配置清单、维护记录等,以便于后续的运维和管理;⑨协助开发人员:协助开发人员进行系统部署、测试和上线等工作,提供技术支持和建议;⑩评估和改进:负责对系统运维工作进行评估和改进,提出改进意见和建议,提高系统运维的效率和质量。

(2) 系统运维工程师的能力要求主要包括以下八个方面。①系统和网络基础知识:系统运维工程师应深入理解计算机硬件、操作系统、网络协议等基本概念和原理,以便全面监控和维护系统的正常运行;②服务器管理:系统运维工程师应熟悉服务器的部署、配置、监控和维护方法,包括硬件和软件的管理,以确保服务器的稳定、高效运行;③数据库管理:系统运维工程师应熟练使用数据库软件进行备份、恢复、性能调优和安全管理工作,保证数据的安全性和完整性;④编程和脚本语言:系统运维工程师应具备一定的编程和脚本语言能力,能够编写自动化脚本和工具,简化系统管理和维护过程,提高运维效率;⑤安全管理:系统运维工程师应掌握网络安全和数据安全的基本知识,能够识别和解决系统中的各种安全问题,包括防范黑客攻击、数据泄露等风险;⑥故障排除和系统优化:系统运维工程师应具备丰富的故障排查和系统优化经验,能够快速诊断和解决各种系统问题,如性能瓶颈、软件冲突等,确保系统的稳定运行;⑦团队合作和沟通:系统运维工程师需要与开发人员、测试人员、产品经理等多个团队紧密合作,因此良好的团队合作和沟通能力至关重要。他们需要能够清晰地传达问题和需求,确保各方协同工作,共同推动项目的进展;⑧持续学习和创新能力:因为运维技术在不断更新,系统运维工程师需要具备持续学习的能力,以便跟上技术发展的步伐。同时,他们还需要具备创新能力,能够不断探索新的运维方法和工具,以提高自身的运维水平。

4. 网络工程师

(1) 网络工程师的任务主要包括以下七个方面。①网络规划和设计:根据用户需求,对网络进行规划和设计,包括网络拓扑、网络设备、网络协议等;②网络设备配置和维护:负责配置和维护网络设备,如交换机、路由器、防火墙等,以确保网络的高效运行和安全性;③网络监控和故障排除:负责监控网络的性能和运行状况,及时发现和排除网络故障,以确保网络的稳定性和可用性;④网络安全管理:负责网络安全管理,包括网络安全策略、漏洞扫描、风险评估等,以保护网络的安全和保密性;⑤网络应用开发和集成:负责开发和集成网络应用程序,如网络管理系统、网络监控工具等,以提高网络管理的自动化程度和效率;⑥协调和沟通:与其他部门进行协调和沟通,包括与运维部门、安全部门、业务部门等的沟通和协作,以确保网络的正常运行和业务需求的实现;⑦培训和支持:为客户提供技术培训和支持,帮助客户解决网络相关问题,以及进行网络的升级和改造。

(2) 网络工程师的能力要求主要包括以下五个方面。①扎实的专业知识:网络工程师需要具备深厚的计算机和网络通信领域内的基本知识,能够熟练地进行网络规划、设计、实施、维护和优化等工作。同时,他们还应了解网络通信协议、网络设备和网络安全等方面的知识;②技术实践能力:网络工程师需要能够根据应用部门的要求进行网络系统的规划、设计和网络设备的软硬件安装、调试及升级等工作。此外,他们还应具备独立设备调试能力,能够高效、可靠、安全地管理网络资源;③系统分析与解决问题的能力:面对复杂的网络问题,网络工程师需要能够进行深入的系统分析,准确找出问题所在,并提出有效的解决方案。同时,他们还应具备良好的逻辑思维能力和创新能力,能够灵活应对各种挑战;④良好的沟通与团队协作能力:网络工程师需要与团队成员、上级领导和客户进行有效的沟通和协作,以确保项目的顺利进行。他们应具备良好的表达能力和沟通技巧,能够清晰地传达自己的意见和想法;⑤持续学习与自我提升的能力:随着信息技术的不断发展,网络工程师需要不断学习新知识、新技能,以适应行业的变化和需求。他们应具备自我驱动的学习能力,能够主动寻找学习资源和机会,不断提升自己的专业水平。

5. 数据库工程师

(1) 数据库工程师的任务主要包括以下十个方面。①数据库设计:根据业务需求和系统要求,进行数据库设计,包括数据库架构、表结构、索引、存储过程等的设计;②数据建模:根据业务需求和业务流程,建立数据模型,确保数据的准确性和完整性;③数据存储和管理:负责数据的存储和管理,包括数据的备份、恢复、迁移等,以确保数据的安全性和可用性;④数据查询和优化:编写和优化数据库查询语句,以确保数据查询的效率和响应速度;⑤数据库监控和维护:监控数据库的性能和运行状况,及时发现和解决数据库故障,进行数据库的维护和优化;⑥数据库安全控制:负责数据库的安全控制,包括用户管理、权限控制等,以确保数据的安全性和保密性;⑦数据迁移和转换:进行不同数据库系统之间的数据迁移和转换等,以确保数据的准确性和一致性;⑧系统集成和测试:参与系统集成和测试,与开发人员和测试人员协作,以确保数据库的稳定性和可靠性;⑨文档编写和维护:编写和维护数据库相关文档,包括数据库设计文档、数据字典等,以便于后续的维护和管理;⑩技术研究和探索:不断学习和探索新的数据库技术和方法,以提高自己的技术水平和业务能力。

(2) 数据库工程师的能力要求主要包括以下五个方面。①扎实的数据库知识:数据库工程师需要深入理解关系型数据库和非关系型数据库的原理、架构和操作。此外,他们还需要掌握数据库设计范式、索引优化、查询优化等方面的知识,以确保数据库的高效运行;②数据库编程能力:数据库工程师应熟练掌握 SQL 和 PL/SQL 等数据库编程语言和技术,能够编写高效的 SQL 查询和存储过程,并处理数据库中的触发器和约束。这有助于他们根据业务需求进行复杂的数据库操作;③系统安装、配置及管理与维护技能:数据库工程师需要具备数据库系统的安装、配置、备份、恢复、优化等基本技能。他们需要能够监控数据库的性能,及时发现并解决潜在的问题,以确保数据库的稳定性和安全性;④问题解决能力与技术创新:面对复杂的数据库问题,数据库工程师需要能够进行深入的分析和诊断,提出有效的解决方案。同时,他们还应具备创新能力,能够不断学习新的技术,以提高数据库的性能和稳定性;⑤沟通与团队协作能力:数据库工程师需要与开发人员、测试人员、产品人员等多个团队进行紧密的协作。因此,他们需要具备良好的沟通和团队协作能力,以确保项目的顺利进行。

6. 软件架构师

(1) 软件架构师的任务主要包括以下七个方面。①架构设计:负责软件系统的整体架构设计,包括系统结构、功能模块、技术实现等,为软件系统的开发提供指导和规范;②技术决策:根据业务需求和系统要求,进行技术决策,选择合适的技术栈和工具,以确保软件系统的性能、稳定性和可扩展性;③系统规划:参与软件系统的规划,制订开发计划和实施方案,以确保软件系统的顺利开发和实施;④需求调研与分析:负责需求调研和分析工作,了解业务需求和业务流程,为软件系统的设计提供依据;⑤架构评审与优化:对软件系统的架构进行评审和优化,以确保软件系统性能良好且能高效运行;⑥团队协调与沟通:与开发团队、测试团队、运维团队等保持密切沟通与协作,确保软件系统按照架构规范进行开发和实施;⑦跟踪新技术:跟踪新技术和行业发展趋势,不断学习和研究新技术,以提高自身的技术水平和专业能力。

(2) 软件架构师的能力要求主要包括以下六个方面。①技术广度和深度:软件架构师需要具备扎实的技术基础,包括深入理解软件开发流程、熟悉主流编程语言(如 Java、Python、C++等)、了解数据库设计和数据库管理系统(如 Oracle、MySQL 等),并具备足够的技术广度,包括软件到硬件、开发到测试、运维到安全等方面。②理解能力、拆分能力和设计能力:架构师需要对项目开发涉及的所有问题领域都有经验,能够深入理解项目需求,并根据需求进行系统设计。他们需要依据用户需求,将完整的系统拆分为子系统和组件,形成不同的逻辑层或服务层,确定各层接口、层与层相互之间的关系,并设计合理的软件整体架构。③技术选型能力:基于对系统的分解和整体架构的设计,架构师需要具备根据业务需求进行技术选型的能力。他们需要了解各种技术的优缺点,并能够根据实际情况选择最合适的技术栈。④沟通和团队协作能力:优秀的架构师不仅需要具备专业的技术能力,还需要具备良好的团队协作能力。他们需要与项目经理、开发人员、测试人员等多个角色进行紧密的沟通和协作,以确保项目的顺利进行。⑤文档编写和评审能力:架构师需要重视文档的编写和评审工作,通过编写清晰、准确的文档,帮助团队成员更好地理解架构设计思路和实现细节。⑥关注系统性能和安全:架构师需要在设计之初就充分考虑系统的性能和安全需求,通过设计合理的架构、选用高性能的技术栈、实施严格的安全措施等手段,确保系统的稳定性和安全性。

2.3　课　程　体　系

1. 计算机科学与技术专业课程体系结构图

课程体系结构图如图 2-1 所示。

2. 计算机科学与技术专业产教融合岗位任务知识课程体系图

产教融合岗位任务知识课程体系图如图 2-2 所示。

第一学期　第二学期　第三学期　第四学期　第五学期　第六学期　第七学期　第八学期

毕业设计(论文)

人文通识课

思想道德修养与法治　中国近代史纲要　马克思主义基本原理　毛泽东思想和中国特色社会主义理论体系概论　习近平新时代中国特色社会主义思想概论

军事理论与国家安全　大学生心理健康

大学生职业发展与规划指导一　创业基础　大学生职业发展与规划指导二

体育一　体育二　体育三　体育四

大学英语一　大学英语二　大学英语三　大学英语四

素质拓展课

形式与政策、劳动教育社会实践、公共艺术教育、人文社会、自然科学讲座、经典阅读等素质拓展课程

数学与自然科学课

线性代数　概率论与数理统计　离散数学　数学建模

高等数学一　高等数学二

大学物理

大学物理实验

专业课

C++程序设计　数据结构与算法　程序设计竞赛　计算机前沿技术与工程伦理　编译原理

计算机科学导论　Linux系统管理　计算机网络A　软件工程　软件测试实践

C程序设计A　计算机组装与维护　数字电路与系统　计算机组成原理　操作系统　Python程序设计　Linux运维

数据库原理及应用　嵌入式系统原理及应用　嵌入式软件开发　嵌入式应用开发

Java程序设计　Web应用程序设计　Web框架技术　微信小程序开发

毕业实习

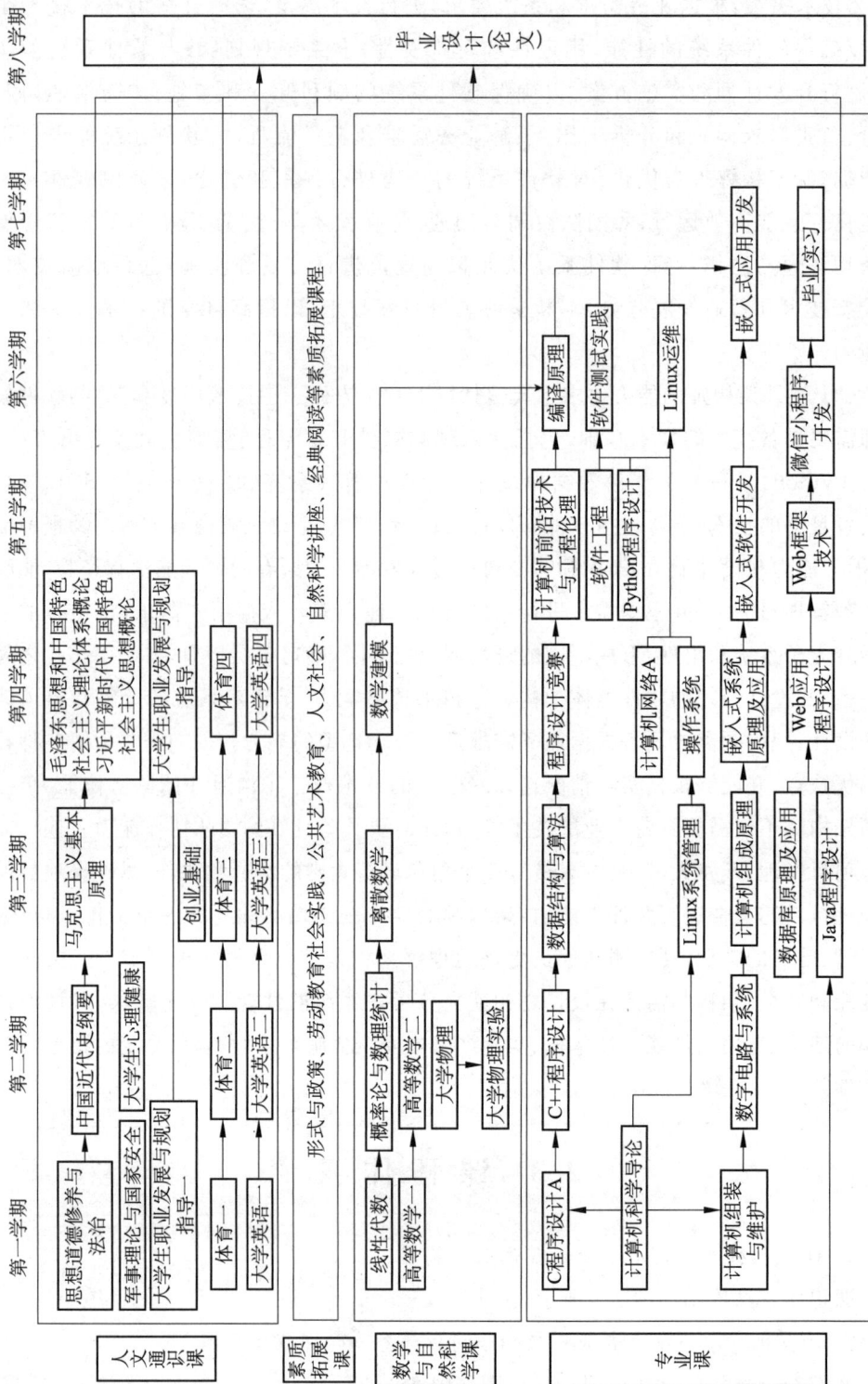

图 2-1　课程体系结构图

岗位	任务	应用型课程	项目化课程	知识	专业课程

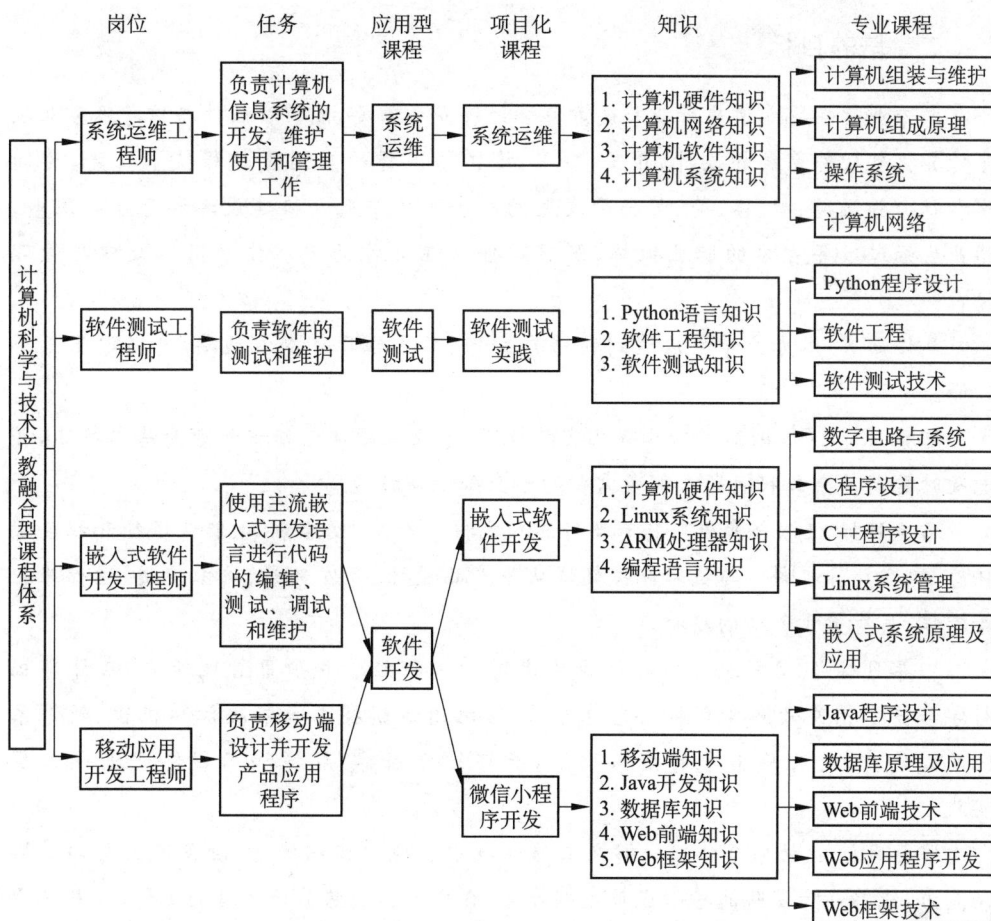

图 2-2　产教融合型课程体系图

附:计算机科学与技术专业人才培养方案

一、专业基本信息

专业名称:计算机科学与技术

专业代码(国标):080901

专业代码(校标):0101

专业开办年度:2000

学科门类:工学

标准学制:四年,弹性修业年限 3～7 年

授予学位:工学学士学位

二、培养目标

本专业旨在培养适应行业和地方社会经济发展需要,能够在软件与信息服务业从事计算机软硬件系统的设计、开发、应用、维护等工作的应用型工程技术人才,为国家和社会输送德、智、体、美、劳全面发展的社会主义事业合格建设者和可靠接班人。毕业生经过5年左右的职业锻炼,能够胜任所在单位的中层技术岗位或中层管理岗位。

具体而言,本专业学生应达到的培养目标(毕业后5年左右预期)包括以下五个方面。

培养目标1(基础知识):具有扎实的数理、专业基础理论知识和专业基本技能,并能及时更新复杂工程问题求解所需要的专业知识与技能。

培养目标2(综合素质):具有良好的人文科学素养、政治素养、职业道德和社会责任感;能在计算机科学与技术相关领域从事产品设计、开发部署、技术应用、运行维护等工作;具有勇于创新的精神。

培养目标3(工程能力):具有较为丰富的工程经验和项目管理能力,在计算机科学与技术相关领域具有职业竞争力,能够运用最新技术来解决计算机软、硬件系统的设计、开发及应用中的技术难题,能够结合法律、环境和工程伦理进行工程实践。

培养目标4(协同合作):能够在工作环境中展现出组织能力、决策能力与沟通协调能力,能够作为团队的核心成员或领导者,合理安排团队其他成员的工作,并与各方做好沟通。

培养目标5(持续发展):能够根据工作需要对国内外相关行业与技术的发展动态进行持续调研与跟踪,并通过自主学习不断适应技术进步和行业发展变化需要,从而保持自己的职业竞争力。

三、毕业要求

本专业毕业生应能全面理解工科公共基础知识,系统掌握计算机科学与技术的基础理论和专业知识,能够综合运用专业理论和技术手段,分析并解决计算机领域的复杂工程问题;能够运用现代信息技术工具获取所需的知识和信息;具备较好的表达、交流和沟通能力;具有团队精神和管理协作能力;具有国际化视野和终身学习能力。

本专业学生毕业时的能力和素养应达到的要求如表2-1所示。

表 2-1　本专业学生毕业时的能力和素养要求

毕 业 要 求	指标点分解
工程知识:能够适应现代信息技术发展,融会贯通工程数理基本知识和计算机领域专业知识,将数学、自然科学、工程基础和专业知识用于解决计算机领域的复杂工程问题	① 问题表述:能正确理解计算问题的专业表述,并能够将数学、自然科学及工程科学的语言工具用于表示计算问题 ② 建立数学模型:能够将数学、自然科学和计算机工程基础和专业知识应用于计算机领域复杂工程问题,对其建立数学模型并求解 ③ 推演与分析:能运用数学、自然科学、计算机工程知识对计算系统的设计方案和所建模型的正确性进行推理、分析并能够给出具体的解决途径 ④ 比较与综合:能够综合运用计算机工程知识、专业知识和数学模型等方法,对计算机领域复杂工程问题的解决方案进行比较与改进
问题分析:具有较强的计算机软、硬件系统的分析能力,能够应用数学、自然科学和工程科学的基本原理及计算机科学的专业知识,识别、表达并通过文献研究分析计算机领域复杂工程问题,以获得有效结论	① 识别问题:能运用数学、自然科学和工程科学原理,识别和判断计算机领域复杂工程问题中的关键环节、参数及技术性能指标 ② 定义与抽象问题:能够运用数学、自然科学和工程科学的基本原理,对计算机科学与技术领域具体的复杂工程问题,分析其关键环节的特性,并建立合适的识别模型 ③ 分析问题:能认识到解决计算机领域复杂工程问题有多种可选方案,能通过文献研究、资料分析等方法,寻求可替代的解决方案,并分析问题形成与发展的影响因素,获得有效结论
设计/开发解决方案:具有较强的计算机软、硬件系统的设计与开发能力,能够针对计算机领域的复杂工程问题设计解决方案,设计满足特定需求的软、硬件系统、单元(部件)或工艺流程,并能够在设计环节中体现创新意识,考虑社会、健康、安全、法律、文化及环境等因素	① 设计开发:掌握计算机软、硬件系统设计和开发全流程所需的基本方法和技术,了解影响设计目标和技术方案的各种因素 ② 模块设计:掌握能够设计和开发满足特定需求和约束条件的计算机系统模块或算法流程 ③ 系统设计:能够基于适当的模型进行计算机系统设计,在系统设计与开发全流程中体现创新意识 ④ 制约因素:能够按照计算机系统设计和开发的要求,在设计和开发解决方案的过程中考虑安全、健康、法律、文化及环境等因素对工程实现的影响

续表

毕业要求	指标点分解
研究：能够基于科学原理并采用科学方法对计算机领域的复杂工程问题进行研究，包括设计实验、分析与解释数据，并通过信息综合得到合理、有效的结论	① 调研：能够综合运用科学原理，通过文献研究等方法，调研和分析复杂工程问题的解决方案，选择技术路线 ② 设计：针对计算机系统复杂工程问题的关键因素，能够基于科学原理并采用科学方法，设计可行的实验方案 ③ 实施：能选用和搭建软、硬件实验环境，开展实验并正确采集、记录实验数据 ④ 归纳：能对实验数据和结果进行分析和解释，通过信息综合得到合理、有效的结论
使用现代工具：能够针对计算机领域的复杂工程问题，开发、选择并使用恰当的平台、技术、资源、现代工程工具和信息技术工具等，能够对复杂工程问题进行预测与模拟，并能够理解其局限性	① 认识工具：了解计算机领域解决复杂工程问题常用的现代工具和软件的使用原理和方法，并理解其局限性 ② 选择工具：能够选择和使用恰当的平台、技术、资源、工具，对复杂工程问题进行分析、计算与设计 ③ 使用工具：能够针对具体的对象，开发或选用可满足特定需求的现代工具，模拟、预测专业问题，并能够分析其局限性
工程与社会：能够基于工程相关背景知识进行合理分析，评价计算机领域工程实践和复杂工程问题解决方案对社会、健康、安全、法律及文化等方面的影响，并理解应承担的责任	① 理解：了解计算机工程领域相关技术标准、知识产权规定、产业政策和法律法规，理解不同社会文化对计算机工程活动的影响 ② 分析评价：能够分析和评价计算机工程实践和复杂工程问题解决方案对社会、健康、安全、法律及文化等方面的影响，并理解应承担的责任
环境和可持续发展：了解与计算机科学相关的环境保护和可持续发展等方面的方针、政策和法律法规，能够理解和评价针对计算机领域复杂工程问题的专业工程实践对环境、社会可持续发展的影响	① 理解：具有环境保护和社会可持续发展意识，能够认识到计算机领域相关产品对环境保护和社会可持续发展的影响 ② 评价：能够评价计算机领域复杂工程问题的实践活动对环境和社会可持续发展造成的影响
职业规范：具有良好的身体素质和心理素质，具有良好的社会责任感和人文社会科学素养，树立和践行社会主义核心价值观，能够在工程实践中理解并遵守计算机领域相关的工程职业道德和规范，履行责任	① 人文：具有良好的人文社会科学素养和正确的价值观，能够正确理解个人与社会的关系，了解中国国情，具有爱国情怀 ② 职业：能够在计算机工程实践中自觉遵守诚实守信、诚信守则的工程职业道德和行业规范 ③ 工程：能够在计算机工程实践中自觉履行保护公众的安全、健康和福祉，以及促进环境和社会可持续发展的社会责任

续表

毕　业　要　求	指标点分解
个人和团队:具备团队合作意识,能够在多学科背景下的团队中承担个人、团队成员及负责人的角色,能够在团队中与他人合作,并发挥自己的作用,努力将计算机科学与技术专业知识和技术应用到团队工作中	① 个人:具有独立工作和协同工作能力,能够在多学科背景下的团队中独立完成一个成员相应的任务,并能进行有效的合作 ② 团队:能够认识到团队合作的重要性,并且具有团队合作意识,能够提出自己的想法并且倾听团队其他成员的意见和建议,明确自己在多学科背景下团队中的责任和任务 ③ 负责人:具有协作与团队管理能力,能够在多学科背景下的团队中发挥负责人的作用,组织团队开展工作
沟通:具有较好的人际交往与沟通能力,能够就计算机领域复杂工程问题与业界同行及社会公众进行有效沟通和交流,包括撰写与计算机科学与技术相关的报告、设计文稿、陈述发言等,并具备一定的国际视野,能够在跨文化背景下沟通和交流计算机专业知识和技术	① 沟通与写作:具有良好的表达能力,能够通过口头、文稿等形式就计算机领域复杂工程问题与业界同行及社会公众进行有效的沟通和交流 ② 国际视野:了解计算机领域国际产业发展趋势和研究热点,将计算机软、硬件系统开发与设计置于国际发展的背景下 ③ 外文应用:具有一定的外语应用能力,能够利用一门外语进行与专业相关的口头和书面沟通交流,能有效利用外文资料
项目管理:具有一定的项目管理实践经验,熟悉计算机系统中的软、硬件项目开发的基本流程,理解并掌握工程管理原理与经济决策方法,并能在多学科环境中应用	① 理解:理解计算机科学与技术工程活动中的管理原理,把握资源分配和经济评估的原则,并掌握计算机科学与技术领域复杂工程问题决策的方向和方法 ② 应用:能够将项目管理知识与经济决策方法应用于多学科环境中计算机系统的设计与开发,能对项目方案实施中的时间、成本、质量、效益、风险、人力资源等进行有效管理
终身学习:掌握文献检索、资料查询及运用现代信息技术获取计算机科学及其相关信息的基本方法。具有自主学习和终身学习的意识,能够不断学习新的计算机科学与技术中的理论、方法和技能,并适应专业的发展	① 思维:具有自主学习和终身学习的意识,了解计算机技术发展中当前的热点问题,了解信息技术发展的前沿和趋势,掌握自主学习的方法,充分利用网络资源进行自主学习 ② 行动:能够主动听取各类讲座,学习并理解新热点、新知识、新技术。能够提出问题、总结问题、凝练综述问题,具有不断学习和适应计算机技术快速发展的能力

四、主干学科及主干课程

主干学科:计算机科学与技术。

主干课程:C/C++语言程序设计、Java程序设计、数字电路与系统、离散数学、数据结构与算法、数据库原理及应用、计算机组成原理、计算机网络、操作系统、嵌入式系统原理及应用、编译原理、软件工程等。

五、课程结构体系

1. 能力结构图

能力结构图如图 2-3 所示。

2. 课程拓扑图

课程拓扑图如图 2-4 所示。

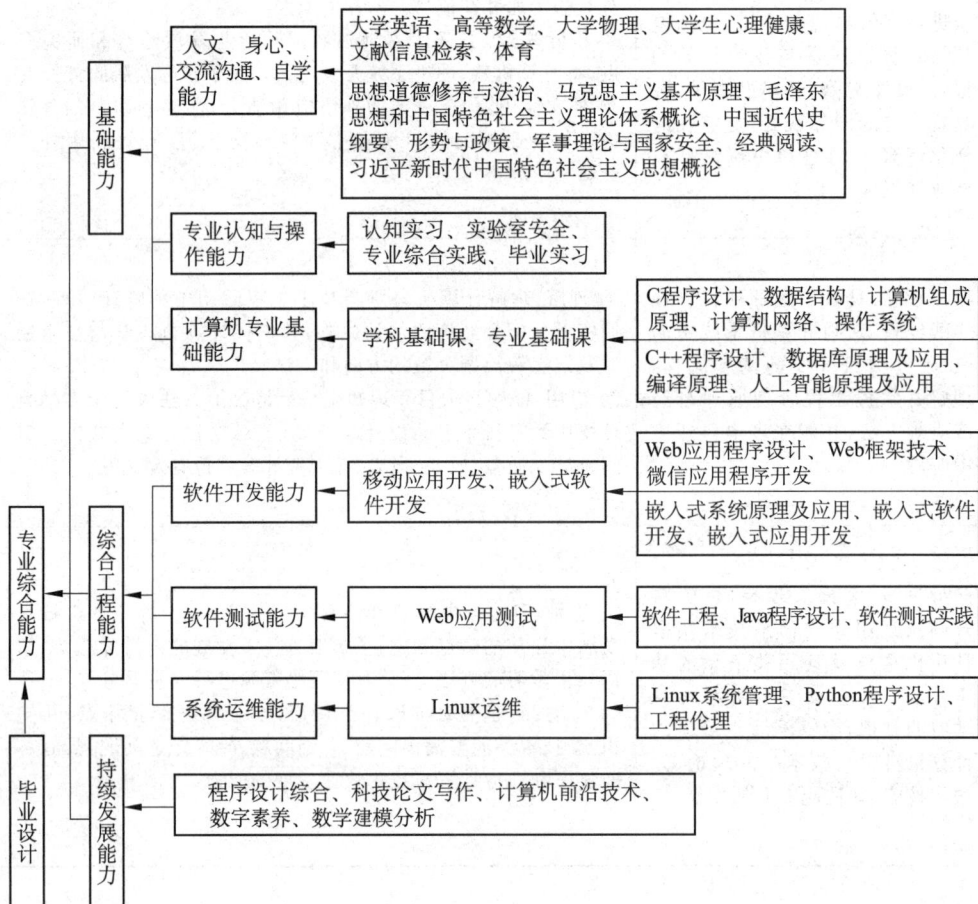

图 2-3　能力结构图

第一学期　第二学期　第三学期　第四学期　第五学期　第六学期　第七学期　第八学期

毕业设计(论文)

人文通识课

思想道德修养与法治
中国近代史纲要
马克思主义基本原理
毛泽东思想和中国特色社会主义理论体系概论
习近平新时代中国特色社会主义思想概论

军事理论与国家安全
大学生心理健康
大学生职业发展与规划指导一
创业基础
大学生职业发展与规划指导二

体育一　体育二　体育三　体育四
大学英语一　大学英语二　大学英语三　大学英语四

素质拓展课

形式与政策、劳动教育社会实践、公共艺术教育、人文社会、自然科学讲座、经典阅读等素质拓展课程

数学自然科学课

线性代数
高等数学一
概率论与数理统计
高等数学二
大学物理
大学物理实验
离散数学
数学建模

专业课

C程序设计A
C++程序设计
数据结构与算法
程序设计竞赛
计算机前沿技术与工程伦理
编译原理

计算机科学导论
计算机网络A
软件工程
软件测试实践

计算机组装与维护
数字电路与系统
Linux系统管理
操作系统
Python程序设计
Linux运维

计算机组成原理
嵌入式系统原理及应用
嵌入式软件开发
嵌入式应用开发

数据库原理及应用
Web应用程序设计
Web框架技术

Java程序设计
微信小程序开发

毕业实习

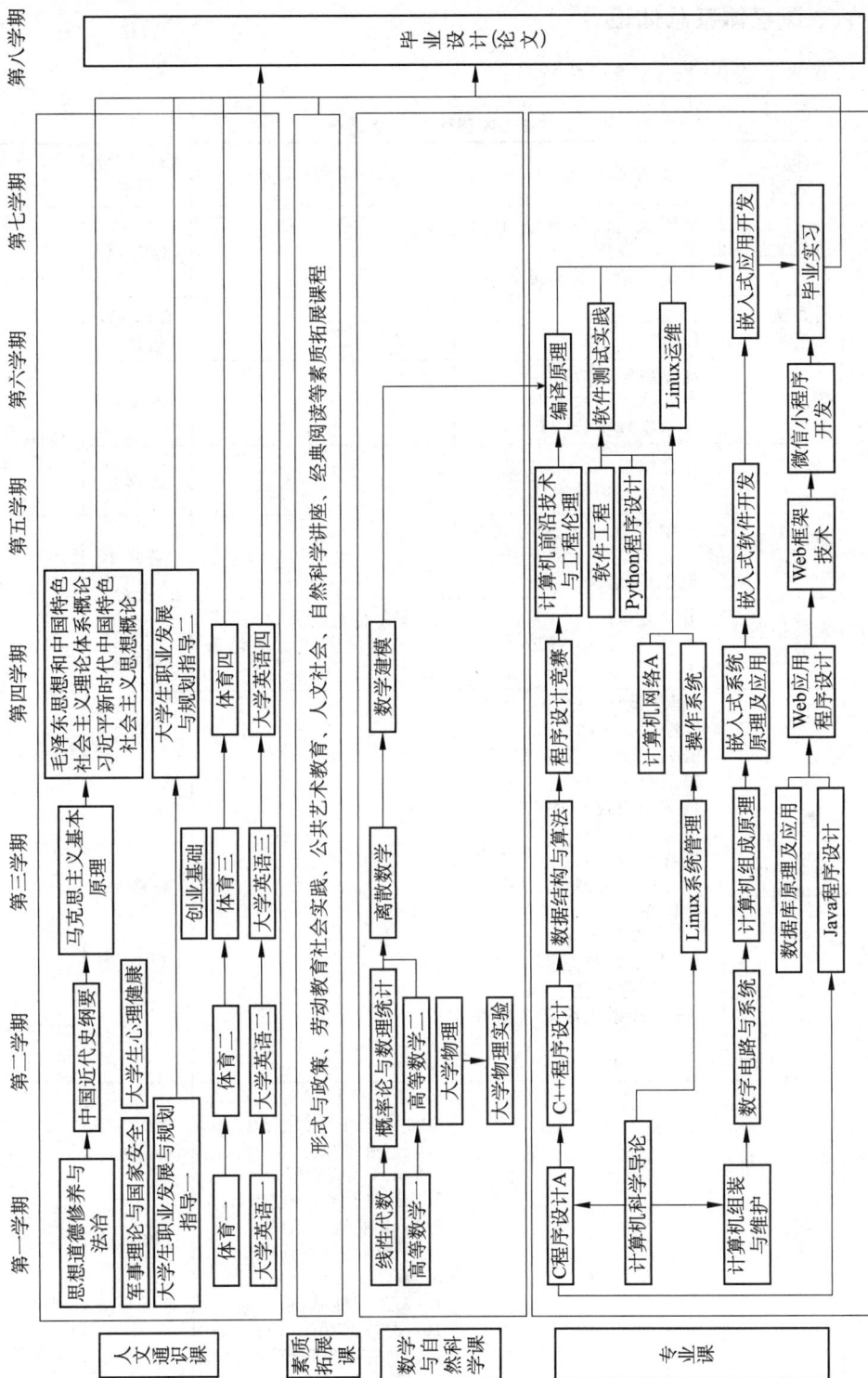

图 2-4　课程拓扑图

19

六、课程体系总体设计

课程体系总体设计如表2-2所示。

表2-2　课程体系总体设计

课程平台	课程类别	必修课程(学分)	选修课程(学分)	修读学分要求	学分比例
公共基础课程	思想政治	1. 思想政治理论课程(15)； 2. 形势与政策(2)； 3. 军事理论与国家安全(3)	—	必修20	68学分40.00%
	语言文学艺术	大学英语(16)	艺术欣赏(2)	必修16，选修2	
	数理基础	1. 高等数学(10)； 2. 大学物理(4)； 3. 大学物理实验(2)	—	必修16	
	体育与心理	1. 体育(4)； 2. 大学生心理健康(2)	—	必修6	
	职业发展指导	1. 大学生职业发展与就业指导(2)； 2. 创业基础(2)	—	必修4	
	素质拓展课程	1. 劳动教育(2)； 2. 大学生实验室安全教育(1)	1. 文献信息检索(1)； 2. 中华优秀传统文化概论(1)	必修3，选修≥1	
专业课程	专业必修课程	1. C程序设计A(4)； 2. 线性代数A(3)； 3. 概率论与数理统计A(3.5)； 4. 离散数学(3)； 5. 数字电路技术B(4)； 6. 数据结构(4)； 7. 工程伦理(1)； 8. 计算机组成原理(4)； 9. 操作系统(4)； 10. 计算机网络A(4)； 11. 数据库原理及应用(4)； 12. Java程序设计A(3.5)； 13. 嵌入式系统原理及应用(4)； 14. 软件工程(3)	—	必修49	70学分41.17%
	专业拓展课程	—	1. 计算机科学导论(1)； 2. 计算机组装与维护(2)； 3. C++程序设计(3.5)； 4. Linux系统管理(3)； 5. Web应用程序设计(4)； 6. Web框架技术(3)； 7. Python程序设计(3)； 8. 编译原理(3.5)； 9. 人工智能基础(2)； 10. 大数据基础(2)； 11. 网络空间安全基础(2)； 12. 程序设计竞赛(3)	选修≥21	

续表

课程平台	课程类别	必修课程(学分)	选修课程(学分)	修读学分要求	学分比例
项目化教学课程	就业方向提升课程	1. 嵌入式软件开发(3); 2. 微信小程序应用开发(3)	1. Linux C 应用开发(3); 2. 软件测试实践(3); 3. 嵌入式应用开发(3); 4. Linux 运维(3)	必修 6, 选修≥6	12 学分 7.06%
	应用研究课程	1. 嵌入式软件开发(3); 2. 微信小程序应用开发(3)	1. 高级算法和数据结构综合(2); 2. 计算机组成原理综合(2); 3. 操作系统综合(1.5); 4. 计算机网络综合(1.5); 5. 英语(3); 6. 数学(3); 7. 政治(3)	必修 6, 选修≥6	12 学分 7.06%
应用型课程	就业课程	—	1. 软件开发(2); 2. 软件测试(2); 3. 系统维护(2)	不要求所有学生选	0 学分 0.00%
集中实践课程	实践课程	1. 认知实习(1); 2. 军事技能(2); 3. 社会实践(1); 4. 专业综合实践(2); 5. 毕业实习(2); 6. 毕业设计(论文)(12)	—	必修 20	20 学分 11.76%
最低毕业学分要求合计				170	100%

说明:① 通识教育课程中的数理基础为 16 分,学科基础课程中数理基础为 9.5 分,数理基础总分为 25.5 分,占总分的 15%。

② 符合本专业毕业要求的工程基础类课程、专业基础类课程与专业类课程为 67 分,占总学分的 39.41%。

③ 工程实践与毕业设计(论文)为 34 分,占总学分的 20%。

④ 人文社会科学类通识教育课程为 26 分,占总分的 15.29%。

⑤ 就业方向提升课程和应用研究课程二选一。

七、课程学分结构与毕业基本要求

(一)课程学分结构

就业课程学分结构如表 2-3 所示,应用研究课程学分结构如表 2-4 所示。

表 2-3　就业课程学分结构

就业课程平台	总学分	必修学分	选修学分	理论学分	实践学分	实践学分比例/%	备注
公共基础课程	68	65	3	52.5	15.5	22.79	
专业课程	70	49	21	54	16	22.85	

续表

就业课程平台	总学分	必修学分	选修学分	理论学分	实践学分	实践学分比例/%	备注
项目化教学课程	12	6	6	4	8	66.67	
应用型课程	0	0	0	0	0	0.00	不要求都选
集中实践课程	20	20	0	0	20	100	
毕业条件合计	≥170	140	30	110.5	59.5	35.00	
其中实践教学学分占总学分比例①/%	35.00						

注:①指所有的实践学分,包括课内的实验、上机、社会实践、实训及专业集中实践课程。

表 2-4　应用研究课程学分结构

应用研究课程平台	总学分	必修学分	选修学分	理论学分	实践学分	实践学分比例/%	备注
公共基础课程	68	65	3	52.5	15.5	22.79	
专业课程	70	49	21	54	16	22.85	
项目化教学课程	12	6	6	8	4	33.33	
应用型课程	0	0	0	0	0	0.00	不要求都选
集中实践课	20	20	0	0	20	100	
毕业条件合计	≥170	140	30	114.5	55.5	32.64	
其中实践教学学分占总学分比例①/%	32.64						

注:①指所有的实践学分,包括课内的实验、上机、社会实践、实训及专业集中实践课程。

(二)毕业基本要求

(1)本专业学生在校期间,需要修完 5 类课程,完成各类课程的学分,总学分不低于 170,必修学分 140,选修学分不低于 30 分,才能毕业。

(2)在校期间要加强专业能力的培养,毕业前建议取得计算机技术与软件专业技术资格(水平)考试初(中/高)级证书。

(3)在校期间要参与创新创业、学科竞赛等活动,创新学分不少于 4 分。

八、课程设置与教学计划

(一)公共基础课程

公共基础课程如表 2-5 所示。

表 2-5　公共基础课程

课程平台	课程类别	课程代码	课程名称	课程性质	学分	理论学分	实践学分	学时	理论学时	实践学时	1	2	3	4	5	6	7	8	考试考查	开课单位	备注
公共基础课程	思想政治	1920319001	思想道德修养与法治	必修	3	2.5	0.5	48	40	8	√								考查	马克思主义学院	
		1920319002	中国近代史纲要	必修	3	2.75	0.25	48	44	4		√							考试	马克思主义学院	
		1920319003	马克思主义基本原理	必修	3	2.75	0.25	48	44	4			√						考试	马克思主义学院	
		1920319004	毛泽东思想和中国特色社会主义理论体系概论	必修	3	2.5	0.5	48	40	8			√						考查	马克思主义学院	
		2220319009	习近平新时代中国特色社会主义思想概论	必修	3	2.5	0.5	48	40	8				√					考试	马克思主义学院	
		1920319005	形势政策Ⅰ	必修	0.5	0.5	0	16	16	0		√							考查	马克思主义学院	
		1920319006	形势政策Ⅱ	必修	0.5	0.5	0	16	16	0				√					考查	马克思主义学院	
		1920319007	形势政策Ⅲ	必修	0.5	0.5	0	16	16	0						√			考查	马克思主义学院	
		1920319008	形势政策Ⅳ	必修	0.5	0.5	0	8	8	0							√		考查	马克思主义学院	
		2220559002	军事理论与国家安全	必修	3	3	0	48	48	0	√								考查	军事理论教研室	
	小计				20	18	2	344	312	32	2	2	2	2	0	1	1	0			

续表

课程平台	课程类别	课程代码	课程名称	课程性质	课程学分			课程学时			开课学期								考试考查	开课单位	备注
					学分	理论学分	实践学分	学时	理论学时	实践学时	1	2	3	4	5	6	7	8			
公共基础课程	语言文学艺术	1920329001	大学英语Ⅰ	必修	4	3	1	64	48	16	√								考试	公共外语教学部	
		1920329002	大学英语Ⅱ	必修	4	3	1	64	48	16		√							考查	公共外语教学部	
		1920329003	大学英语Ⅲ	必修	4	3	1	64	48	16			√						考试	公共外语教学部	
		1920329004	大学英语Ⅳ	必修	4	3	1	64	48	16				√					考试	公共外语教学部	
		19251GX001-8	艺术欣赏	选修	2	2	0	32	32	0		√							考查	公共体育艺术部	
		小计			18	14	4	288	224	64	1	2	1	1	0	0	0	0			
	数理基础	2321990001	高等数学（理）Ⅰ	必修	5	5	0	80	80	0	√								考试	基础中心	
		2321990002	高等数学（理）Ⅱ	必修	5	5	0	80	80	0		√							考查	基础中心	
		2321990013	大学物理	必修	4	4	0	64	64	0		√							考试	基础中心	
		2321990015	大学物理实验	必修	2	0	2	32	0	32		√							考查	基础中心	
		小计			16	14	2	256	224	32	1	3	0	0	0	0	0	0			

续表

课程平台	课程类别	课程名称	课程代码	课程性质	课程学分			课程学时			开课学期								考试考查	开课单位	备注
					学分	理论学分	实践学分	学时	理论学时	实践学时	1	2	3	4	5	6	7	8			
公共基础课程	体育与心理	体育Ⅰ	1920539001	必修	1	0	1	32	0	32	√								考查	公共体育教学部	
		体育Ⅱ	1920539002	必修	1	0	1	32	0	32		√							考查	公共体育教学部	
		体育Ⅲ	1920539003	必修	1	0	1	32	0	32			√						考查	公共体育教学部	
		体育Ⅳ	1920539004	必修	1	0	1	32	0	32				√					考查	公共体育教学部	
		大学生心理健康	1920749001	必修	2	1.5	0.5	32	24	8	√								考查	心理健康教育教研室	
	小计				6	1.5	4.5	160	24	136	1	1	1	1	0	0	0	0			
	职业发展指导	大学生职业发展与就业指导Ⅰ	1920569001	必修	1	0.5	0.5	20	14	6	√								考查	就业指导教研室	
		大学生职业发展与就业指导Ⅱ	1920569002	必修	1	1	0	18	14	4						√			考查	就业指导教研室	
		创业基础	1920759001	必修	2	1	1	32	16	16				√					考查	创业指导教研室	3 或 4
	小计				4	2.5	1.5	70	44	26	1	0	0	1	0	1	0	0			

续表

课程平台	课程类别	课程名称	课程代码	课程性质	课程学分			课程学时			开课学期								考试考查	开课单位	备注
					学分	理论学分	实践学分	学时	理论学时	实践学时	1	2	3	4	5	6	7	8			
		文献信息检索	19258GX001	选修	1	1	0	18	10	8					√				考查	文献信息检索教研室	
公共基础课程	素质拓展课程	劳动教育Ⅰ	2020239001	必修	0.5	0.5	0	8	8	0	√								考查	学生处	
		劳动教育Ⅱ	2020239002	必修	1.5	0	1.5	24	0	24							√		考查	学生处	
		中华优秀传统文化概论	2110319001	选修	1	1	0	16	16	0		√							考查	公共体育艺术部	
		大学生实验室安全教育	2320097001	必修	1	1	0	16	16	0	√								考查	各部（院）	
	小计				4	2.5	1.5	66	34	32	2	1	0	0	0	0	1	0			
公共基础课程合计					68	52.5	15.5	1184	870	314	8	10	4	5	1	2	2	0			

说明：公共基础课程应修满68学分，其中必修课程65学分，选修课学分不少于3学分。

（二）专业课程

专业课程如表 2-6 所示。

表 2-6　专业课程

课程平台	课程类别	课程名称	课程代码	课程性质	学分	理论学分	实践学分	学时	理论学时	实践学时	1	2	3	4	5	6	7	8	考试考查	开课单位	备注
		C程序设计 A	2321990040	必修	4	3	1	64	48	16	√								考试	大数据与计算机应用科教中心	
		线性代数 A	2321990007	必修	3	3	0	48	48	0	√								考试	基础中心	
		概率论与数理统计 A	2321990009	必修	3.5	3	0.5	56	48	8		√							考试	基础中心	
专业课程	专业必修课程	离散数学	2321990017	必修	3	3	0	48	48	0			√						考试	基础中心	
		数字电路技术 B	2321990036	必修	4	3	1	64	48	16		√							考试	电子中心	
		数据结构	2321065201	必修	4	3	1	64	48	16			√						考试	大数据与计算机应用科教中心	
		工程伦理	2321065104	必修	1	1	0	16	16	0					√				考试	大数据与计算机应用科教中心	工程认证必须
		计算机组成原理	2321065105	必修	4	3	1	64	48	16			√						考试	大数据与计算机应用科教中心	

续表

课程平台	课程类别	课程名称	课程代码	课程性质	课程学分			课程学时			开课学期								考试考查	开课单位	备注
					学分	理论学分	实践学分	学时	理论学时	实践学时	1	2	3	4	5	6	7	8			
专业课程	专业必修课程	操作系统	2321065501	必修	4	3	1	64	48	16				✓					考试	大数据与计算机应用科教中心	
		计算机网络A	2321990037	必修	4	3	1	64	48	16				✓					考试	大数据与计算机应用科教中心	
		数据库原理及应用	2321065403	必修	4	3	1	64	48	16			✓						考试	大数据与计算机应用科教中心	
		Java程序设计A	2321065402	必修	3.5	2	1.5	56	32	24			✓						考试	大数据与计算机应用科教中心	
		嵌入式系统原理及应用	2321065106	必修	4	3	1	64	48	16				✓					考试	大数据与计算机应用科教中心	
		软件工程	2321065202	必修	3	2	1	48	32	16					✓				考试	大数据与计算机应用科教中心	
		小计			49	38	11	784	608	176	2	2	5	3	2	0	0	0			
	专业拓展课程	计算机科学导论	2321065101	选修	1	1	0	16	16	0	✓								考查	大数据与计算机应用科教中心	
		计算机组装与维护	2321065102	选修	2	1	1	32	18	14	✓								考查	大数据与计算机应用科教中心	

续表

课程平台	课程类别	课程名称	课程代码	课程性质	课程学分			课程学时			开课学期								考试考查	开课单位	备注
					学分	理论学分	实践学分	学时	理论学时	实践学时	1	2	3	4	5	6	7	8			
专业课程	专业拓展课程	C++程序设计	2321065103	选修	3.5	2.5	1	56	40	16		√							考查	大数据与计算机应用科教中心	
		Linux系统管理	2321065209	选修	3	2	1	48	32	16			√						考试	大数据与计算机应用科教中心	
		Web应用程序设计	2321065409	选修	4	2	2	64	32	32				√					考查	大数据与计算机应用科教中心	
		Web框架技术	2321065411	选修	3	2	1	48	32	16					√				考试	大数据与计算机应用科教中心	
		Python程序设计	2321990339	选修	3	2	1	48	32	16					√				考试	大数据与计算机应用科教中心	
		编译原理	2321065107	选修	3.5	2.5	1	56	40	16						√			考试	大数据与计算机应用科教中心	
		程序设计竞赛	2321065151	选修	3	0	3	48	0	48				√					考查	大数据与计算机应用科教中心	
		人工智能基础	2321054031	选修	2	2	0	32	32	0						√			考查	大数据与计算机应用科教中心	

续表

课程平台	课程类别	课程名称	课程代码	课程性质	课程学分			课程学时			开课学期								考试考查	开课单位	备注
					学分	理论学分	实践学分	学时	理论学时	实践学时	1	2	3	4	5	6	7	8			
专业课程	专业拓展课程	大数据基础	2321054032	选修	2	2	0	32	32	0						✓			考查	大数据与计算机应用科教中心	
		网络空间安全基础	2321054033	选修	2	2	0	32	32	0						✓			考查	大数据与计算机应用科教中心	
		数学建模分析	19233GX003	选修	2	2	0	32	32	0				✓					考查	基础中心	
		数字素养	19201GX039	选修	1	1	0	16	16	0			✓						考查	大数据与计算机应用科教中心	
		新生研讨课	—	选修	1	1	0	16	16	0		✓							考查	大数据与计算机应用科教中心	
		科技论文写作	192199067	选修	1	0.5	0.5	16	8	8						✓			考查	大数据与计算机应用科教中心	
		小计			≥21	16	5	336	210	126	2	2	2	3	2	5	0	0			
		专业课程合计			≥70	54	16	1176	858	318	4	4	7	6	4	5	0	0			

说明：专业课程应修满 70 学分，其中必修课程 49 学分，选修课学分不少于 21 学分。

（三）项目化教学课程

项目化教学课程如表 2-7 所示。

表 2-7　项目化教学课程

课程平台	课程类别	课程名称	课程代码	课程性质	课程学分			课程学时			开课学期								考试考查	开课单位	备注
					学分	理论学分	实践学分	学时	理论学时	实践学时	1	2	3	4	5	6	7	8			
项目化课程	就业方向提升课程	Linux C 应用开发	2321065108	选修	3	1	2	48	16	32					✓				考查		
		嵌入式软件开发	2321065112	必修	3	1	2	48	16	32						✓			考查		
		软件测试实践	2321065113	选修	3	1	2	48	16	32					✓				考查		
		微信小程序应用开发	2321065114	必修	3	1	2	48	16	32						✓			考查		
		嵌入式应用开发	2321065115	选修	3	1	2	48	16	32							✓		考查	大数据与计算机应用科教中心	
		Linux 运维	2321065116	选修	3	1	2	48	16	32							✓		考查		
小计					≥12	4	8	192	64	128	0	0	0	0	2	2	2	0			

续表

课程平台	课程类别	课程名称	课程代码	课程性质	课程学分			课程学时			开课学期								考试考查	开课单位	备注
					学分	理论学分	实践学分	学时	理论学时	实践学时	1	2	3	4	5	6	7	8			
	应用研究课程	高级算法和数据结构综合	2321065212	选修	2	2	0	32	32	0							√		考查	大数据与计算机应用中心教科	
		嵌入式软件开发	2321065112	必修	3	2	1	48	16	32						√			考查		
		微信小程序应用开发	2321065114	必修	3	1	2	48	16	32						√			考查		
		计算机组成原理综合	2321065120	选修	2	2	0	32	32	0							√		考查		
项目化课程		操作系统综合	2321065612	选修	1.5	1.5	0	20	20	0							√		考查		
		计算机网络综合	2321065313	选修	1.5	1.5	0	20	20	0							√		考查		
		英语	—	选修	3	3	0	48	48	0							√		考查	公共教学部	
		数学	—	选修	3	3	0	48	48	0							√		考查		
		政治	—	选修	3	3	0	48	48	0							√		考查		
		小计			≥12	12	0	196	196	0	0	0	0	0	0	2	7	0			

说明：项目化教学课程共 2 个方向，任选 1 个方向，选修 12 学分。

（四）应用型课程

应用型课程如表 2-8 所示。

表 2-8　应用型课程

课程平台	课程类别	课程名称	课程代码	课程性质	课程学分			课程学时			开课学期								考试考查	开课单位	备注
					学分	理论学分	实践学分	学时	理论学时	实践学时	1	2	3	4	5	6	7	8			
应用型课程	工程实践课程	软件开发	2321065141	选修	2	0	2	32	0	32							√		考查	大数据与计算机应用科教中心	
		软件测试	2321065142	选修	2	0	2	32	0	32							√		考查	大数据与计算机应用科教中心	
		系统运维	2321065143	选修	2	0	2	32	0	32							√		考查	大数据与计算机应用科教中心	
合计					4	0	4	64	0	64	0	0	0	0	0	0	3	0			

说明：应用型课程课程任选 2 门，选修 4 学分。

（五）集中实践课程

集中实践课程如表 2-9 所示。

表 2-9　集中实践课程

课程平台	课程类别	课程名称	课程代码	课程性质	学分	理论学分	实践学分	学时	理论学时	实践学时	1	2	3	4	5	6	7	8	考试考查	开课单位	备注
		认知实习	2321065150	必修	1	0	1	1w	0	1w	√									大数据与计算机应用科教中心	
		军事技能	2220559001	必修	2	0	2	2w	0	2w	√								考查	军事理论教研室	
		社会实践	2321990048	必修	1	0	1	4w	0	4w									考查	各部（院）	
集中实践课程	实践课程	专业综合实践	2321065151	必修	2	0	2	2w(60)	0	2w(60)					√				考查	大数据与计算机应用科教中心	
		毕业实习	2321065152	必修	2	0	2	2w(60)	0	2w(60)							√		考查	大数据与计算机应用科教中心	
		毕业设计（论文）	2321065153	必修	12	0	12	12w(360)	0	12w(360)								√	考查	大数据与计算机应用科教中心	
合计					20	0	20	23w(480)	0	23w(480)	2	0	0	0	1	0	2	1			

注："w"为"周"。

34

九、毕业要求与培养目标关联矩阵

毕业要求与培养目标关联矩阵如表 2-10 所示。

表 2-10　毕业要求与培养目标关联矩阵

培养目标	毕业要求											
	毕业要求 1	毕业要求 2	毕业要求 3	毕业要求 4	毕业要求 5	毕业要求 6	毕业要求 7	毕业要求 8	毕业要求 9	毕业要求 10	毕业要求 11	毕业要求 12
目标 1	√			√	√							√
目标 2		√										
目标 3	√		√								√	
目标 4							√	√		√	√	
目标 5						√		√	√	√		√

十、毕业要求与课程体系关联矩阵

毕业要求与课程体系关联矩阵如表 2-11 所示。

表 2-11　毕业要求与课程体系关联矩阵

课程名称	毕业要求											
	毕业要求 1	毕业要求 2	毕业要求 3	毕业要求 4	毕业要求 5	毕业要求 6	毕业要求 7	毕业要求 8	毕业要求 9	毕业要求 10	毕业要求 11	毕业要求 12
思想道德与法治								√				
中国现代史纲要								√				

续表

课程名称	毕业要求1	毕业要求2	毕业要求3	毕业要求4	毕业要求5	毕业要求6	毕业要求7	毕业要求8	毕业要求9	毕业要求10	毕业要求11	毕业要求12
马克思主义基本原理	✓							✓				
毛泽东思想和中国特色社会主义理论体系概论	✓											
习近平新时代中国特色社会主义思想概论								✓				
形势政策								✓				
军事技能						✓		✓	✓			
军事理论与国家安全								✓				
大学英语										✓		
艺术欣赏										✓		
高等数学												
大学物理												
大学物理实验				✓								
大学体育									✓			

续表

课程名称	毕业要求											
	毕业要求 1	毕业要求 2	毕业要求 3	毕业要求 4	毕业要求 5	毕业要求 6	毕业要求 7	毕业要求 8	毕业要求 9	毕业要求 10	毕业要求 11	毕业要求 12
大学生心理健康									√			
职业生涯与发展规划												√
创业基础												√
社会实践						√				√		
劳动教育								√				
文献信息检索		√			√							√
中华优秀传统文化概论				√						√		
大学生实验室安全教育	√							√				
C 程序设计 A	√		√									
线性代数 A	√											
概率论与数理统计 A	√		√									
离散数学	√											
数字电路技术 B	√		√		√							
数据结构	√	√										

续表

课程名称	毕业要求1	毕业要求2	毕业要求3	毕业要求4	毕业要求5	毕业要求6	毕业要求7	毕业要求8	毕业要求9	毕业要求10	毕业要求11	毕业要求12
工程伦理	√					√	√	√				
计算机组成原理	√	√		√								
操作系统	√	√		√	√		√					√
计算机网络A	√			√	√	√						
数据库原理及应用	√	√	√									
Java程序设计A	√		√	√	√							√
嵌入式系统原理及应用	√		√	√					√			
软件工程		√						√			√	
计算机科学导论			√	√		√		√	√	√		√
计算机组装与维护			√	√								
C++程序设计	√		√	√								
Linux系统管理				√	√				√			
Web应用程序设计	√		√	√								
Web框架技术	√		√	√							√	
Python程序设计	√		√	√							√	
编译原理		√		√								

续表

课程名称	毕业要求											
	毕业要求 1	毕业要求 2	毕业要求 3	毕业要求 4	毕业要求 5	毕业要求 6	毕业要求 7	毕业要求 8	毕业要求 9	毕业要求 10	毕业要求 11	毕业要求 12
人工智能基础		√			√	√						
大数据基础		√			√	√						
网络空间安全基础		√			√	√						
嵌入式软件开发								√			√	
嵌入式应用开发								√			√	
毕业实习						√			√			
毕业设计（论文）			√	√		√	√			√	√	

十一、与专业相关的职业资格考试介绍

与专业相关的职业资格考试如表 2-12 所示。

表 2-12　与专业相关的职业资格考试

职业资格证书名称	级别	考试机构	发证机关	考试时间及频次	报考对象	备注
计算机技术与软件专业技术资格（水平）考试	初级/中级/高级	中华人民共和国工业和信息化部教育与考试中心	中华人民共和国人力资源和社会保障部、工业和信息化部	每年 5 月、11 月	计算机科学与技术	
全国计算机等级考试	三级、四级	教育部教育考试院	教育部	每年 3 月、9 月	计算机科学与技术	

十二、其他有关说明

（1）本专业可以参加的竞赛及置换学分的方法。本专业可以参加的竞赛有"数学建模大赛""ACM 国际大学生程序设计竞赛""全国软件设计大赛""互联网＋大赛"等。国家级一等奖置换 5 学分；国家级二等奖置换 4 学分；国家级三等奖置换 3 学分；省级一等奖置换 4 学分；省级二等奖置换 3 学分；省级三等奖置换 2 学分。

（2）创新创业教育学分获得说明。本专业鼓励学生参加国内各级各类学科竞赛、学校"五个一"工程项目、大学生创新创业训练计划项目、教师科研项目等，也鼓励学生发表论文（第一作者）、授权专利（发明专利比照国家级竞赛办法、实用新型专利比照省级竞赛办法）、考取与专业相关的国家职业资格证书等。上述创新创业教育活动可按照学校相关规定直接获得学分或给予学分置换。

第 3 章

计算机科学与技术专业课程知识建模

3.1 项目化教学课程知识建模

3.1.1 软件测试实践课程知识建模图

软件测试实践课程教学内容包括六大模块，每个模块的内容具体如图 3-1 所示。

白盒测试技术在软件测试实践课程中属于一种重要的测试技术，其主要内容包括基本路径覆盖法和逻辑覆盖法等基于白盒技术的测试用例的设计方法和单元测试等，详细内容具体如图 3-2 所示。

Web 自动化测试在软件测试实践课程中也属于一种重要的测试技术，其中，Selenium 工具是常用工具，本部分详细内容具体如图 3-3 所示。

3.1.2 计算机组成原理综合课程知识建模图

计算机组成原理综合课程教学内容包括七大模块，围绕冯·诺依曼结构计算机的五大核心部件展开，具体如图 3-4 所示。

存储系统是计算机组成原理综合的重要内容之一，包括存储器概述、主存储器、主存与 CPU 连接、外部存储器和高速缓冲存储器等，是历年考研重点，具体如图 3-5 所示。

高速缓冲存储器是存储系统的一个重要组成部分，该部分包含了 Cache 工作原理、Cache 和主存的映射方式、替换算法、Cache 总容量和写策略等内容，是历年考研试题考查的重中之重，具体如图 3-6 所示。

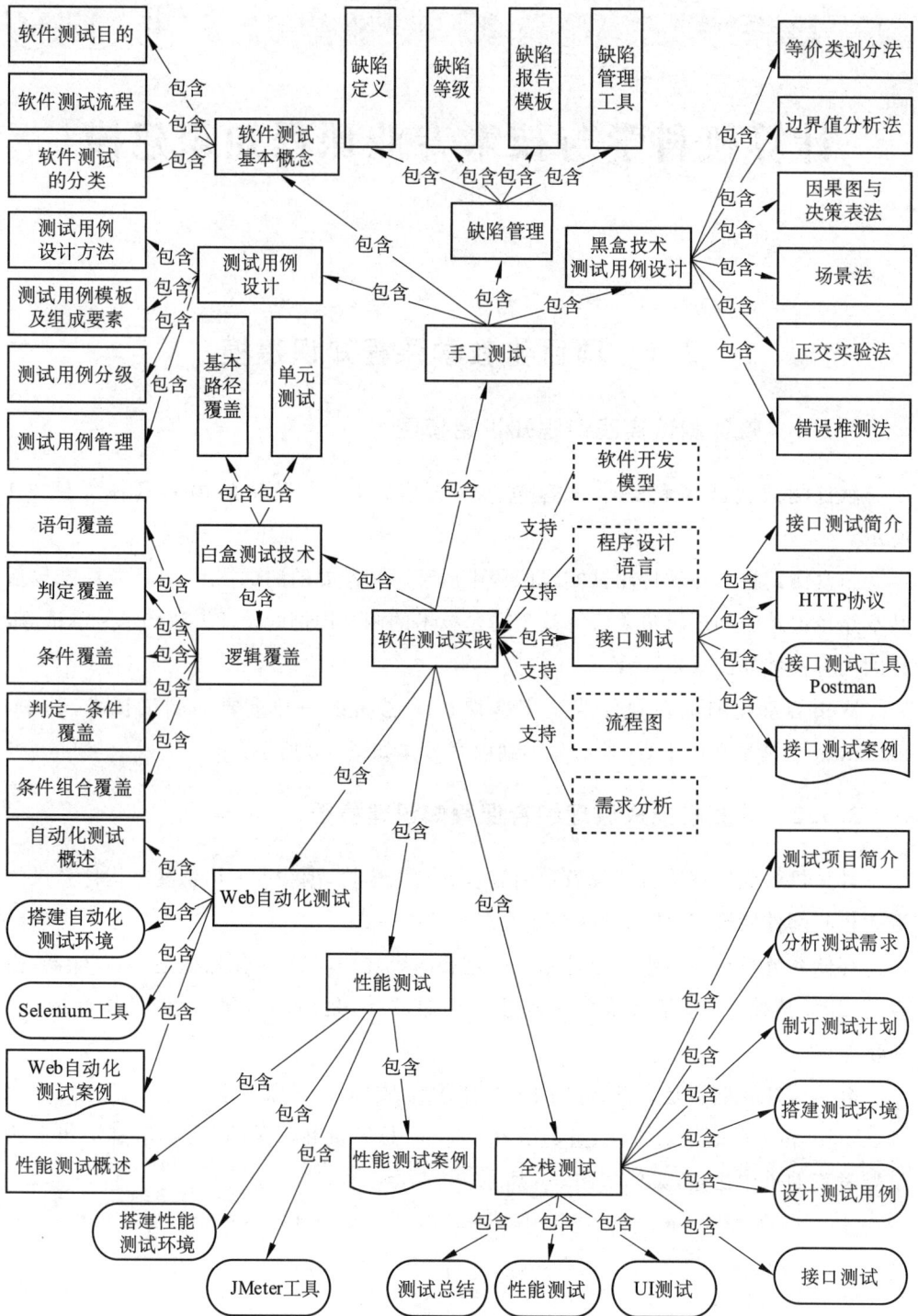

图 3-1　软件测试实践课程知识建模图

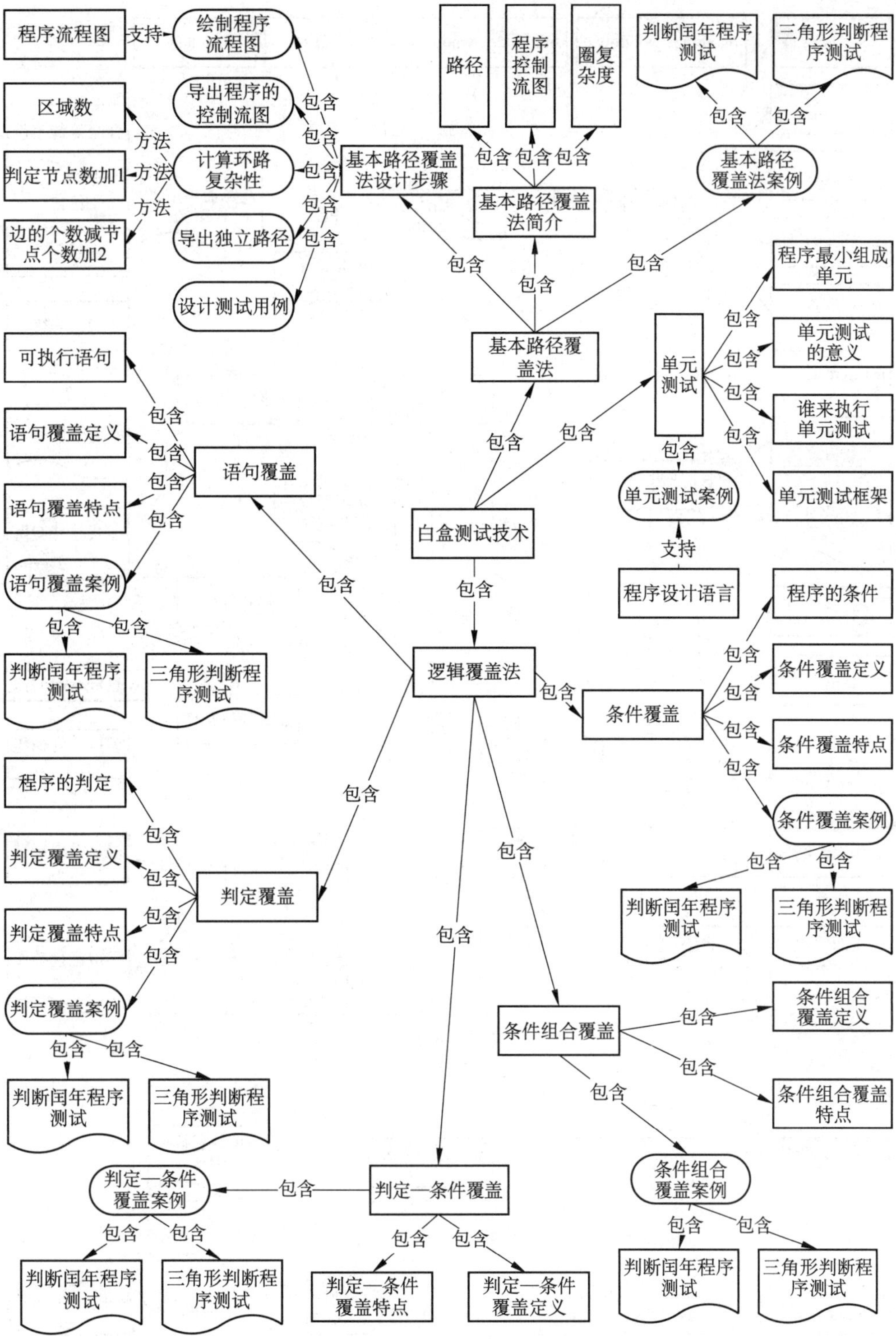

图 3-2　白盒测试技术章节知识建模图

send_keys ()

clear ()

submit ()

click ()

get (url)

get_screenshot_as_file ()

maximize_window ()

minimize_window ()

close ()

quit ()

强制等待案例

包含

元素常用操作方法

浏览器常用操作方法

包含

浏览器常用操作案例

强制等待

元素等待的意义

隐式等待

包含

元素常用操作案例

Selenium工具的基本使用

包含

元素等待方法

隐式等待案例

unittest的断言方法

unittest断言案例

unittest的断言

元素等待综合案例

显式等待案例

逻辑表达式

断言的意义

支持

包含

断言

显式等待

WebDriverWait ()类

selenium的断言

断言使用综合案例

显式等待条件

模拟键盘操作的意义

页面属性断言

元素存在断言

图片及链接断言

模拟键盘操作

键盘常用按键表示

页面属性断言案例

元素存在断言案例

图片及链接断言案例

支持

Windows常用快捷键表示

模拟键盘操作案例

模拟鼠标操作

包含

模拟鼠标操作的意义

常见鼠标动作

模拟鼠标操作的步骤

模拟鼠标操作案例

包含

导入ActionChains包

下一步

生成一个动作

下一步

添加动作队列

下一步

调用perform()方法

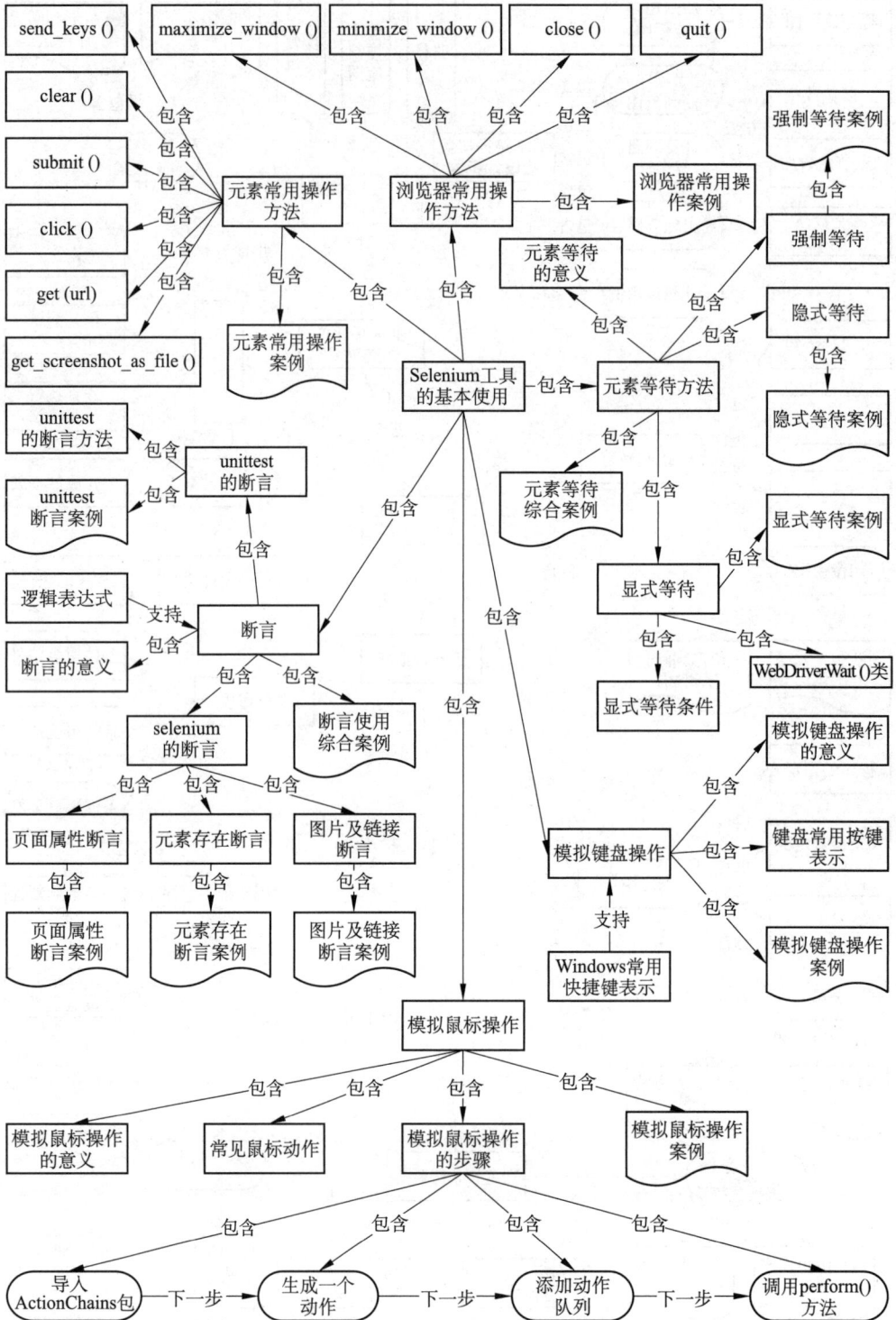

图 3-3 Selenium 工具的基本使用章节知识建模图

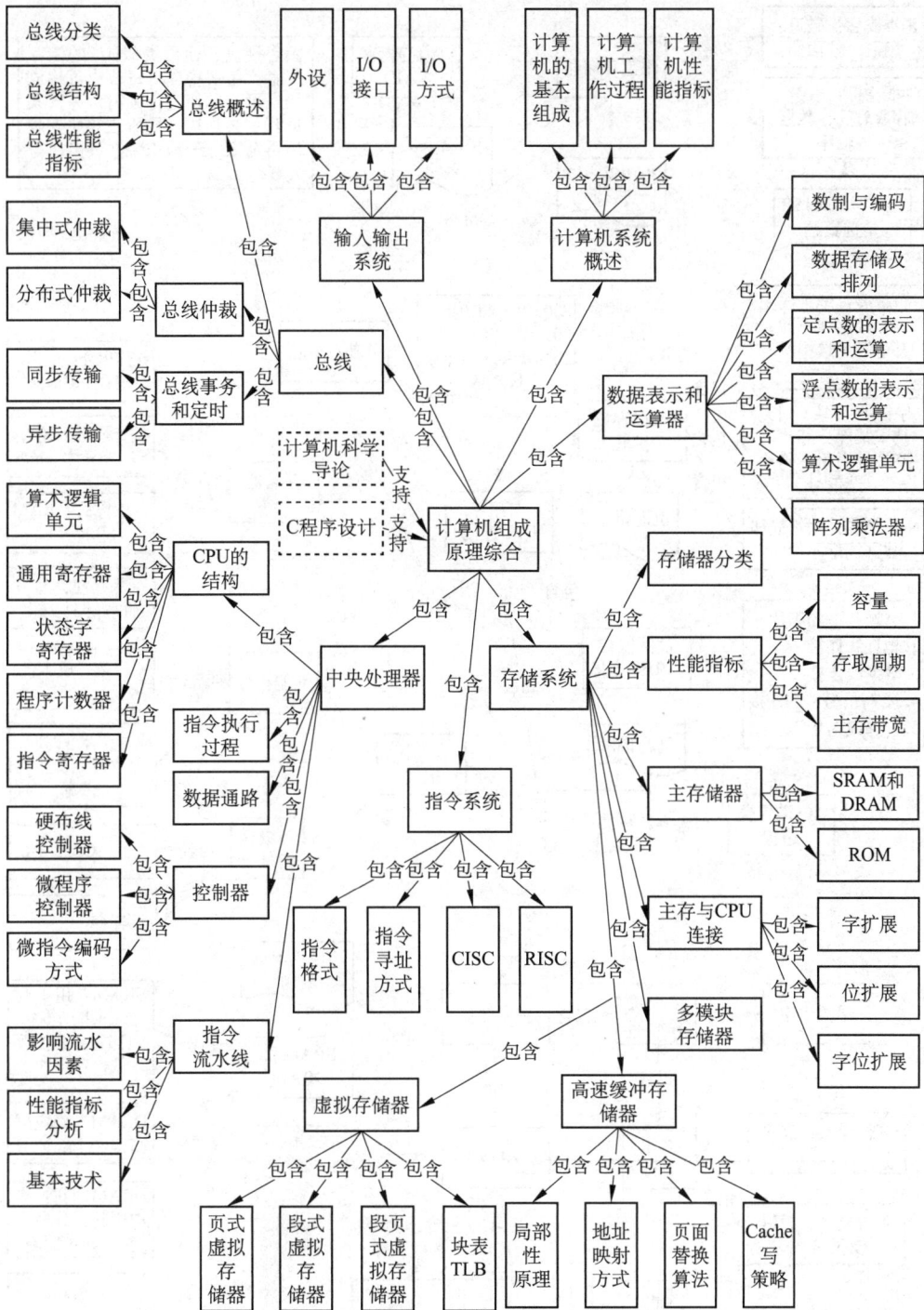

图 3-4　计算机组成原理综合课程知识建模图

基本概念：磁道、扇区、柱面数

性能指标：容量、存取时间、数据传输率

2013年、2015年单选真题

磁盘存储器

磁盘阵列RAID

固态硬盘：使用类似U盘的闪存技术，由块构成，每块由页构成并以页为单位进行读写。写入某页时，必须在该页所在的块擦除后再写入。一般来说，读出比写入要快

包含

包含

2019年单选真题

2013年单选真题

包含

包含

位扩展：地址线相同、数据线不同，某一时刻选中所有芯片

字扩展：某一时刻选中某部分芯片，高地址用于译码片选信号

字位扩展：地址线和数据线都不相同

包含

包含

包含

2009年、2010年、2011年、2016年、2018年和2021年单选真题

主存容量扩展

外部存储器

存储器分类

按作用分：主存、辅存、Cache

按介质分：磁存储、半导体、光盘

存取方式：RAM和ROM

可保存性：易失性和非易失性

包含

包含

包含

包含

例题讲解

主存与CPU连接

包含

包含

1. 选择合适的芯片
2. 地址线连接
3. 数据线连接
4. 读/写信号线的连接
5. 片选线连接

包含

存储器与CPU的连接

包含

例题讲解

性能指标

容量、成本、速度

成本：存取时间、存取周期、主存带宽

包含

包含

冯·诺依曼结构

包含

存储系统

包含

存储器概述

包含

多级存储系统

主存—Cache层次

辅存—主存

包含

包含

包含

包含

包含

包含

包含

2014年单选真题

SRAM：用于构造Cache，6个MOS管，集成度低，速度快

单体多字

包含

多模块存储器

包含

主存储器

包含

SRAM和DRAM

包含

DRAM：集成度高，一个晶体管

高位交叉：顺序方式

包含

多体并行

包含

ROM

2012年单选真题

DRAM刷新：集中刷新、分散刷新、异步刷新

低位交叉：模M交叉方式

包含

包含

包含

特点

类型

DRAM和SRAM比较

2015年单选、2017年单选真题

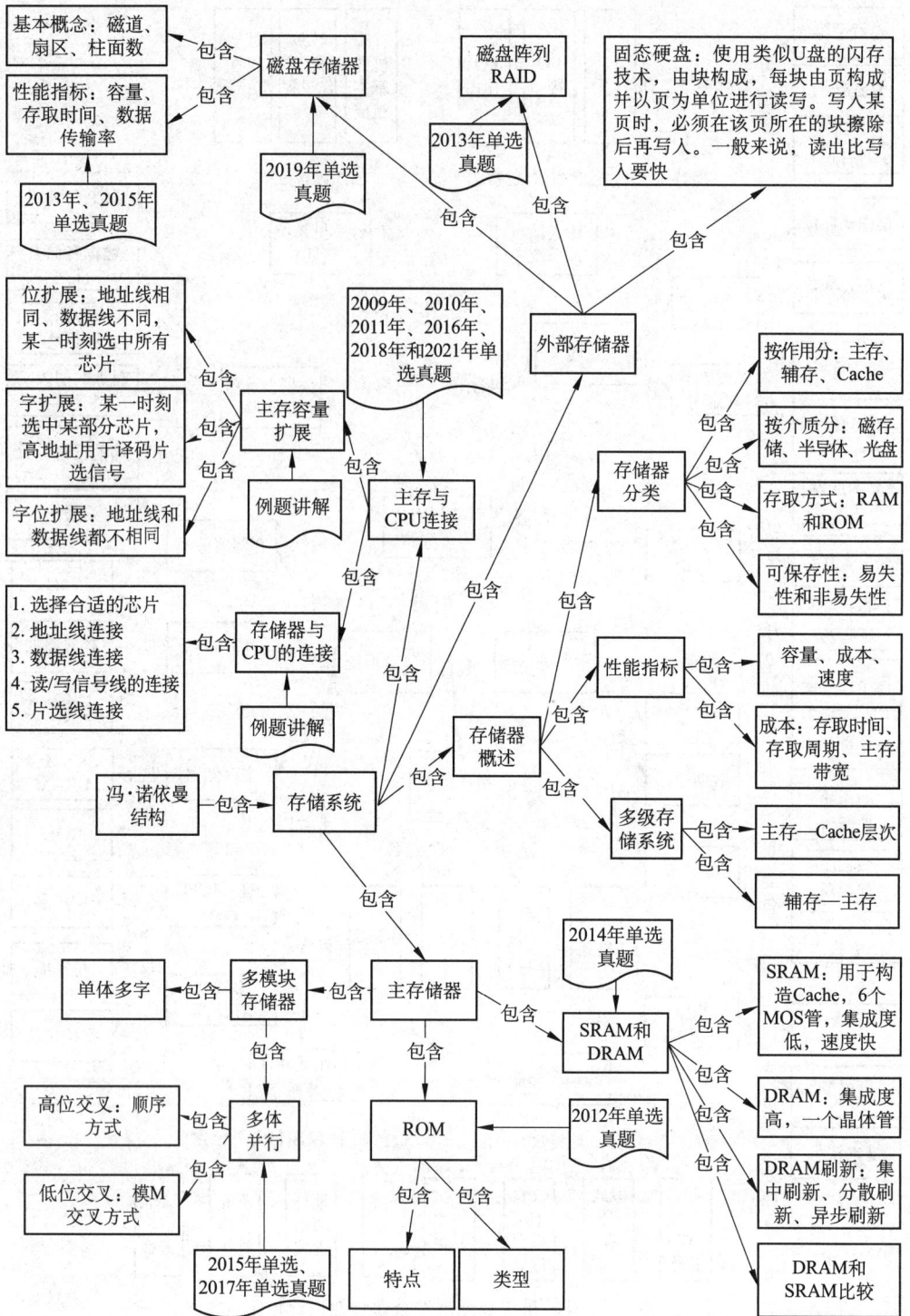

图 3-5　存储系统章节知识建模图

全写法（Write-through），写Cache的同时写主存，时刻保持一致，Cache行无须写回主存

写回法（Write back），写Cache不写主存。需要设置一个脏位，记录是否需要将Cache行写回到主存（该行被替换时）

写分配法：调入主存块，更新Cache

非写分配法：只写主存，不调入主存块

配合使用

配合使用

局部性原理 ──包含── 空间局部性

局部性原理 ──包含── 时间局部性

2017年单选真题

写命中

写策略

写未命中

存储系统 ──包含── 高速缓冲存储器

Cache工作原理

2009年、2012年单选真题

主存分块，Cache分行，块和行大小相等，块数远大于行数

命中、不命中、命中率、访问效率

2010年、2013年、2016年、2020年分析题真题

全相联、组相联映射时需要考虑替换算法，直接映射方式下直接进行替换

随机替换：从特定的行位置中随机地选取一行换出

FIFO：未考虑局部性原理

LRU：次数较好地考虑了局部性原理。
实现方式：各行设置一个计数器，访问该行时，计数器清零。小于该值的行加1，其余行不变。未命中时，将数值最大的替换出，同时该行计数器清零

LFU：次数访问次数最少的行替换出去
实现方式：每行设置一个计数器。每访问一次，该行计数器加1。替换时将计数值最大的行换出

替换算法

替换算法作业

2021年单选真题

Cache和主存的映射方式

2021年单选真题

Cache总容量

有效位：说明Cache中的内容是否有效，一般用1表示有效，即该行保存了内存中的某块数据；0表示无效
标记：每行有一个，指明该行保存的是主存的哪一块

直接映射：主存块放到Cache中的特定行
全相联映射：主存块放到Cache中的任一行
组相联映射：主存块只能放到Cache中特定组中的某行

地址映射作业

有效位	脏位	替换算法控制位	主存标记位	数据位

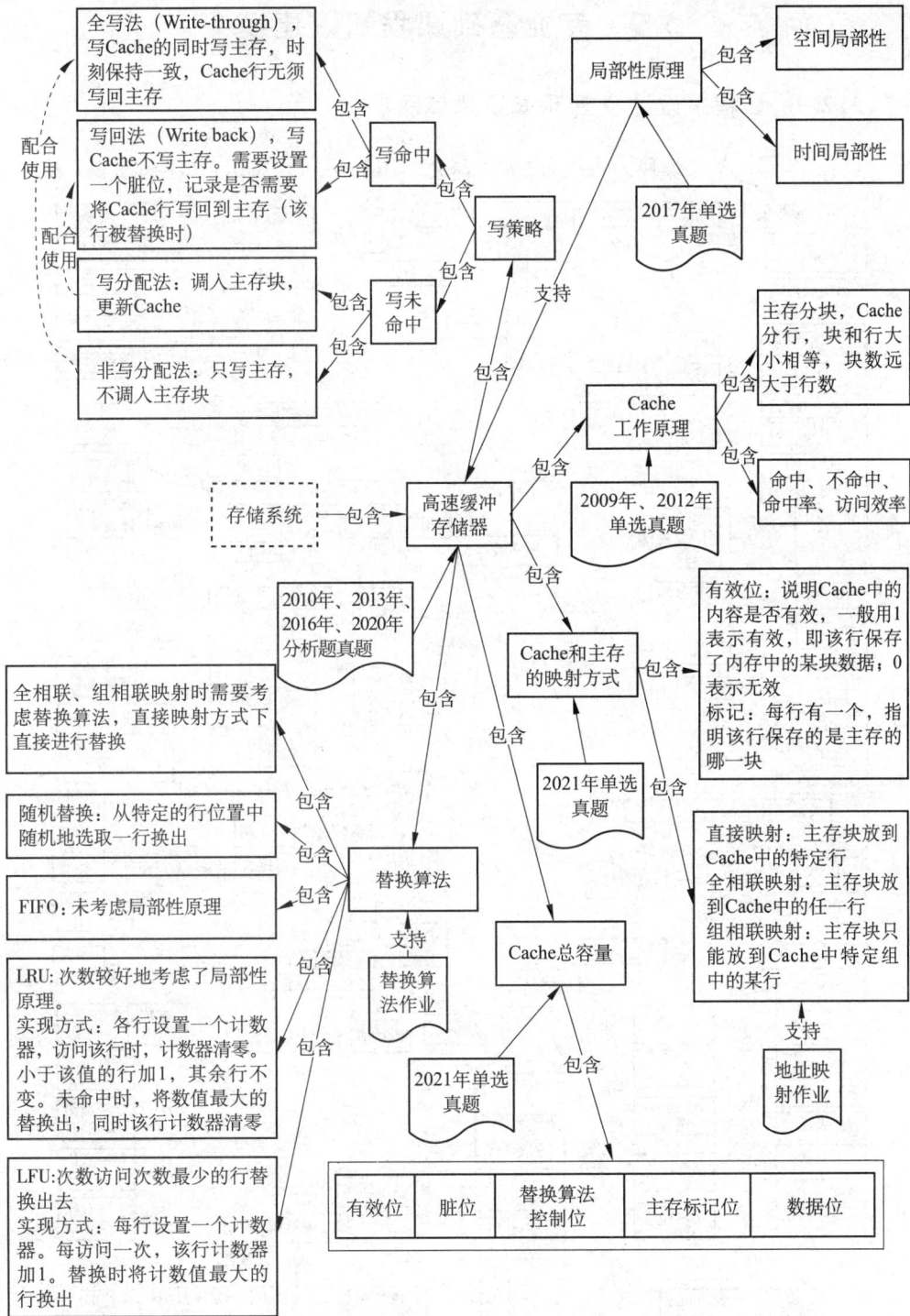

图 3-6　高速缓冲存储器章节知识建模图

3.2　专业基础课程知识建模

3.2.1　C程序设计A课程知识建模图

C程序设计A以编程为主线,由浅入深介绍编程用到的知识,具体如图3-7所示。

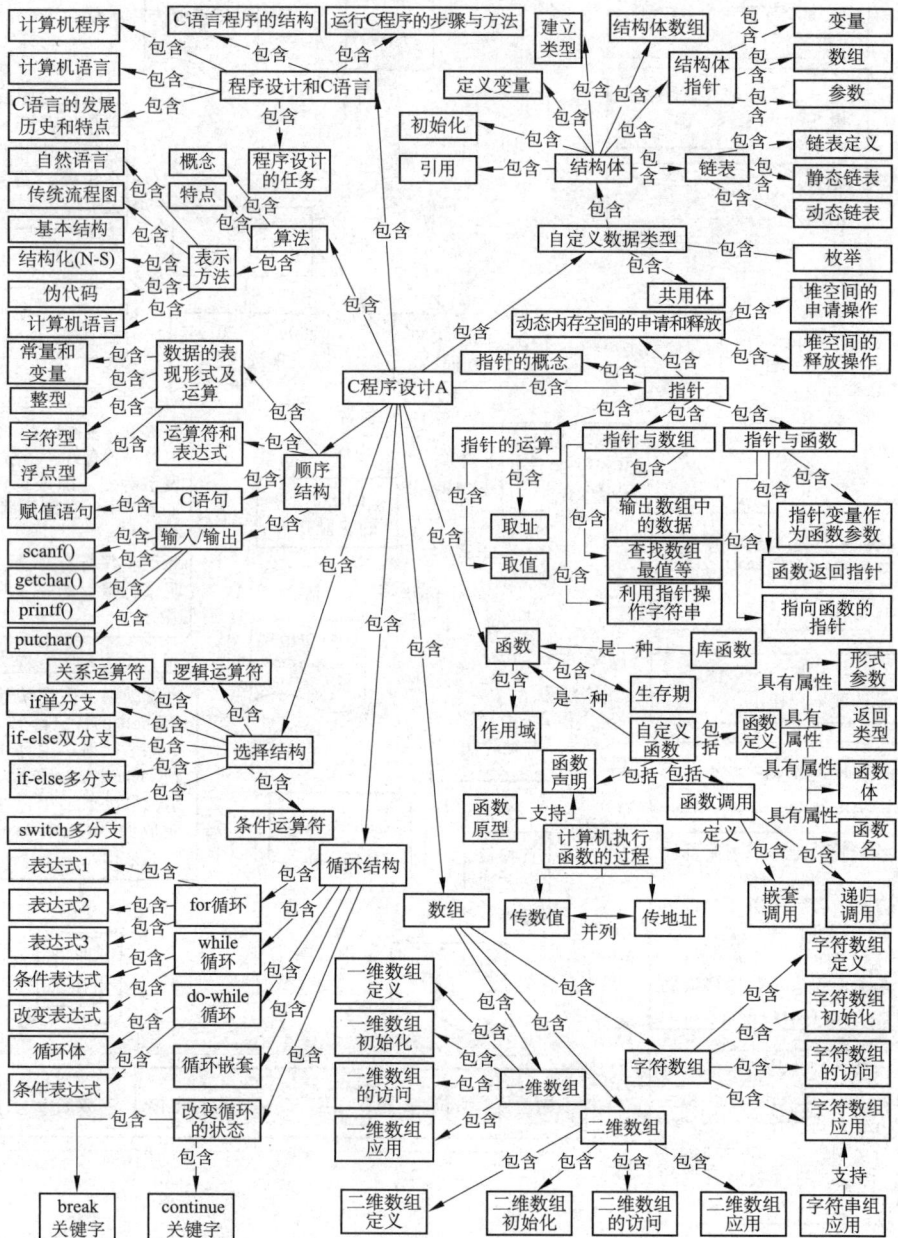

图3-7　C程序设计A课程知识建模图

数组一章介绍了在 C 语言中怎样使用数组来处理同类型批量数据的过程,包括一维数组、二维数组、字符数组的定义、元素的引用、初始化及应用等,具体如图 3-8 所示。将数组和循环结合起来,可以有效地处理大批量的数据,提高工作效率,十分方便。

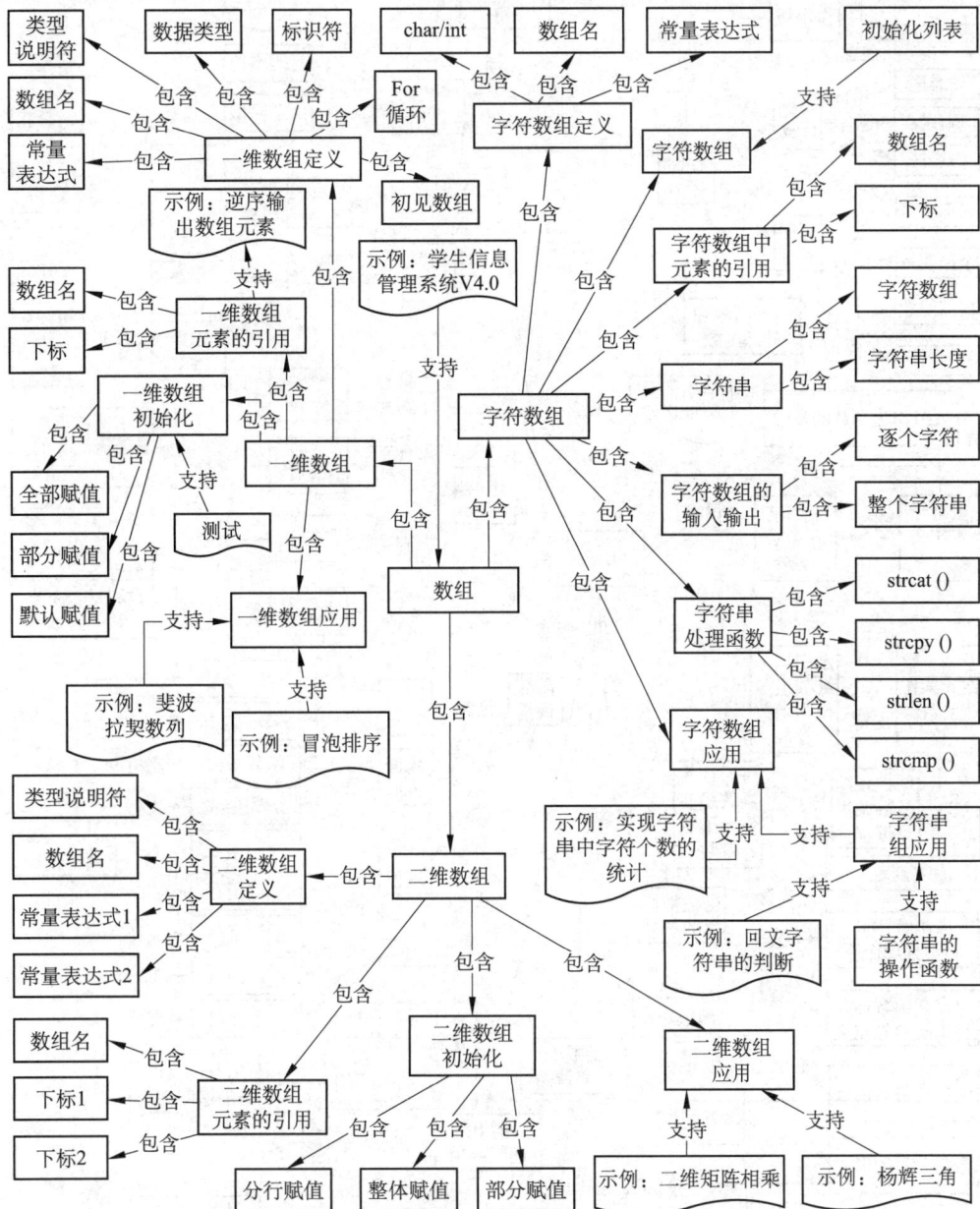

图 3-8　数组章节知识建模图

在设计一个较大的程序时,可以把它分为若干个程序模块,每一个模块包括一个或多个函数,每个函数实现一定的功能。函数一章包括函数概述、函数定义、函数调用、函数声明、函数的嵌套调用、函数的递归调用、数组作为函数的参数、函数被调用的条件和变量等内容,具体如图 3-9 所示。

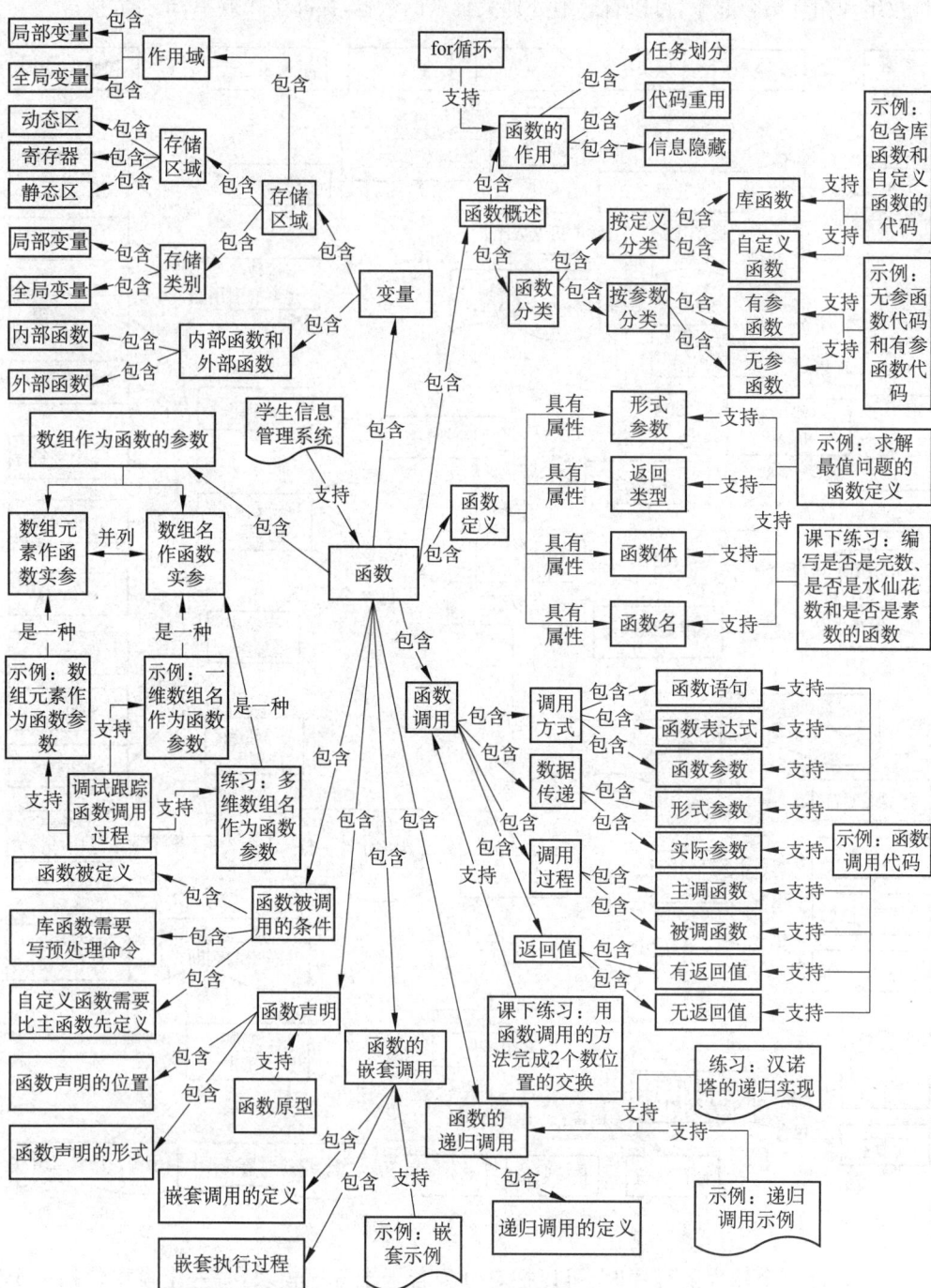

图 3-9 函数章节知识建模图

3.2.2　C++程序设计课程知识建模图

C++程序设计课程内容包括八大模块,第一部分为"初识 C++",包括 C++简介、C++对 C 语言的扩充和第一个 C++程序的编写;第二部分为"类和对象",包括面向对象程序设计思想、初识类和对象、this 指针、类的成员函数及关键字修饰类的成员;第三部分为"运算符重载";第四部分为"继承和派生";第五部分为"多态和虚函数";第六部分为"模板";第七部分为"异常";第八部分为"I/O 流"。具体如图 3-10 所示。

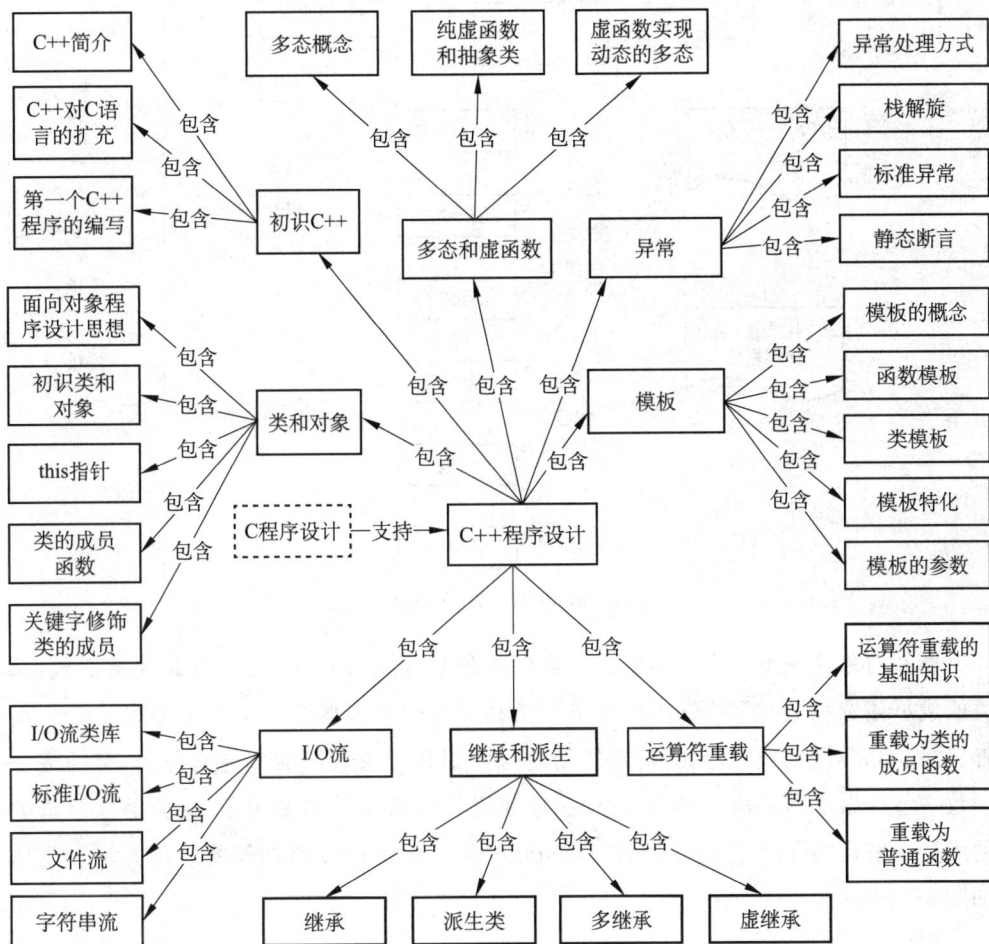

图 3-10　C++程序设计课程知识建模图

初识 C++这一章从 C++简介和第一个 C++程序开始介绍,并通过示例程序加深学生对 C++的认识。C++简介从 C++的特点和 C++的发展史介绍,其中,C++的特点是重点。第一个 C++程序从命名空间和输入/输出两个方面介绍。示例程序

给出了学生信息管理系统、银行信息管理程序、计算器和掷骰子游戏 4 个程序
如图 3-11 所示。

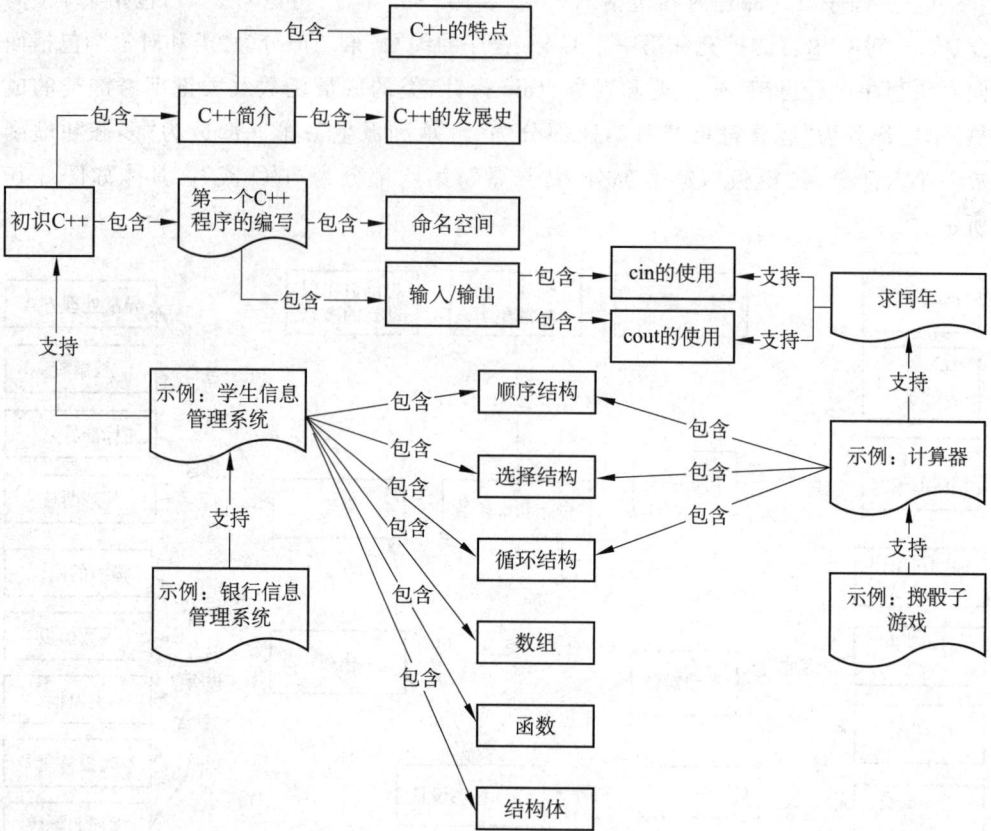

图 3-11　初识 C++ 章节知识建模图

类和对象这一章的主要内容包括面向对象程序设计思想、类和对象的基本概念、
类的成员函数和关键字修饰类的成员。类和对象的基本概念一节详细描述了 this 指
针、初识类和对象、类的定义、对象的创建与使用和对象数组的创建与使用;类的成员
函数一节详细解释了构造函数、析构函数和拷贝构造函数的使用方法;关键字修饰类
的成员一节详细介绍了 const 修饰符、static 修饰符、friend 修饰符的使用方法。具体
如图 3-12 所示。

3.2.3　计算机组成原理课程知识建模图

计算机组成原理课程包括九个模块,具体如图 3-13 所示。

"Cache 存储器"包含 Cache 基本原理、主存与 Cache 地址的映射、Cache 的写操作
策略和 Cache 的替换策略。具体如图 3-14 所示。

避免同名 实现链式编程 示例：银行业务管理系统的定义和实现 面向过程程序设计思想

const修饰常量

const修饰指针

const修饰类数据成员

const修饰类的函数成员

支持

面向对象程序设计思想 const修饰符

包含 包含

this指针

包含

类和对象 包含 关键字修饰类的成员

初识类和对象 包含

类的定义 包含 类和对象的基本概念 类的成员函数 static修饰符

static修饰局部变量

static修饰类的数据成员

static修饰类的函数成员

对象的创建与使用 包含

对象数组的创建与使用 包含

包含 包含 包含

构造函数 析构函数 拷贝构造函数 friend修饰符

包含 包含 包含

包含 包含

友元的基本特点 友元类 友元函数

包含 包含

包含 包含 包含 包含

无参数的构造函数 有参数的构造函数 浅拷贝 深拷贝 单向性 非传递性 普通函数作为友元函数 类的成员函数作为友元函数

支持 支持 支持 支持 支持 支持 支持

示例：学生类的定义和实现 示例：点类的定义和实现

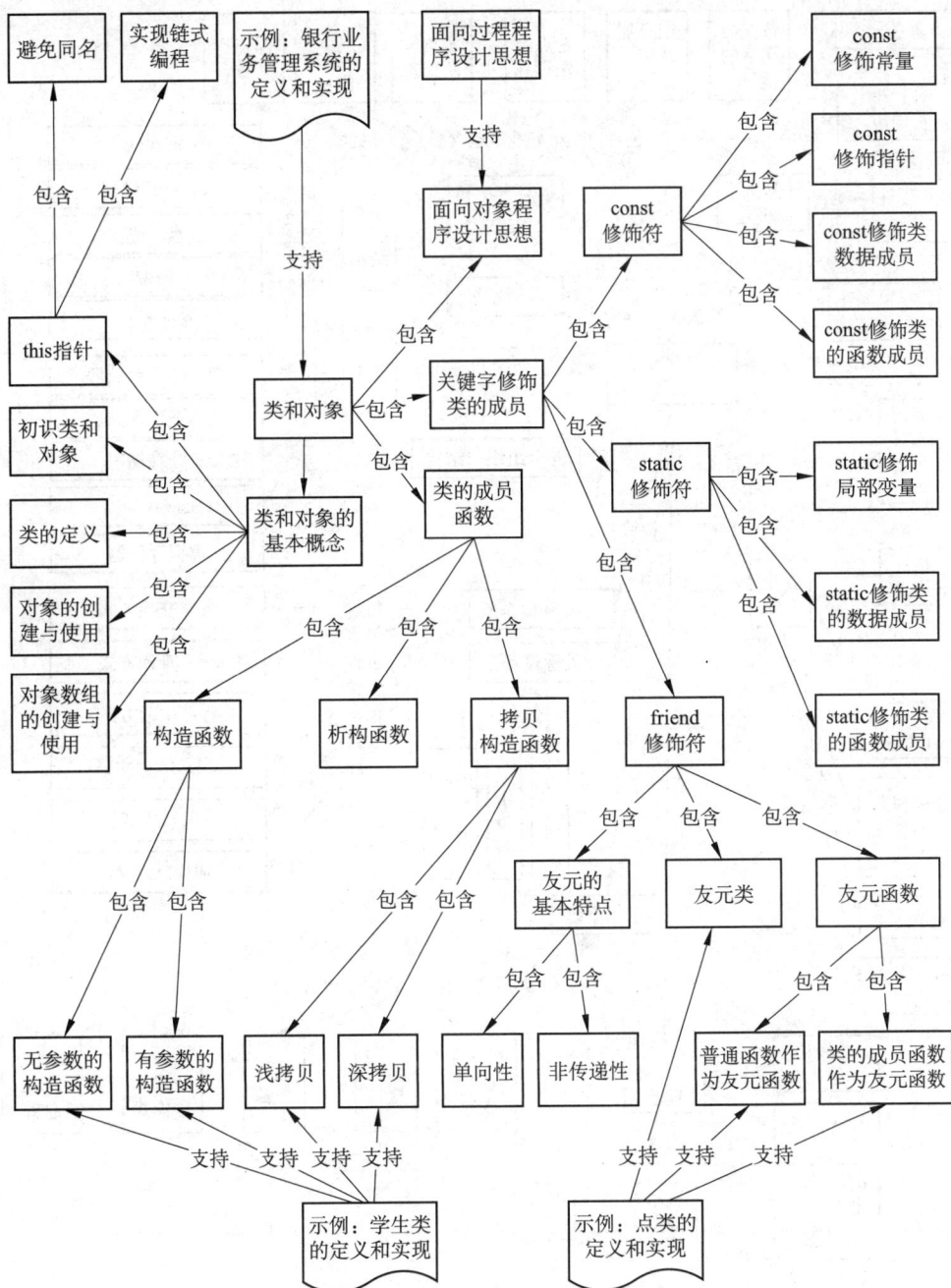

图 3-12 类和对象章节知识建模图

"指令系统"的主要内容包括指令系统的基本概念、发展、性能要求、指令格式和低级语言与硬件结构的关系,其中指令格式包含操作码、地址码、指令字长度、指令助记符和指令格式举例等,具体如图 3-15 所示。

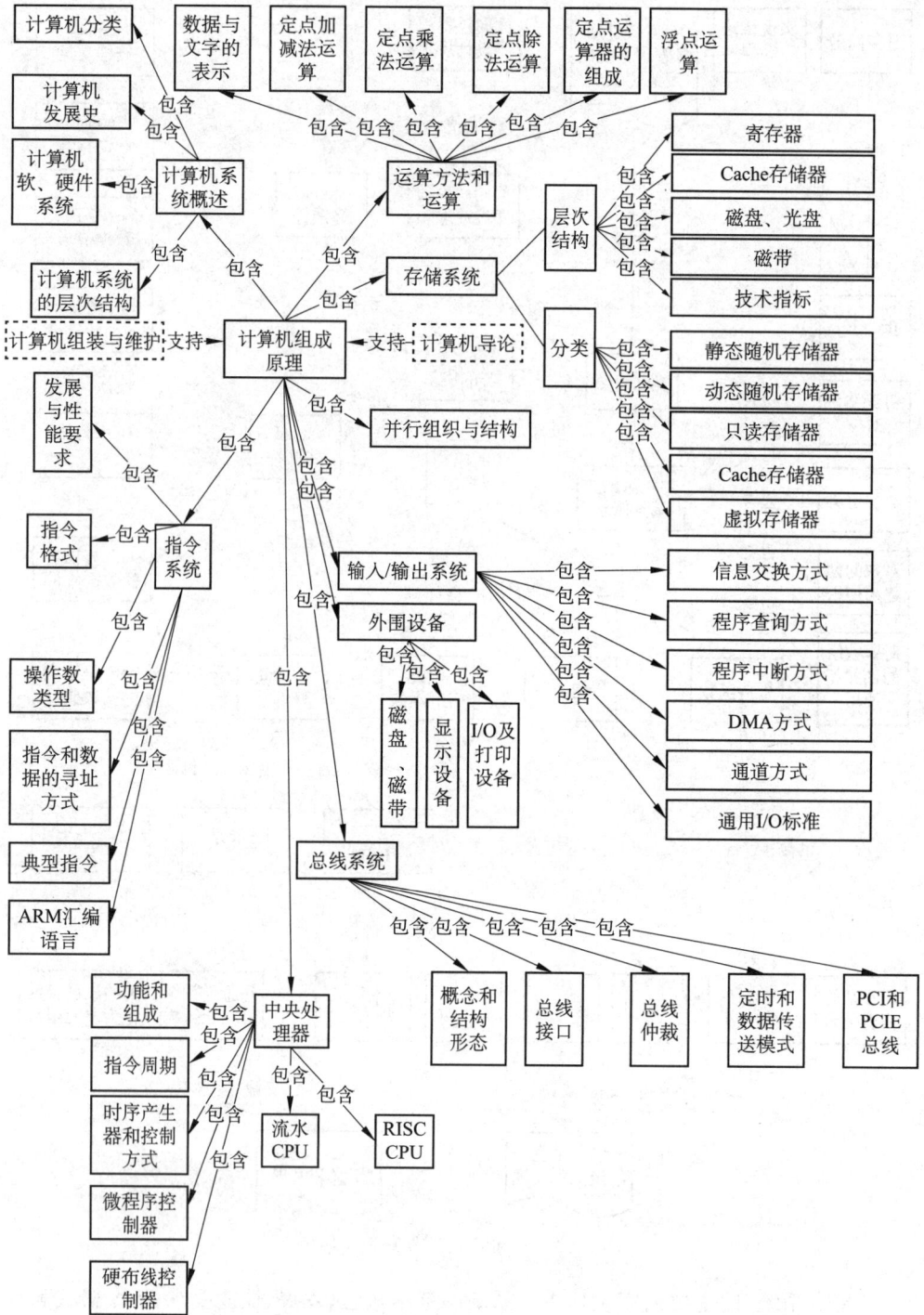

图 3-13　计算机组成原理课程知识结构图

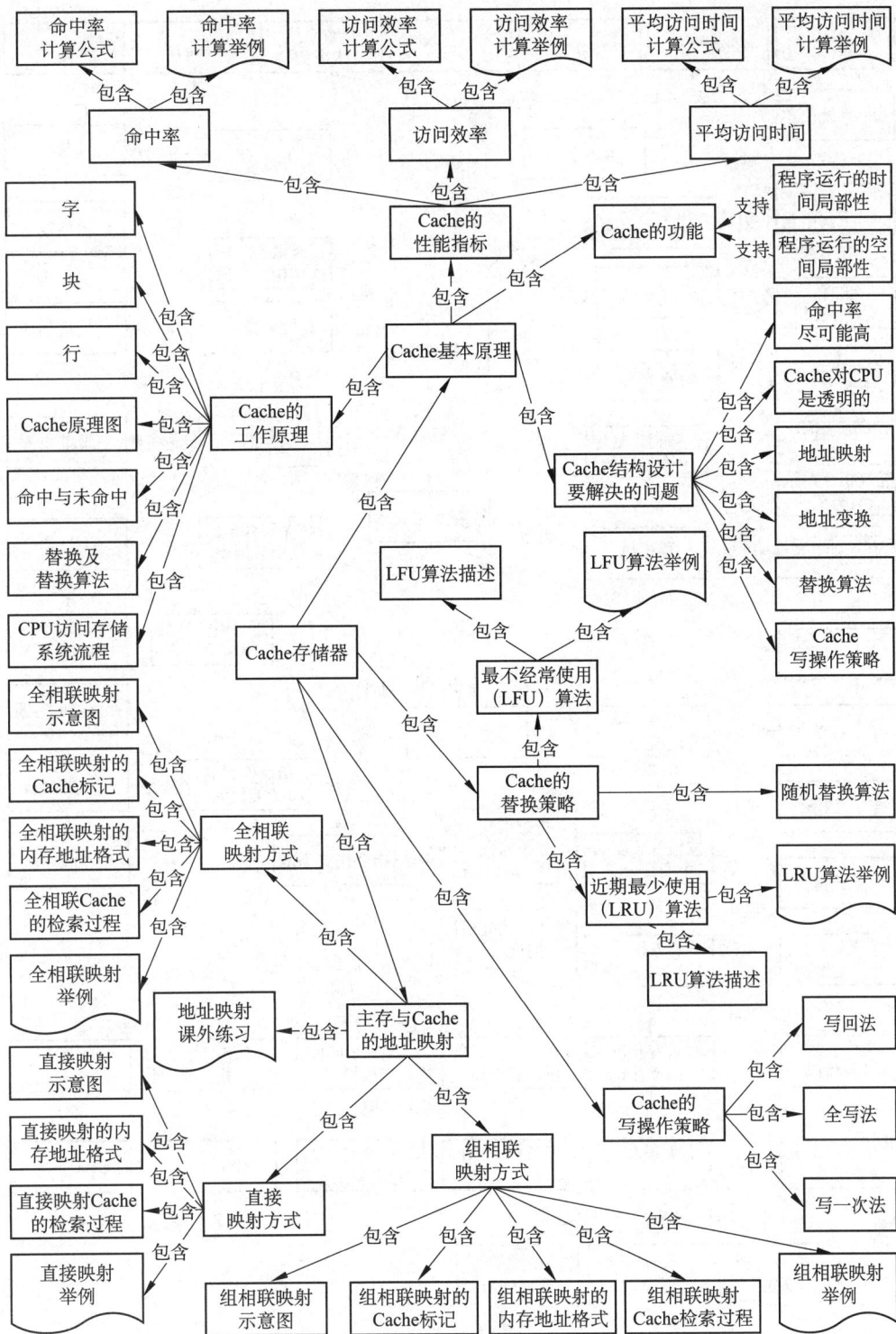

图 3-14 Cache 存储器章节知识建模图

指令　机器指令　微指令　宏指令　指令系统(指令集)　完备性　有效性

指令系统简单
下一代

指令数目增多
寻址方式丰富
下一代

出现
系列计算机
下一代

复杂指令系统
计算机
下一代

精简指令系统
计算机

基本概念

指令系统
的发展

CISC系统

RISC系统

一条指令规定
一个操作码

指令系统
的性能要求

完备性　有效性

规整性

兼容性

指令系统

低级语言与硬
件结构的关系

零地址指令　一地址指令

地址码　三地址指令

指令格式

存储器存储器
(SS)型指令　二地址指令

寄存器存储器
(RS)型指令　寄存器寄存器
(RR)型指令

n位操作码规定
2ⁿ条指令

操作码

指令助记符

单字长指令　按指令字
位数分类　指令字长度

半字长指令

双字长指令

按指令长度的
可变性分类　指令格式
分析实例　指令格式举例

变长
指令字结构　等长
指令字结构　指令格式分析
课堂练习

固定长度
的操作码　可变长度
的操作码　八位微型计算
机的指令格式　MIPS R4000
指令格式　ARM的指令
格式　Pentium
指令格式

向地址码扩充
操作码长度　扩展操作码
技术　字长可变固定
操作码指令　RISC系统，两
种类型指令　RISC系统　CISC系统

扩展操作码
实例　扩展操作码
课堂练习　扩展操作码
课后练习

存储器的容量

机器的字长

指令的功能

指令格式的
影响因素

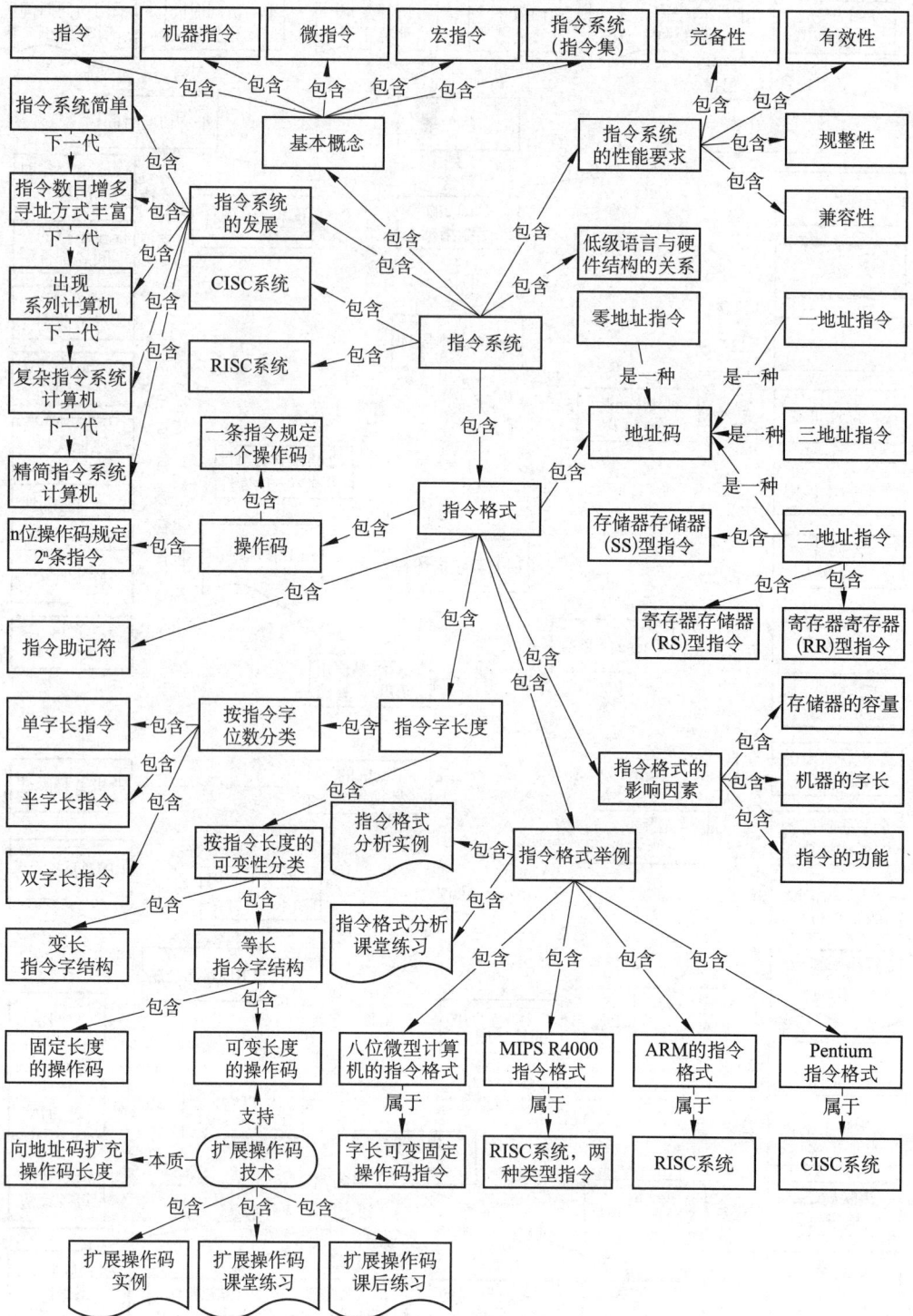

图 3-15　指令系统章节知识建模图

3.2.4　数据结构课程知识建模图

数据结构课程知识模块涵盖了线性结构、非线性结构(树、图、集合)、查找和排序等方面的内容。线性结构模块主要包含线性表、栈与队列、字符串、数组;非线性结构模块主要包含树、图、集合等;查找主要包含顺序查找、二分法查找、索引查找、树形查找;排序主要包含插入排序、选择排序、交换排序、归并排序和基数排序等。这些知识模块构成了数据结构课程的核心内容,旨在帮助学生建立对数据结构的整体认识,并深入理解每种数据结构的表示方法及操作实现算法。通过学习这些模块,学生能够掌握典型数据结构的表示方法及操作实现算法,并为将来在计算机领域的专业工作打下坚实的基础。数据结构课程知识结构图如图 3-16 所示。

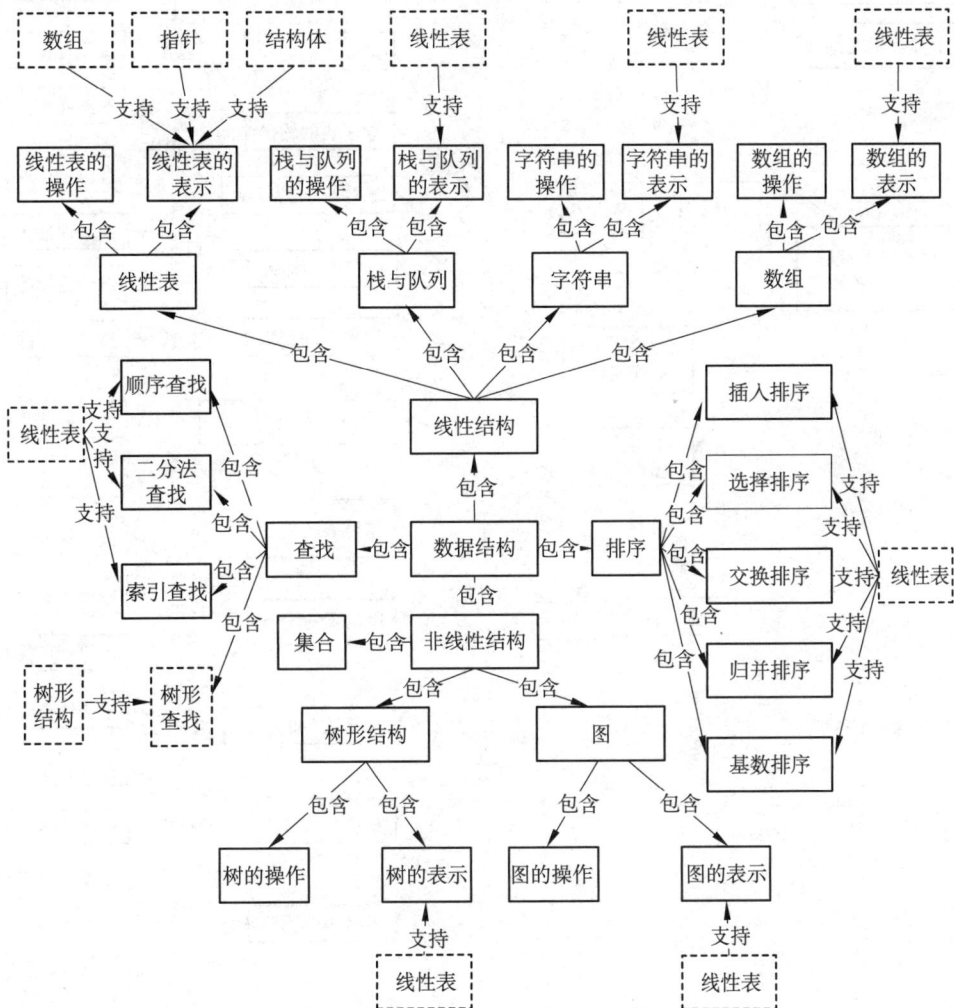

图 3-16　数据结构课程知识结构图

线性表是典型的线性结构形式的数据结构,它涉及线性表的逻辑结构及操作、线性表的存储结构及操作,具体如图 3-17 所示。

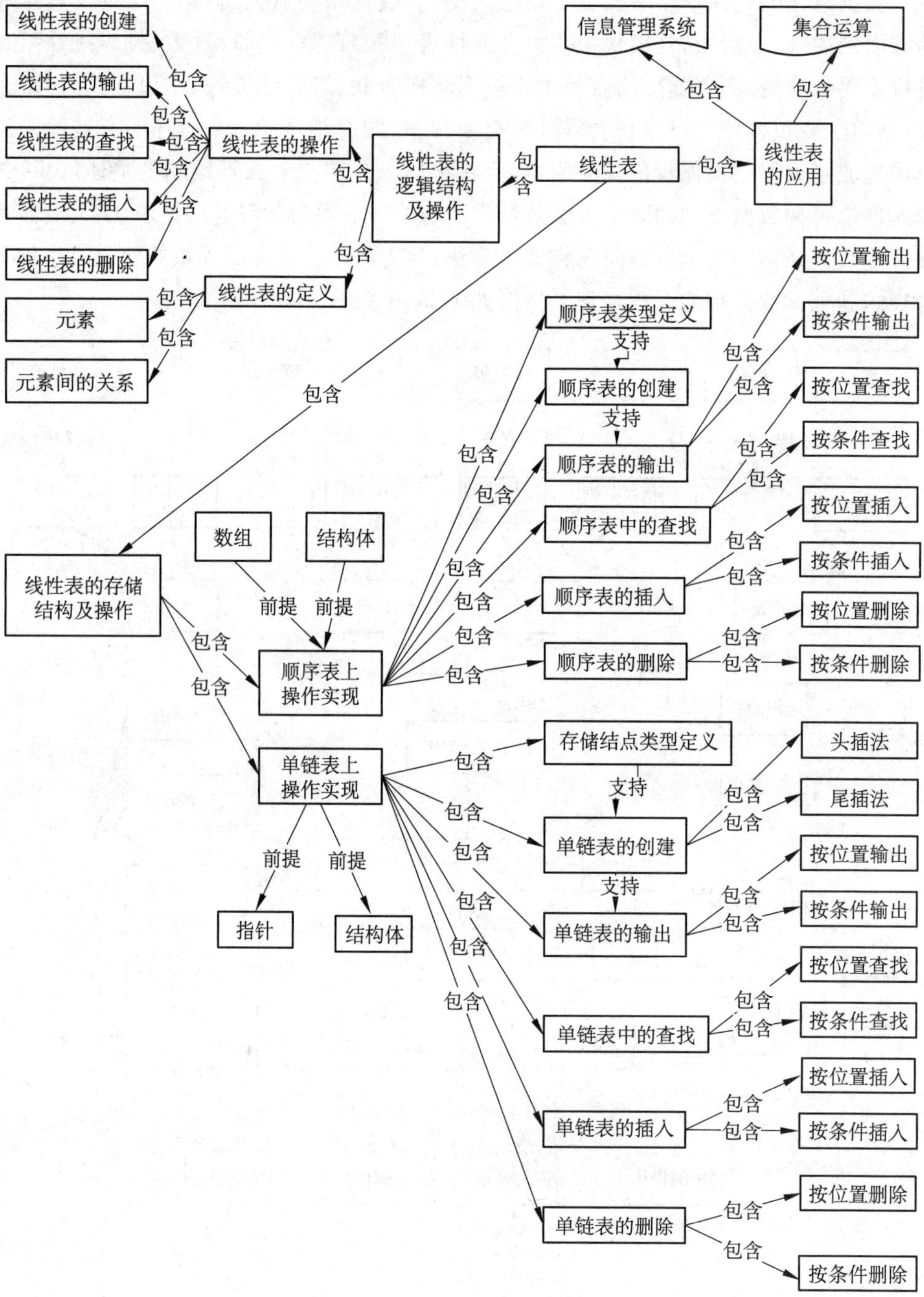

图 3-17　线性表章节知识建模图

栈与队列也是线性结构形式的数据结构。栈主要包含栈的定义、栈的特点、栈的应用和栈的存储及操作实现。栈的存储及操作实现包含顺序栈的类型定义、进(入)栈、出(退)栈操作及链栈的构建、进(入)栈、出(退)栈操作。队列主要包含队列的定义、队列的特点、队列的应用和队列的存储及操作实现。队列的存储及操作实现包含顺序队列的类型定义、进(入)队、出队操作及链队的构建、进(入)队、出队操作。此模块具体知识建模图如图 3-18 所示。

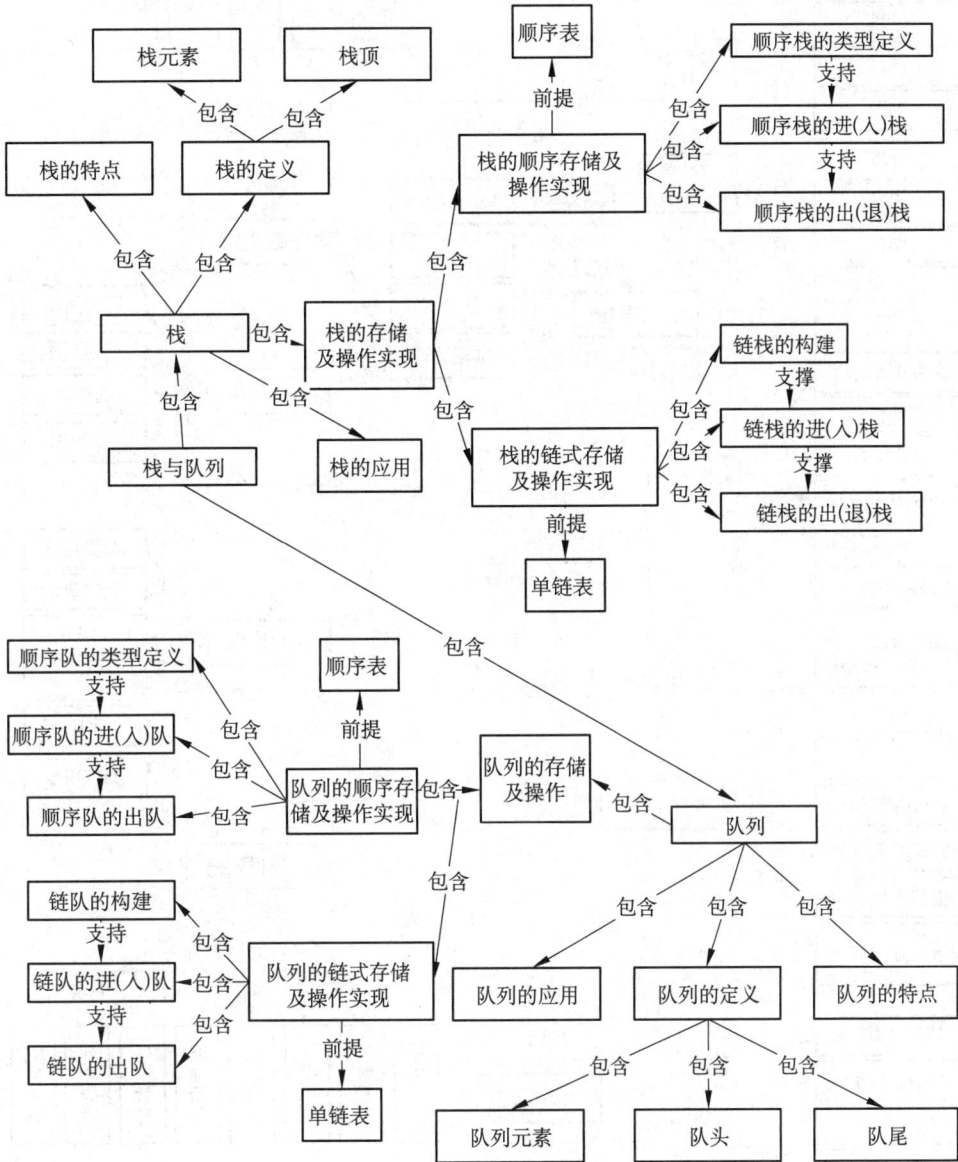

图 3-18　栈和队列章节知识建模图

3.2.5　操作系统课程知识建模图

操作系统这门课程在简要介绍操作系统的目标、作用和特征后，重点详解了文件管理、内存管理、设备管理和进程管理的相关知识，具体如图 3-19 所示。

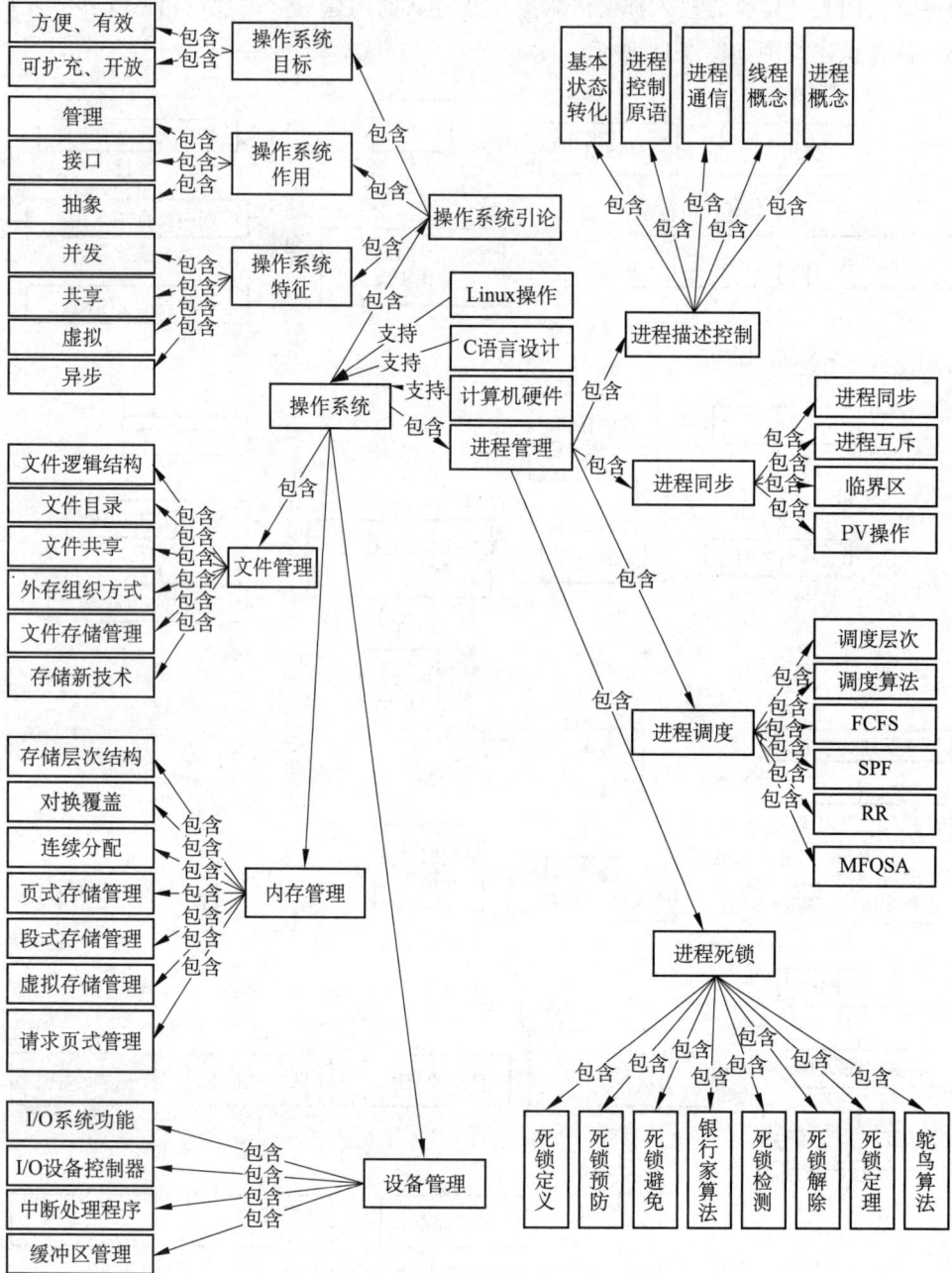

图 3-19　操作系统课程知识建模图

操作系统引论这一章介绍了操作系统发展、操作系统功能、操作系统结构、操作系统特征、操作系统作用操作系统概念与操作系统课程性质和评价机制,具体如图 3-20 所示。

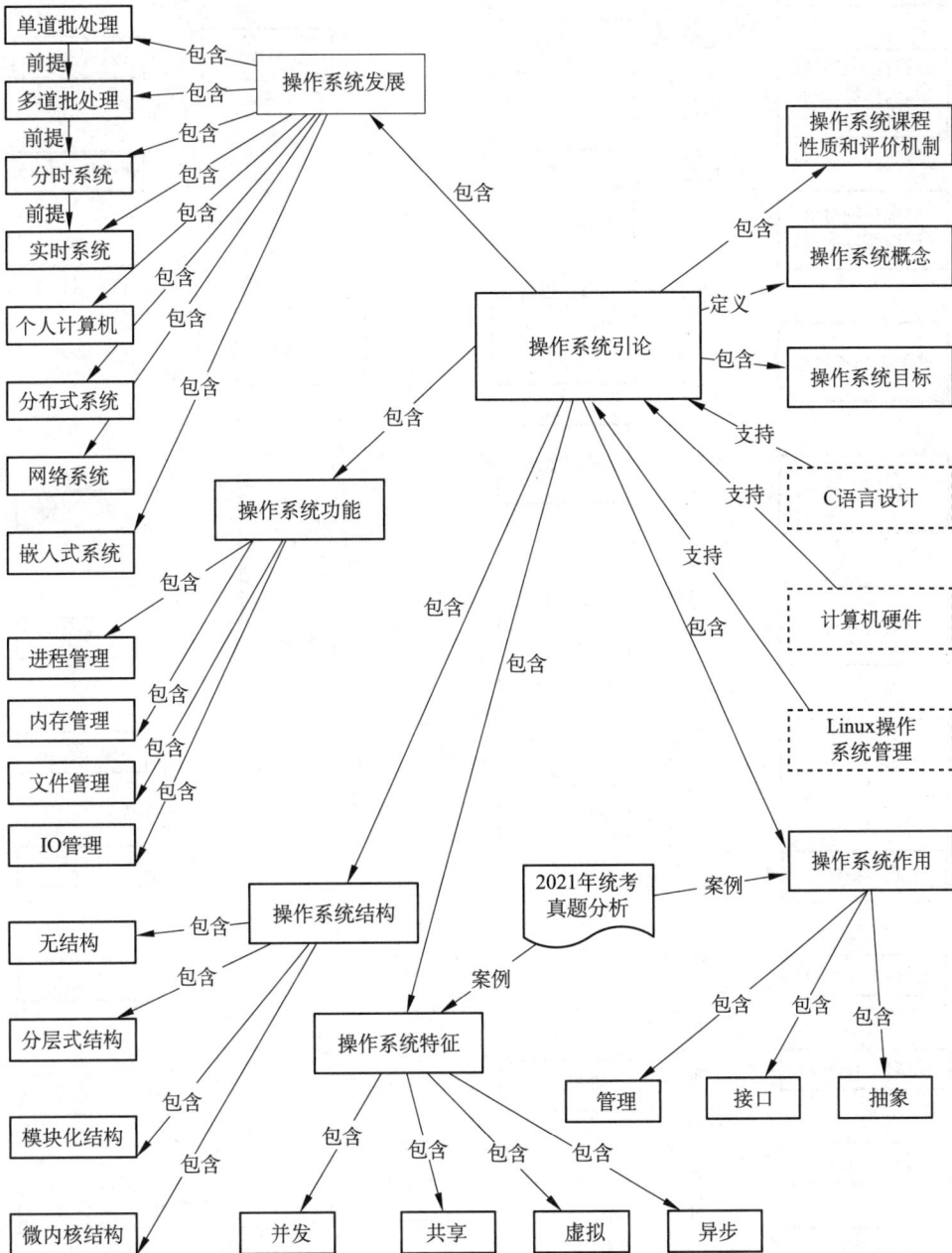

图 3-20　操作系统引论章节知识建模图

进程管理这一章主要介绍了进程概念、进程组织、进程控制、进程状态、进程特征、进程通信和进程同步互斥等内容,具体如图 3-21 所示。

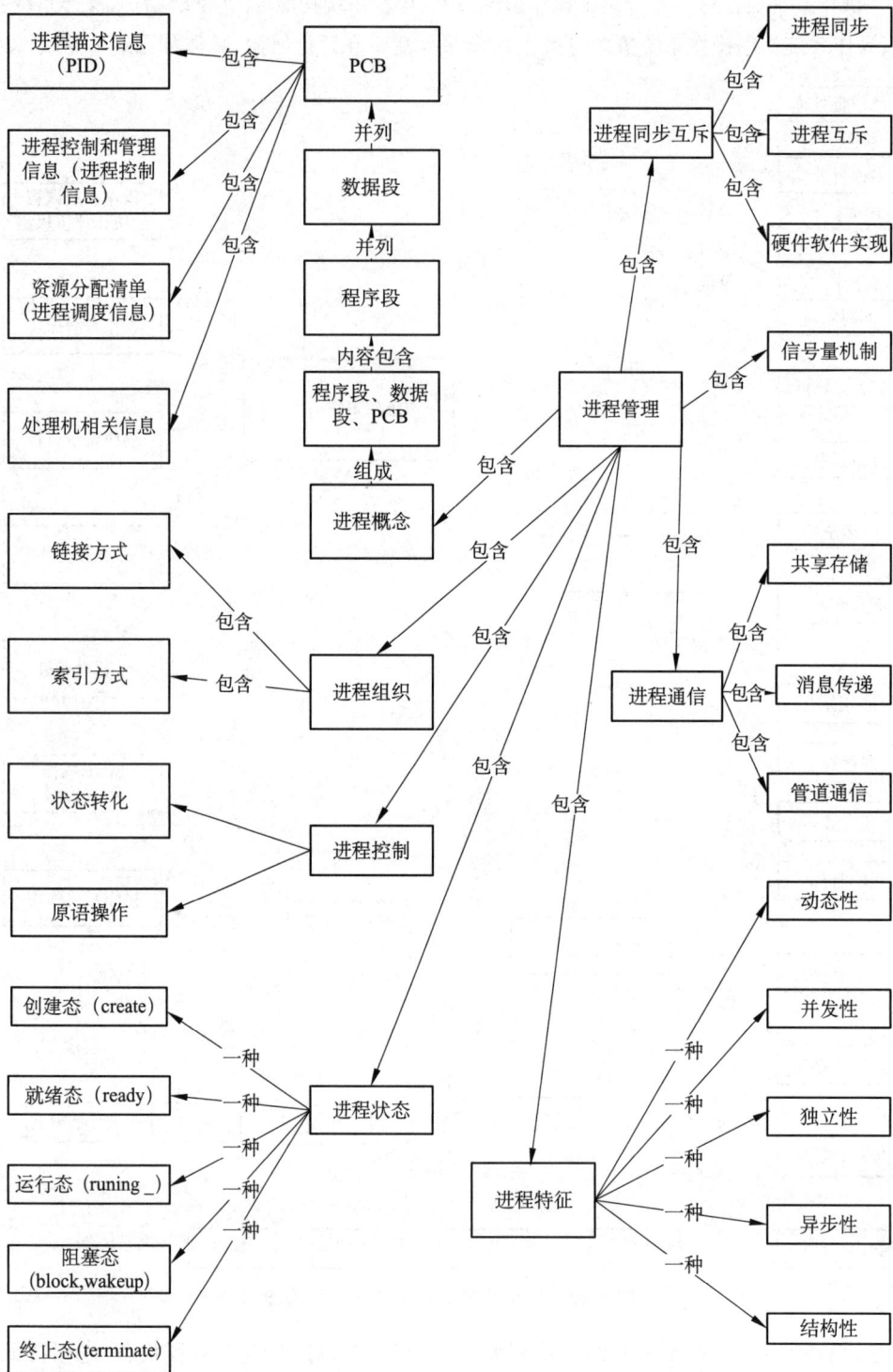

图 3-21　进程管理章节知识建模图

3.2.6　Java 程序设计课程知识建模图

　　Java 程序设计课程内容包括四大模块。第一部分为 Java 语言基础,包括 Java 入门、基本数据类型、表达式、运算符、数组和语句;第二部分为面向对象基础,包括类和对象、抽象类和接口、内部类、异常处理、常用 API;第三部分为 Java 语言高级,包括输入输出、多线程、网络编程、泛型与集合、JDBC、MySQL 基础。第四部分为 Java 基础提高,包括 XML 解析、反射、注解、单元测试和 MySQL 高级。具体如图 3-22 所示。

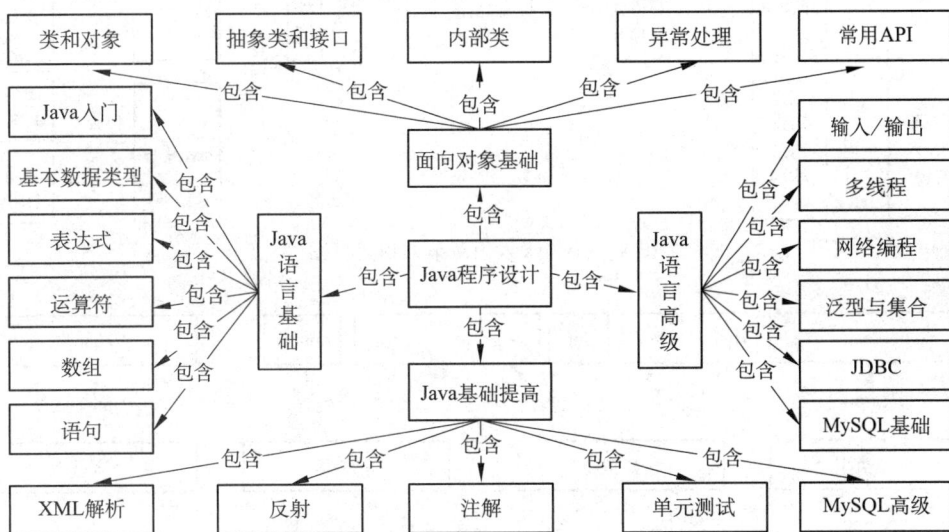

图 3-22　Java 程序设计课程知识结构图

　　Java 入门是 Java 程序设计课程中 Java 语言基础模块的关键知识点,它涵盖了 Java 语言的发展历程、开发环境及环境变量等重要内容。为了帮助学生更好地理解和掌握这些知识,课程提供了详细的知识建模图,通过直观的图示形式,展现 Java 入门知识的内在逻辑和关联,具体如图 3-23 所示。通过学习这一模块,学生能够奠定坚实的 Java 语言基础,为后续的高级编程和实际应用做好准备。

　　Java 基本数据类型是 Java 程序设计课程中 Java 语言基础模块的核心知识点。这一部分深入讲解了 Java 的标识符命名规则、关键字使用及 Java 提供的八个基本数据类型。为了让学生更加清晰地理解并掌握这些知识,课程提供了详细的知识建模图,展示了基本数据类型的层次结构、特性及其之间的关系,具体如图 3-24 所示。通过学习这一模块,学生能够熟练掌握 Java 的基本数据类型,为后续的编程实践打下坚实的基础。

3.2.7　数据库原理及应用课程知识建模图

　　数据库原理及应用课程内容翔实,分为基础篇和设计与应用开发篇。基础篇聚焦

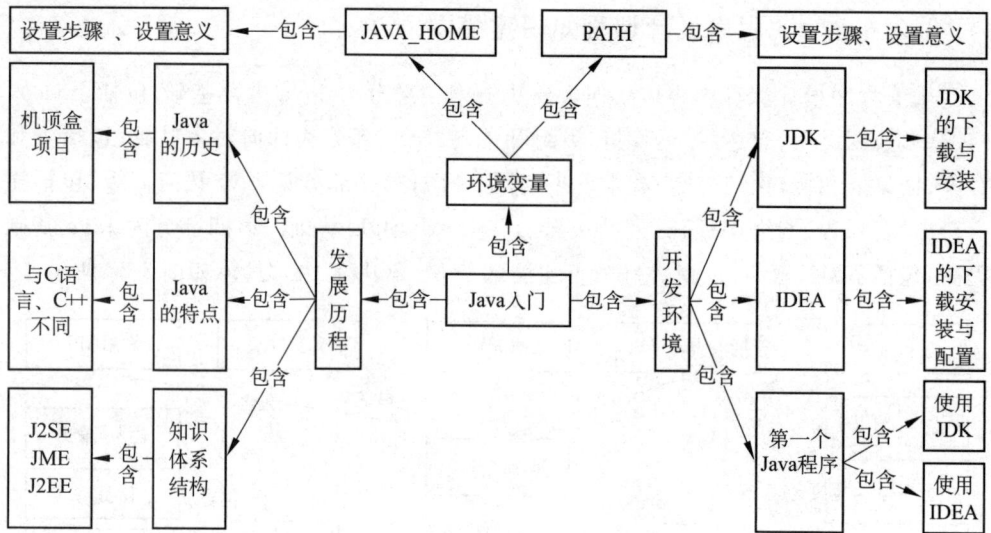

图 3-23   Java 入门章节知识建模图

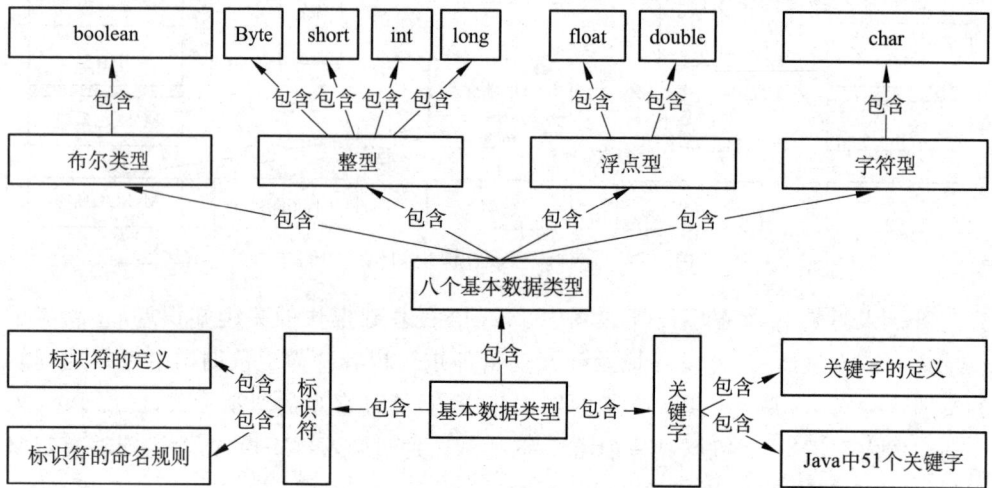

图 3-24   Java 基本数据类型章节知识建模图

于基础知识、关系模型、关系数据库标准语言 SQL，以及数据库的安全性和完整性，为学员提供扎实的理论基础。应用开发篇则涵盖数据库编程、数据库设计和关系数据理论，助力学生提升实际应用能力。具体如图 3-25 所示。

关系模式是《数据库原理及应用》一书中的关键知识点，它深刻探讨了关系数据库的核心构成和运作机制。这一章节的内容丰富而全面，主要聚焦于关系数据结构、关系操作及关系完整性约束等核心要素。通过深入学习这些内容，学生能够更全面地理解关系数据库的设计原理、操作方法和约束规则，为实际应用提供坚实的理论基础。具体如图 3-26 所示。

数据库编程
嵌入式SQL
过程化SQL
存储过程和函数
ODBC编程
页6

数据库设计
数据库的设计概述
需求分析
概念结构设计
逻辑结构设计
物理结构设计
数据库的实施与维护
页7

数据结构
计算机算法
C程序设计语言

关系数据理论
问题的提出
规范化
数据依赖的公理系统
模式的分解
页6

应用开发篇

数据库原理及应用

基础篇

基础知识
数据
数据库
数据库管理系统
数据库系统
数据管理技术的产生和发展
数据模型
数据库系统的三级模式结构
数据库系统的组成
页1

关系模型
数据结构及形式化定义
关系操作
关系的完整性
关系代数
页2

计算机基础
离散数学

关系数据库标准语言SQL
SQL概述
数据定义
数据查询
数据更新
空值的处理
视图
页3-1
页3-2

数据库安全性
安全性概述
数据库安全性控制
视图机制
审计
数据加密
其他安全性保护
页4

数据库完整性
完整性概述
实体完整性
参照完整性
用户定义的完整性
完整性约束命名子句
触发器
页5

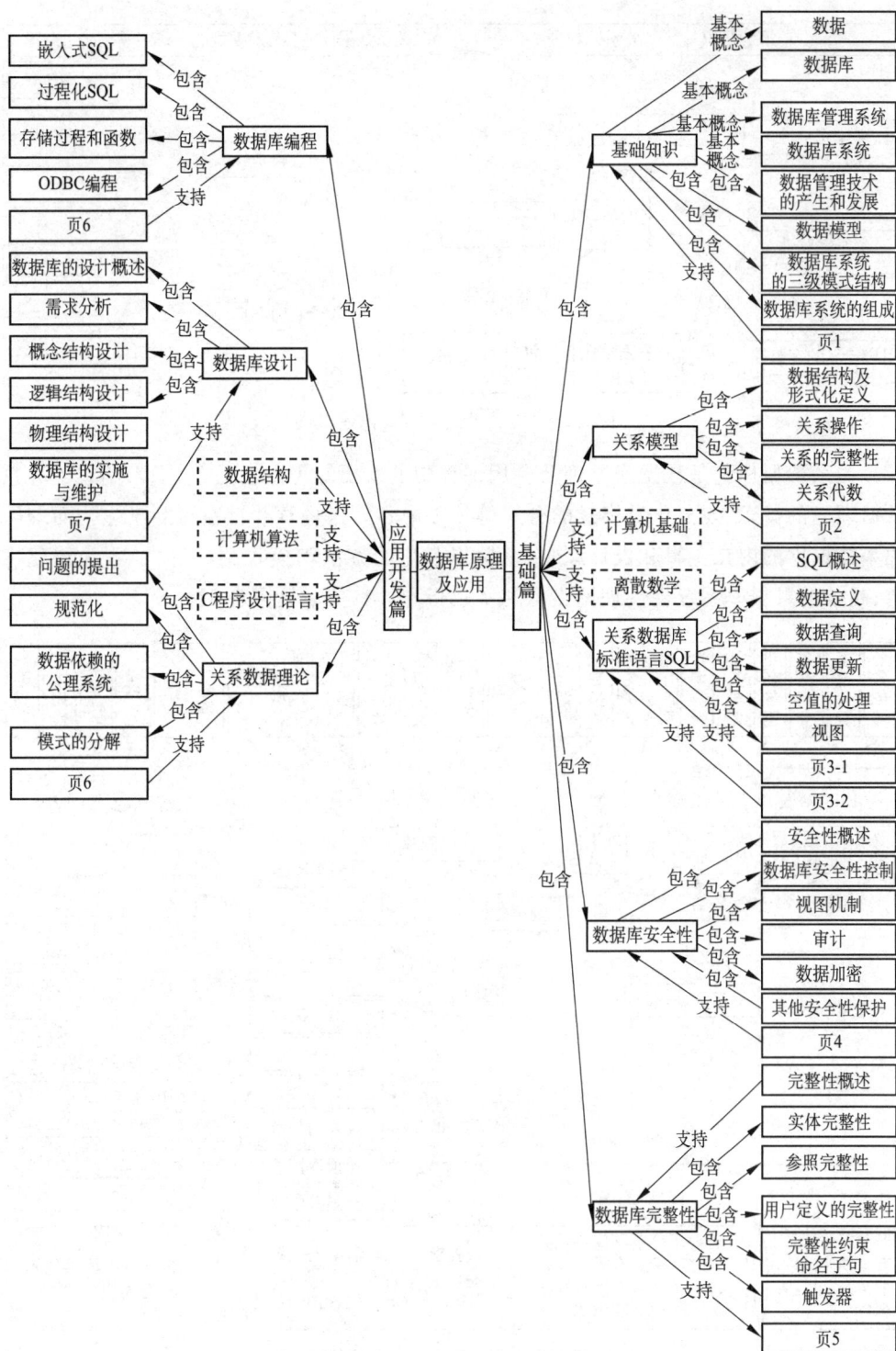

图 3-25　数据库原理及应用课程知识结构图

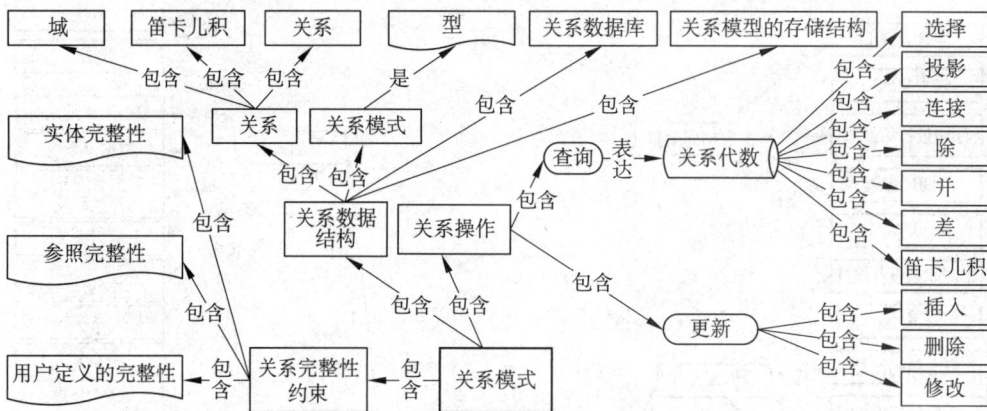

图 3-26 关系模式章节知识建模图

关系数据理论是数据库原理及应用课程中的重要知识点之一,它深入阐述了关系数据理论的概念、规范化及模式的分解等核心内容。这一章节旨在帮助学生全面理解关系数据库的内在逻辑和设计原则,掌握规范化的方法和模式的分解技巧,为构建稳定、高效的数据库系统提供理论支持和实践指导。具体详见图 3-27。

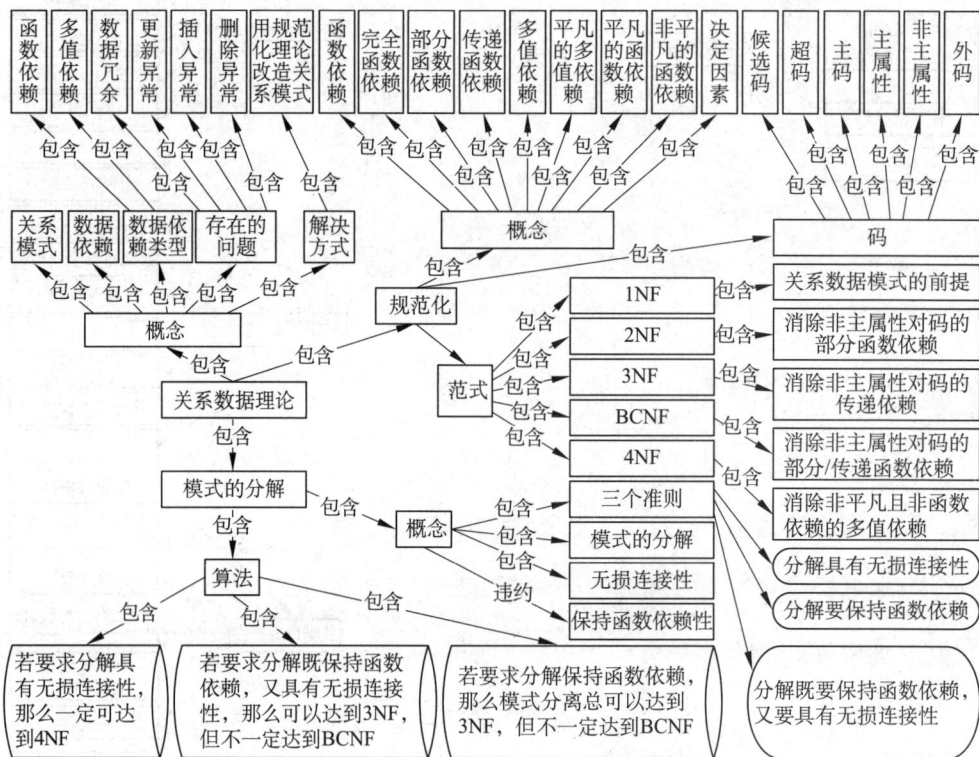

图 3-27 关系数据理论章节知识建模图

3.2.8　Python 程序设计课程知识建模图

Python 程序设计是计算机科学与技术、数据科学与大数据技术、网络工程等专业的一门重要课程,该课程包括 Python 基础知识、Python 流程控制、组合数据类型、面向对象编程、模块和库等方面的内容。具体如图 3-28 所示。

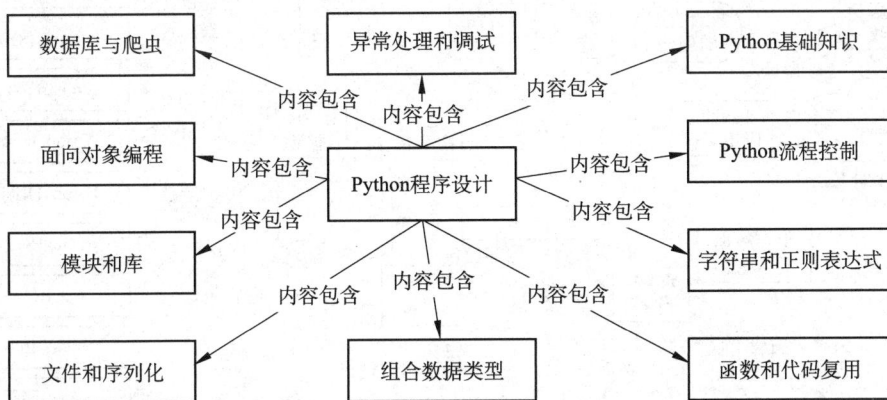

图 3-28　Python 程序设计课程知识结构图

程序的分支结构在 Python 程序设计课程中属于流程控制中的重要部分,主要包括条件判断及组合、单分支结构、二分支结构、多分支结构、程序的异常处理等知识点。具体如图 3-29 所示。

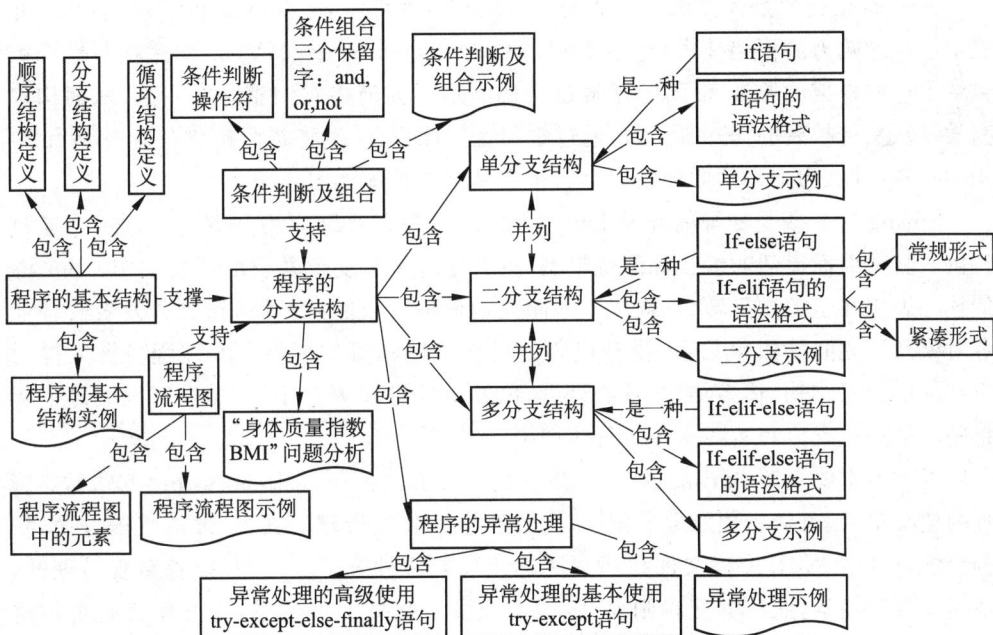

图 3-29　程序的分支结构章节知识建模图

集合类型是 Python 程序设计课程内容组合数据类型的重要部分,主要包括集合的定义和特点、集合的处理方法、集合操作符、集合的应用场景等内容。具体如图 3-30 所示。

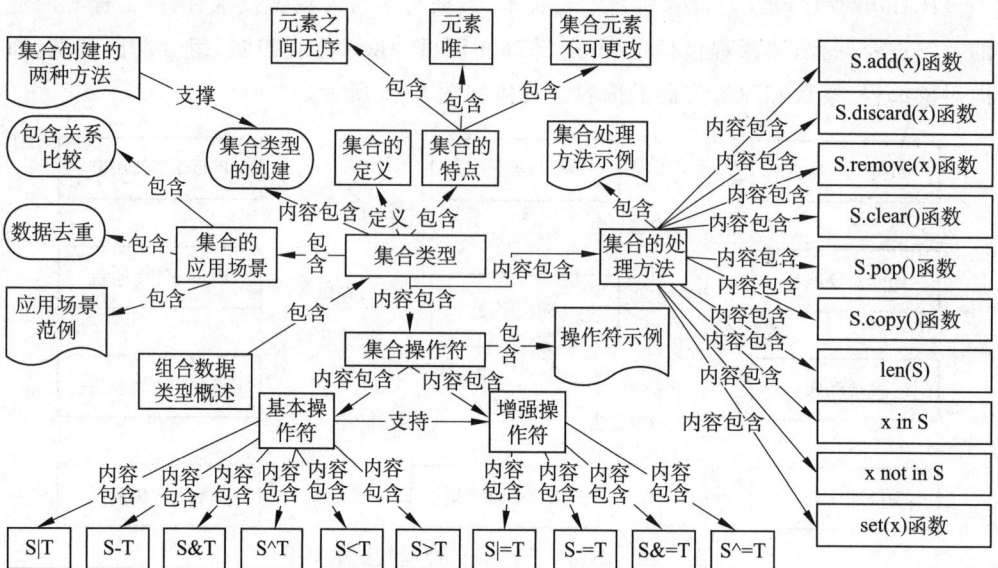

图 3-30　集合类型章节知识建模图

3.2.9　Web 框架技术课程知识建模图

Web 框架技术是计算机类专业的一门核心专业课程,它深入剖析了现代 Web 开发中最具影响力的框架技术,包括 Mybatis、Spring 和 SpringMVC。本课程不仅详细讲解了这些框架的原理和用法,还通过实例演示了如何将它们整合在一起,从而构建高效、稳定、可扩展的 Web 应用。通过学习这门课程,学生将掌握构建企业级 Web 应用的必备技能,为未来的职业发展奠定坚实基础。具体如图 3-31 所示。

Spring 这一备受赞誉的开源 Java 框架,已成为企业级应用开发的首选。它通过提供一套全面而灵活的编程和配置模型,极大地简化了复杂系统的开发工作。Spring 的核心思想在于控制反转、依赖注入和面向切面编程,能够有效地帮助开发者管理业务对象及其之间的依赖关系,提升代码的可维护性和可扩展性。本课程将深入探讨 Spring 的目录结构、体系结构、核心理念,以及 IoC 容器等知识,为您在开发之路上提供坚实的理论支撑和实践指导。具体如图 3-32 所示。

本章节主要介绍 Spring 框架中 Bean 的装配方式。Bean 作为 Spring IoC 容器管理的核心单元,负责实现对象的创建、配置和生命周期管理。在 Bean 的装配方面,我们会学习基于 XML 配置文件和基于注解的装配两种方式。XML 配置直观易理解,适用于复杂场景;而注解配置则简洁灵活,减少了配置文件数量,能够使代码更加清晰。具体如图 3-33 所示。

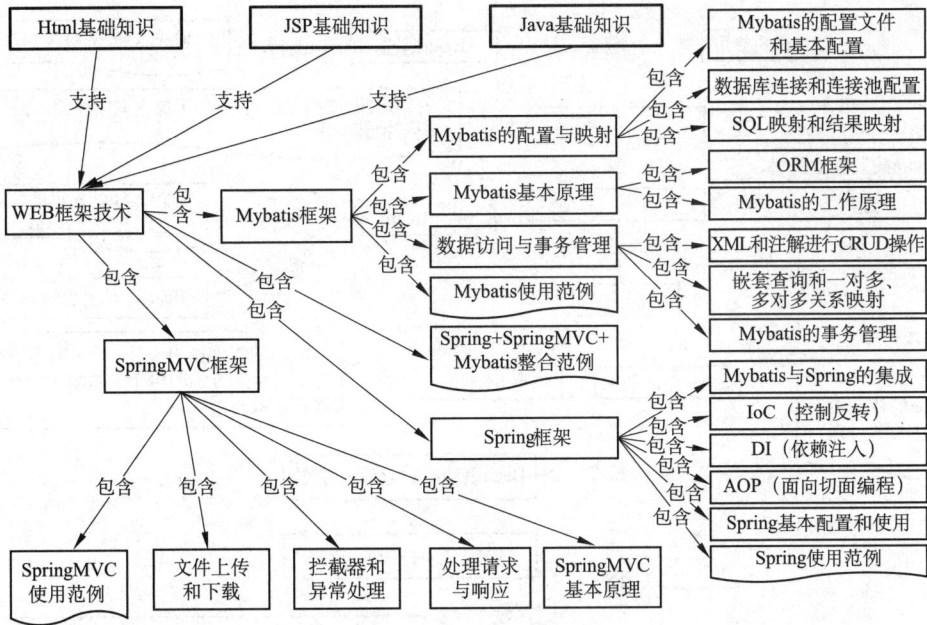

图 3-31　Web 框架技术课程知识结构图

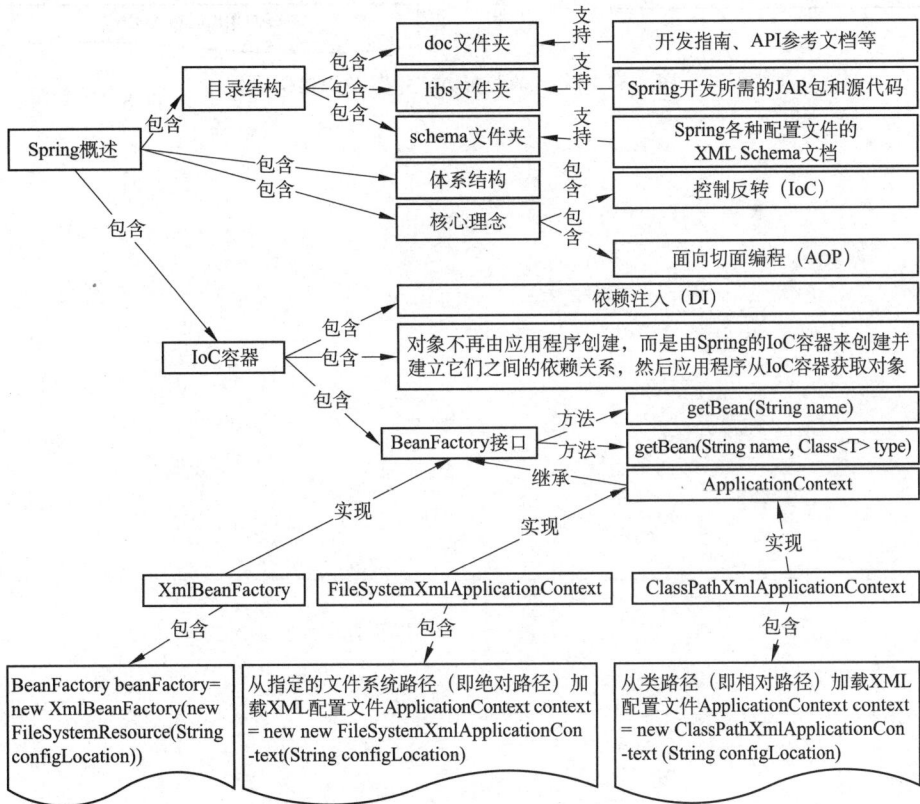

图 3-32　Spring 概述章节知识建模图

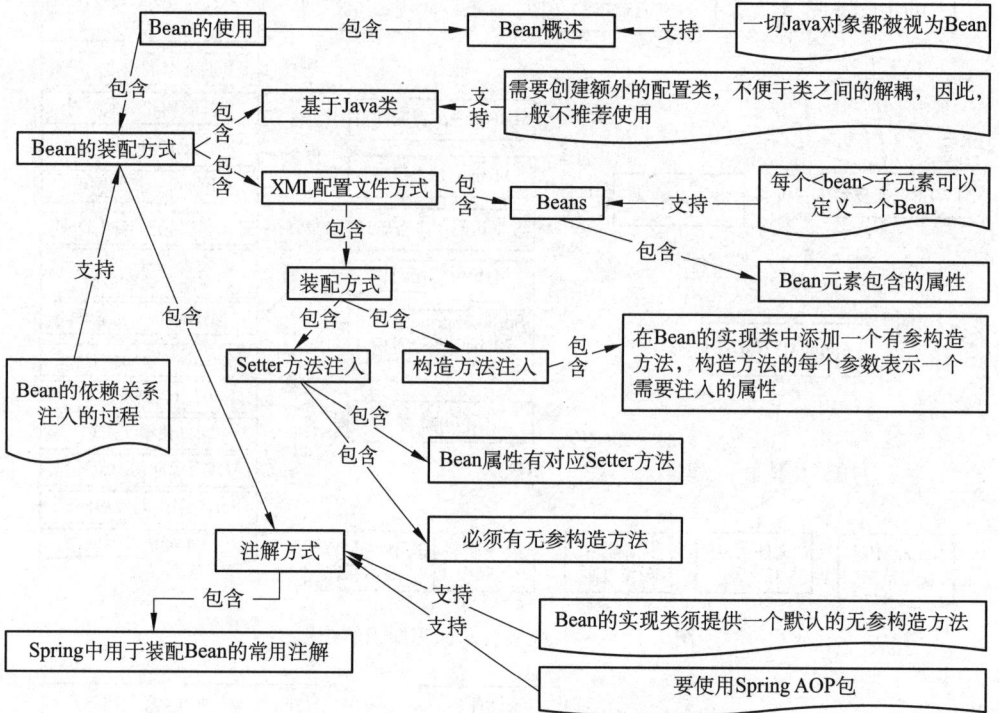

图 3-33　Bean 的装配方式章节知识建模图

第 4 章

基于 OBE 理念的教学设计

4.1 以项目化教学为核心的教学设计思路

4.1.1 项目化教学的理念与设计思路

1. 项目化教学的理念

项目化教学是一种将实践教学与就业岗位任务相结合的教学方法,它深刻体现了"做中学、学中做"的教育理念,旨在调动学生的积极性,挖掘学生的创造潜能,为学生零距离就业创造条件。它改变了传统教学模式中实践教学环节目标性不强的弊端,让学生在直接参与项目实施的过程中了解项目中的每一个环节,并通过总结项目完成后取得的成果,掌握过程中所包含的知识点,从而把握整个项目实施过程中的重点和难点。这种教学方法的典型特征是实践性、体验性和目标性,使学生能够在具体项目的实施过程中获取知识、技能及解决问题的方法,并在完成项目的过程中提高自己的团队合作能力。

2. 项目化教学的设计思路

(1)确定项目的主题和目标:项目的主题应该与社会需求、学生的兴趣和实际生活经验相关,以激发学生的学习动机。同时,目标应该明确具体,以便衡量学生在项目中的学习成果。

(2)制订项目计划:根据项目的主题和目标,制订详细的项目计划,包括项目的内容、时间安排、活动设计等。同时,需要确定学生的学习任务和作品要求,并考虑到学生的学习差异,以及教学资源的分配和利用。

(3)组织项目学习活动:在项目学习活动中,教师可以采用探究式学习、问题驱动式学习等有效的教学方法,引导学生主动参与,培养他们的合作意识和团队精神,帮助学生积极探索和解决问题。

(4)提供学习资源和指导:教师需要提供丰富的学习资源,如书籍、网络资源、实物模型等,以帮助学生进行研究和实践。同时,教师还需要提供必要的指导,对学生的学习进行监督和评价,并及时给予反馈。

(5)展示和评价学习成果:学生完成项目后,教师应该引导学生通过报告、展示板、演示等形式展示自己的学习成果,并由教师和同学进行评价和讨论。评价应该关注学生的学习成绩、思维能力和创造力等多个方面。

（6）反思和改进：项目教学结束后，教师应该进行反思和改进，即针对项目的实施过程和结果进行分析，找出问题和不足之处，以便于在下一次的项目教学中进行改进。

项目化教学的设计思路是以学生为中心，以项目实践为导向，通过设计和实施具有挑战性和实用性的项目，激发学生的学习兴趣和创造力，提高他们的综合素质和能力。

4.1.2　计算机科学与技术专业教学培养目标

计算机科学与技术专业教学培养目标主要聚焦于培养学生具备以下能力。

（1）计算机基础知识掌握能力：学生需要掌握计算机科学与技术专业的基础知识，包括计算机组成原理、数据结构、算法设计等。这些知识将为学生未来的学习和工作奠定坚实的基础。

（2）编程能力：学生至少需要掌握一种编程语言，并能够运用所学编程知识解决实际问题。编程能力的培养可以帮助学生更好地理解计算机科学与技术的理论知识，并提高其实践能力。

（3）算法设计与实现能力：学生将掌握算法的基本概念和原理，能够设计并运用高效的算法来解决实际问题。

（4）系统设计与开发能力：培养学生从系统角度出发，设计并开发软件系统，包括数据库设计、用户界面设计、系统架构设计等。

（5）创新能力：创新是推动计算机科学与技术发展的重要动力。因此，学生需要具备创新能力，能够在学习和工作中发现问题并提出创新性的解决方案。

（6）自主学习能力：计算机科学与技术领域的知识和技术更新速度非常快，学生需要具备自主学习能力，不断学习新知识和新技术，以适应行业的发展变化。

（7）团队合作能力：在现实工作中，很少有人能够独自完成一个大型的项目，因此学生需要具备团队合作能力。通过团队合作能力的培养，学生可以更好地应对未来的挑战。

（8）沟通协调能力：在技术交流中，有效的沟通和协调能力是不可或缺的，学生将学会与技术同行和客户进行有效沟通。

为了实现上述培养目标，计算机科学与技术专业教学应注重实践性和应用性，加强与行业和企业的合作，为学生提供实际项目和实践机会。同时，教学方法和手段应该多样化，注重启发学生的思考和创新，激发他们的学习兴趣和动力。最终，培养出的学生应该具备扎实的专业知识、实践能力和创新精神，能够适应和推动计算机科学与技术的发展。

4.1.3　计算机科学与技术专业课程教学设计

计算机科学与技术专业课程教学设计应注重以下六个方面。

（1）明确课程目标：课程的目标应该与专业培养目标相一致。例如，一门编程语言课程的目标可以设定为"学生能够熟练掌握该语言，并能够运用该语言解决实际问题"。

（2）制订教学计划：根据课程目标，制订相应的教学计划。教学内容应该紧扣课程目标,并且要注重实践和应用。教学方法和手段应该有利于学生掌握知识和技能,如采用案例教学和项目实践等方式。

(3) 组织教学资源:准备相应的教学资源,如教材、课件、实验设备等。这些资源应该符合教学计划的要求,并且有利于学生自主探索和实践。同时,可以与企业合作,引入实际项目和实践资源等。

(4) 设计评价方式:制定合理的评价方式是确保学生达到预期学习成果的关键。评价方式应该多样化,包括考试、作业、项目等,并且要注重对过程和结果的评价。同时,评估标准应该明确,并可衡量学生的学习成果。

(5) 教学实施:在教学实施过程中,教师应注重与学生的沟通和交流,及时了解学生的学习情况和问题,并给予有针对性的指导和帮助。同时,教师还应鼓励学生之间的合作和交流,以培养学生的团队协作能力和沟通能力。

(6) 持续改进:根据学生的评估和反馈结果,不断调整和改进教学方法和内容,以确保学生能够达到预期的学习成果。同时,要注重与行业和企业的合作,保持课程与实际应用的紧密结合。

4.1.4　计算机科学与技术专业课程教学评价

计算机科学与技术专业课程教学评价应注重以下三个方面。

(1) 学习成果评价:评价学生是否达到了预期的学习成果,需要考查其知识、技能和能力等方面。可以采用多种方式进行评价,如考试、作业、项目等,并且要注重过程和结果的评价。

(2) 教学质量评价:对教师的教学质量进行评价,包括教学内容、方法和手段等方面。评价的目的是提高教师的教学水平和教学质量。

(3) 课程目标达成度评价:评价课程目标的达成度,即是否达到了预期的课程目标。可以通过学生的学习成果进行评价,同时也可以参考行业和企业的反馈意见。

计算机科学与技术专业课程教学评价应注重学生的学习成果和教师的教学质量评价,同时也需要关注课程目标的达成度评价。通过合理的评价方式和方法,可以及时发现教学中存在的问题和不足之处,为提高教学水平和教学质量提供有力的支持。

4.1.5　基于 OBE 的课程教学评价标准

基于 OBE 的课程教学评价标准可以从以下五个方面来考虑。

(1) 教学目标与成果:评估教师是否明确地设定了教学目标,并确保这些目标与学生的学习成果相一致。同时,需要评估教师是否有效地利用了各种教学资源和方法,以促进学生的学习成果。

(2) 教学组织与设计:评价教师是否能够根据学生的需求和特点合理地组织教学,并设计出符合 OBE 理念的教学方案。这包括教学步骤的安排、教学内容的选择和组织及教学方法和技巧的使用等。

（3）师生互动与参与：观察教师的教学风格，看其是否能够积极地与学生进行互动，鼓励学生提问和参与讨论。除此以外，教师的态度和教学方法是否能激发学生的学习热情，能否提高学生的参与度也是一个重要的评价标准。

（4）课堂氛围与效果：对课堂氛围进行评估，了解学生的学习态度和积极性。教师是否能营造一个有利于学习的环境，解决学生的学习困难，以提高教学效果是课程教学评价中的重点之一。

（5）学生学习成果评估：这是评价的核心部分，需要对学生完成的教学目标进行评估，看其是否达到了预期的学习成果。这可以通过考试成绩、作业完成情况、项目或实验报告等多种方式进行评估。

（6）反馈与改进：评估教师是否能及时、准确地向学生提供反馈，并针对学生的需求进行有针对性的指导。同时，教师是否能够根据学生的反馈和评价结果，对教学方法和效果进行反思和改进也是课程教学评价中的一个重要内容。

通过这些标准的实施，可以更好地评价教师的教学质量，提高学生的学习成果，推动教学质量的持续改进。

4.2　项目化教学课程教学设计实例

4.2.1　软件测试实践课程教学设计实例

1. 教学设计

1）课程简介

"软件测试实践"课程是计算机科学与技术专业的一门选修课。该课程的主要内容包括各种常见的软件测试技术和工具的使用等。学生将学习如何设计和执行测试用例，如何进行单元测试、集成测试、系统测试等不同类型的测试，如何使用自动化测试工具进行测试，以及如何分析和解决测试中遇到的问题等。课程的目标是使学生掌握软件测试的实用技能和方法，培养他们的实践能力和团队协作能力，为他们今后从事软件测试工作打下坚实的基础。

2）教学方案设计

软件测试的基本流程如下：分析测试需求—制订测试计划—设计测试用例—执行测试—编写测试报告。本项目化教学课程计划设置 N 个阶段性的小项目和 1 个完整流程的综合性项目。通过 N 个阶段性小项目引导学生理解软件测试的流程，掌握各个阶段需要完成的工作任务及实现任务的方法。通过 1 个完整流程的综合性项目将软件测试流程的各个阶段串联起来，进而让学生掌握软件测试的基本流程，为从事软件测试相关工作积累项目实战经验。

3）实施过程

本项目化教学课程按照软件测试的基本流程进行课程设计，分阶段、分层次地分解项目任务，定期发布任务，完成阶段性成果，并提交相关成果文档，以及组织答辩。

为了进行管理和组织,加快推进项目课程进展,建立项目化小组,每个小组 5 人左右,每小组设一个小组长,负责统一协调本小组的任务分配与推进,同时协助教师开展项目化教学相关工作。具体过程如下。

(1) 提前发布任务。教师根据课程教学进度安排项目任务,并通过相关工具将资料发送给学生。学生提前预习相关内容,培养自主学习能力,同时带着问题进行研讨或交流,这有助于学生对学习任务的掌握。

(2) 课上讲解并分组讨论。针对学生反馈的共性问题,教师进行讲解和示范,引导学生进行思考和完善自己所在团队的项目成果。最后,随机抽取相关小组上台分享项目成果并与其他小组开展组间交流。

(3) 阶段成果的提交与验收。每个小组都要将自己项目的产出文件按照标准进行提交,并由教师进行验收。

4) 教学评价

本项目化教学课程采用多样化的评价机制,激发学生的创造性和创新性。评价考核由出勤情况(10%)、项目成果完成情况(50%)和个人表现(40%)三部分组成。

(1) 出勤情况:出勤数据由学习中心提供,占比为 10%。

(2) 项目成果完成情况:按照本项目化教学课程的教学安排,项目组需要提交的成果,以及各部分在此项成绩中的占比,具体如下:

① 单车 App 开锁用车功能测试流程分析报告(5%);

② 三角形问题的测试用例设计表(5%);

③ 求 3 个数的中间值程序插桩后的代码及执行结果文件(3%);

④ 机票预订程序性能测试脚本文件及测试结果文件(5%);

⑤ "传智播客图书库"的安全漏洞(5%);

⑥ "博学谷在线教育平台"的自动化测试脚本及测试结果文件(10%);

⑦ "手机安全卫士"的自动化测试脚本及测试结果文件(10%);

⑧ "在线考试系统"的原始的测试需求说明书(2%);

⑨ "在线考试系统"的完善的测试需求说明书(5%);

⑩ "在线考试系统"的测试计划说明书(5%);

⑪ "在线考试系统"的测试方案说明书(5%);

⑫ "在线考试系统"的测试用例文件(10%);

⑬ "在线考试系统"的测试脚本文件(20%);

⑭ "在线考试系统"的测试报告与缺陷报告(10%)。

项目成果完成情况的度量根据每个项目的答辩情况(一个小组在答辩时,由教师和其他小组长担任评委)和相关文件的完成情况进行考核,各种文件按照国际标准进行评价。此项内容的考核占比为 50%,同一小组内所有成员的此项成绩相同。

(3) 个人表现:该部分主要从工作质量与效率、工作能力、工作态度和团队合作四个方面进行考核,考核方式包括答辩汇报、小组评议等方式。

2. 教学单元设计

课程软件测试实践教案——白盒测试技术的教学设计如表 4-1、表 4-2 所示。

表 4-1 软件测试实践课程教学设计表(白盒测试技术)

第 4 次课

知识建模图:

续表

学习目标	知识点(学习水平)	能力目标	素质目标(课程思政点)
学习目标	基本路径覆盖法(理解、运用)、逻辑覆盖法(理解、运用)、单元测试(理解、运用)	具备灵活运用基本路径覆盖法和各种逻辑覆盖法针对被测源代码设计测试用例的能力;具备执行单元测试的基本能力	具备认真、细致的工作态度
学习先决知识	知识点(学习水平)		
学习先决知识	程序流程图(理解、运用)、程序设计语言(理解、运用)		
课上资源	教学案例、教学 PPT、课内作业	课下资源	教学视频、在线测试题、操作文档
课上时间	200 分钟	课下时间	310 分钟

表 4-2 软件测试实践课程活动表

活动序列	活动目标	地点	时间	学习资源
活动 1	基本路径覆盖法(理解、运用)	课上	80 分钟	教学案例、课内作业
		课下	90 分钟	教学视频、在线测试题
活动 2	逻辑覆盖法(理解、运用)	课上	75 分钟	教学案例、课内作业
		课下	100 分钟	教学视频、在线测试题
活动 3	单元测试(理解、运用)	课上	45 分钟	教学案例、课内作业
		课下	120 分钟	操作文档、在线测试题

活动 1 知识建模图(课上＋课下)

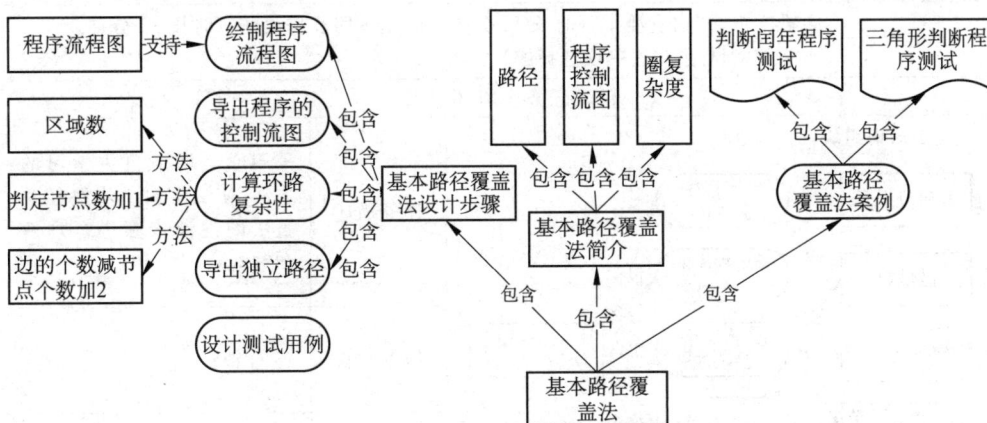

续表

活动目标	基本路径覆盖法(理解、运用)

活动任务序列(导入任务描述)

师生交互过程	教师设问:"划分黑盒测试和白盒测试的依据是什么?" 学生回答:"是否能看到程序。" 教师引入本次讲解内容:"之前我们学习了基于黑盒技术的测试用例设计方法,并进行了实战。这次课我们来学习基于白盒技术的测试用例设计方法,并进行实战。所以这次课我们进行测试用例设计时会直接面向程序的源代码,这就要求大家具备程序设计的基本能力,能看得懂源程序。"

活动任务序列(任务一)

任务一知识组块:

	任务描述	采用学生课下自主学习的方法,使学生对基本路径覆盖法的相关概念进行理解和掌握
	任务时长	45 分钟
	学习地点	课下

教学方式 (或学习方式)	□讲授 □小组讨论 ☑答疑 □实验 □实训 ☑自主学习 □翻转课堂 □其他(请填写)_____
师生交互过程	① 教师将需要学生观看的教学视频任务布置给学生 ② 学生观看视频 ③ 学生在视频观看完成后,通过在线测试题检测知识理解情况
	学生在自主学习的过程中遇到不理解的地方可以通过通信工具和同学讨论或者请教教师
学习资源	教学视频"白盒测试"(时长 15 分钟)和"基本路径覆盖法"(时长 15 分钟) 在线测试题(5 道单项选择题)

活动任务序列(任务二)

任务二知识组块:

	任务描述	采用学生课下自主学习的方法,使学生对基本路径覆盖法的设计步骤进行理解和掌握
	任务时长	45 分钟
	学习地点	课下

教学方式 （或学习方式）	☐讲授　☐小组讨论　☑答疑　☐实验　☐实训　☑自主学习　☐翻转课堂 ☐其他（请填写）_____
师生交互过程	① 教师将需要学生观看的教学视频任务布置给学生 ② 学生观看视频 ③ 学生在视频观看完成后，通过在线测试题检测知识理解情况 ④ 学生在自主学习的过程中遇到不理解的地方可以通过通信工具和同学讨论或者请教教师
学习资源	教学视频"基本路径覆盖法 2"（时长 9 分钟）和"基本路径测试"（时长 24 分钟） 在线测试题（5 道单项选择题）

活动任务序列（任务三）

任务三知识组块： 判断闰年程序测试　　三角形判断程序测试 　　包含　　包含 基本路径覆盖法案例	任务描述	采用案例讲解和学生实验的方法，使学生对基本路径覆盖法的实际应用进行理解和掌握
	任务时长	80 分钟
	学习地点	课上
教学方式 （或学习方式）	☑讲授　☐小组讨论　☑答疑　☑实验　☐实训　☐自主学习　☑翻转课堂 ☑其他（请填写）课堂提问	
师生交互过程	① 教师根据学生在线测试题的答题情况对学生课外任务的掌握情况进行分析，对共性问题进行讲解和答疑 ② 教师随机提问："基本路径覆盖法设计测试用例的基本步骤是什么？"被提问的同学回答问题，教师根据回答情况记录到"平时成绩登记表"。其余同学可根据被提问同学的回答情况举手，经过教师同意后进行补充或修正，教师在"平时成绩登记表"上进行记录 ③ 教师介绍课堂上讲解案例的具体要求 ④ 按照基本路径覆盖法设计测试用例的基本步骤的第一步是绘制流程图。教师边画图边讲解，要求学生同时在计算机上绘制流程图 ⑤ 按照基本路径覆盖法设计测试用例的基本步骤的第二步是根据流程图导出程序控制流图。教师演示导出过程并绘制导出结果，要求学生在计算机上同步完成 ⑥ 按照基本路径覆盖法设计测试用例的基本步骤的第三步是根据程序控制流图计算环路复杂度。教师演示三种环路复杂度的计算方法，要求学生按步骤进行操作 ⑦ 按照基本路径覆盖法设计测试用例的基本步骤的第四步是导出程序的独立路径。教师演示导出过程并书写导出结果，要求学生在计算机上同步完成 ⑧ 按照基本路径覆盖法设计测试用例的基本步骤的第五步是设计测试用例。教师演示测试用例的设计过程并绘制测试用例表，要求学生在计算机上同步完成 ⑨ 教师随机挑选小组展示设计结果 ⑩ 教师布置课内练习任务 ⑪ 学生按照教师示范的流程完成课内任务并提交 ⑫ 学生完成任务期间，教师在学生中间走动并及时解答学生疑问 ⑬ 学生任务完成后提交至教师机	

续表

学习资源	教师课内讲解案例"判断闰年程序的测试" 学生课内练习任务"三角形判断程序测试"
学习成果及 评价标准	① 线上测试题 每小题 1 分,系统自动给分 ② 提问(随机提问,每个同学都有机会被提问到) 回答完全正确记 5 分,回答部分正确根据回答情况记 2～4 分,回答错误记 1分,没有回答(缺勤)记 0 分,补充回答且正确的同学记 5 分 ③ 课外学习视频的观看 由"学习平台"进行记录并评分 ④ 课内任务文档 此任务满分 10 分,具体评分标准如下: 按时完成并提交任务得基础分 6 分; 流程图绘制 1 分;程序控制流图 1 分;程序独立路径描述 1 分;测试用例表 1 分
备注	无

活动 2 知识建模图(课上＋课下)

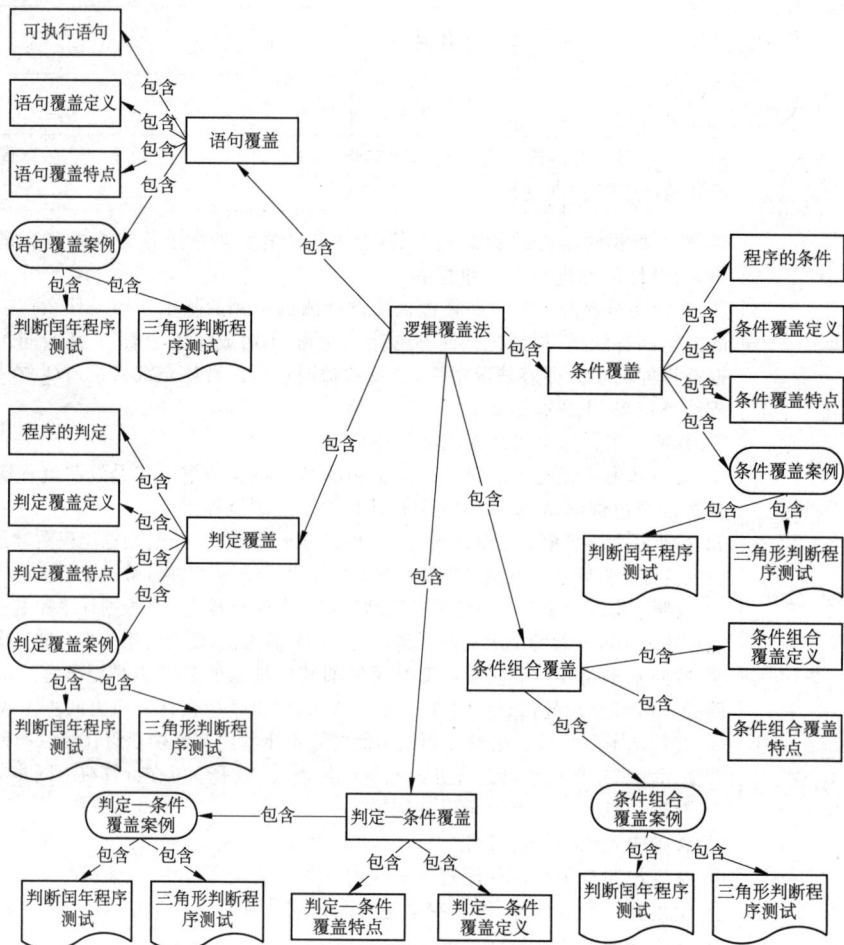

活动目标	逻辑覆盖法（理解、运用）

活动任务序列（导入任务描述）	
师生交互过程	教师引入本次讲解内容："逻辑覆盖是白盒测试中最常用的测试方法之一，它包括语句覆盖、判定覆盖、条件覆盖、判定—条件覆盖和条件组合覆盖共 5 种方法，接下来我们将逐个进行学习。"

活动任务序列（任务一）		

任务一知识组块：	任务描述	采用学生课下自主学习的方法，使学生对语句覆盖法的相关概念进行理解和掌握
	任务时长	20 分钟
	学习地点	课下

教学方式（或学习方式）	□讲授　□小组讨论　☑答疑　□实验　□实训　☑自主学习　□翻转课堂 □其他（请填写）_____
师生交互过程	① 教师将需要学生观看的教学视频任务布置给学生 ② 学生观看视频 ③ 学生在视频观看完成后，通过在线测试题检测知识理解情况 学生在自主学习的过程中遇到不理解的地方可以通过通信工具和同学讨论或者请教教师
学习资源	教学视频"语句覆盖"（时长 10 分钟） 在线测试题（2 道单项选择题）

活动任务序列（任务二）		

任务二知识组块：	任务描述	采用案例讲解和学生实验的方法，使学生对语句覆盖法的实际应用进行理解和掌握
	任务时长	15 分钟
	学习地点	课上

教学方式（或学习方式）	☑讲授　□小组讨论　☑答疑　☑实验　□实训　□自主学习　☑翻转课堂 ☑其他（请填写）课堂提问

续表

师生交互过程	① 教师根据学生在线测试题的答题情况对学生课外任务的掌握情况进行分析,对共性问题进行讲解和答疑 ② 教师随机提问:"语句覆盖法中的'语句'指的是什么?"被提问的同学回答问题,教师根据回答情况记录到"平时成绩登记表"。其余同学可根据被提问同学的回答情况举手,经过教师同意后进行补充或修正,教师在"平时成绩登记表"上进行记录 ③ 教师介绍课堂上讲解案例的具体要求 ④ 教师将程序源代码中的"语句"从前至后按顺序进行标号,要求学生在电脑上同步完成 ⑤ 教师按照语句覆盖法的要求设计测试用例,边讲解边书写,要求学生在电脑上同步完成 ⑥ 教师随机挑选小组展示设计结果 ⑦ 教师布置课内练习任务 ⑧ 学生按照教师示范的流程完成课内任务并提交 ⑨ 学生完成任务期间,教师在学生中间走动并及时解答学生疑问 ⑩ 学生任务完成后提交至教师机
学习资源	教师课内讲解案例"判断闰年程序的测试" 学生课内练习任务"三角形判断程序测试"

活动任务序列(任务三)

任务三知识组块:		任务描述	采用学生课下自主学习的方法,使学生对条件覆盖法的相关概念进行理解和掌握
		任务时长	20 分钟
		学习地点	课下
教学方式 (或学习方式)	□讲授　□小组讨论　☑答疑　□实验　□实训　☑自主学习　□翻转课堂 □其他(请填写)		
师生交互过程	① 教师将需要学生观看的教学视频任务布置给学生 ② 学生观看视频 ③ 学生在视频观看完成后,通过在线测试题检测知识理解情况		
	学生在自主学习的过程中遇到不理解的地方可以通过通信工具和同学讨论或者请教教师		
学习资源	教学视频"条件覆盖"(时长 12 分钟) 在线测试题(2 道单项选择题)		

活动任务序列(任务四)

任务四知识组块:		任务描述	采用案例讲解和学生实验的方法,使学生对条件覆盖法的实际应用进行理解和掌握
		任务时长	15 分钟
		学习地点	课上

教学方式 （或学习方式）	☑讲授　□小组讨论　☑答疑　☑实验　□实训　□自主学习　☑翻转课堂 ☑其他（请填写）课堂提问
师生交互过程	① 教师根据学生在线测试题的答题情况对学生课外任务的掌握情况进行分析，对共性问题进行讲解和答疑 ② 教师随机提问："条件覆盖法中的'条件'指的是什么?"被提问的同学回答问题，教师根据回答情况记录到"平时成绩登记表"。其余同学可根据被提问同学的回答情况举手，经过教师同意后进行补充或修正，教师在"平时成绩登记表"上进行记录 ③ 教师介绍课堂上讲解案例的具体要求 ④ 教师将程序源代码中的所有"条件"单列出来并标上序号，要求学生在电脑上同步完成 ⑤ 教师按照条件覆盖法的要求设计测试用例，边讲解边书写，要求学生在电脑上同步完成 ⑥ 教师随机挑选小组展示设计结果 ⑦ 教师布置课内练习任务 ⑧ 学生按照教师示范的流程完成课内任务并提交 ⑨ 学生完成任务期间，教师在学生中间走动并及时解答学生疑问 ⑩ 学生任务完成后提交至教师机
学习资源	教师课内讲解案例"判断闰年程序的测试" 学生课内练习任务"三角形判断程序测试"

活动任务序列（任务五）

任务五知识组块： 程序的判定 判定覆盖定义　包含 　　　　　　　包含　判定覆盖 判定覆盖特点　包含	任务描述	采用学生课下自主学习的方法，使学生对判定覆盖法的相关概念进行理解和掌握
	任务时长	20 分钟
	学习地点	课下

教学方式 （或学习方式）	□讲授　□小组讨论　☑答疑　□实验　□实训　☑自主学习　□翻转课堂 □其他（请填写）_____
师生交互过程	① 教师将需要学生观看的教学视频任务布置给学生 ② 学生观看视频 ③ 学生在视频观看完成后，通过在线测试题检测知识理解情况 学生在自主学习的过程中遇到不理解的地方可以通过通信工具和同学讨论或者请教教师
学习资源	教学视频"判定覆盖"（时长 13 分钟） 在线测试题（2 道单项选择题）

续表

活动任务序列（任务六）

任务六知识组块： 判定覆盖案例 包含　　包含 判断闰年程序测试　　三角形判断程序测试	任务描述	采用案例讲解和学生实验的方法，使学生对判定覆盖法的实际应用进行理解和掌握
	任务时长	15 分钟
	学习地点	课上

教学方式 （或学习方式）	☑讲授　□小组讨论　☑答疑　☑实验　□实训　□自主学习　☑翻转课堂 ☑其他（请填写）课堂提问
师生交互过程	① 教师根据学生在线测试题的答题情况对学生课外任务的掌握情况进行分析，对共性问题进行讲解和答疑 ② 教师随机提问："判定覆盖法中的'判定'指的是什么？"被提问的同学回答问题，教师根据回答情况记录到"平时成绩登记表"。其余同学可根据被提问同学的回答情况举手，经过教师同意后进行补充或修正，教师在"平时成绩登记表"上进行记录 ③ 教师介绍课堂上讲解案例的具体要求 ④ 教师将程序源代码中的所有"判定"单列出来并进行标号，要求学生在电脑上同步完成 ⑤ 教师按照判定覆盖法的要求设计测试用例，边讲解边书写，要求学生在电脑上同步完成 ⑥ 教师随机挑选小组展示设计结果 ⑦ 教师布置课内练习任务 ⑧ 学生按照教师示范的流程完成课内任务并提交 ⑨ 学生完成任务期间，教师在学生中间走动并及时解答学生疑问 ⑩ 学生任务完成后提交至教师机
学习资源	教师课内讲解案例"判断闰年程序的测试" 学生课内练习任务"三角形判断程序测试"

活动任务序列（任务七）

任务七知识组块： 判定—条件覆盖 包含　　包含 判定—条件覆盖特点　　判定—条件覆盖定义	任务描述	采用学生课下自主学习的方法，使学生对判定—条件覆盖法的相关概念进行理解和掌握
	任务时长	20 分钟
	学习地点	课下

教学方式 （或学习方式）	□讲授　□小组讨论　☑答疑　□实验　□实训　☑自主学习　□翻转课堂 □其他（请填写）_____

师生交互过程	① 教师将需要学生观看的教学视频任务布置给学生 ② 学生观看视频 ③ 学生在视频观看完成后,通过在线测试题检测知识理解情况
	学生在自主学习的过程中遇到不理解的地方可以通过通信工具和同学讨论或者请教教师
学习资源	教学视频"判定—条件覆盖"(时长 10 分钟) 在线测试题(2 道单项选择题)

活动任务序列(任务八)

任务八知识组块:	任务描述	采用案例讲解和学生实验的方法,使学生对判定—条件覆盖法的实际应用进行理解和掌握
判定—条件覆盖案例 包含 包含 判断闰年程序测试　三角形判断程序测试	任务时长	15 分钟
	学习地点	课上

教学方式 (或学习方式)	☑讲授　□小组讨论　☑答疑　☑实验　□实训　□自主学习　☑翻转课堂 ☑其他(请填写)课堂提问
师生交互过程	① 教师根据学生在线测试题的答题情况对学生课外任务的掌握情况进行分析,对共性问题进行讲解和答疑 ② 教师随机提问:"判定覆盖和条件覆盖的优缺点是什么?"被提问的同学回答问题,教师根据回答情况记录到"平时成绩登记表"。其余同学可根据被提问同学的回答情况举手经过教师同意后进行补充或修正,教师在"平时成绩登记表"上进行记录 ③ 教师介绍课堂上讲解案例的具体要求 ④ 教师将程序源代码中的所有"判定"单列出来并标上序号,要求学生在电脑上同步完成 ⑤ 教师按照判定—条件覆盖法的要求设计测试用例,边讲解边书写,要求学生在计算机上同步完成 ⑥ 教师随机挑选小组展示设计结果 ⑦ 教师布置课内练习任务 ⑧ 学生按照教师示范的流程完成课内任务并提交 ⑨ 学生完成任务期间,教师在学生中间走动并及时解答学生疑问 ⑩ 学生任务完成后提交至教师机
学习资源	教师课内讲解案例"判断闰年程序的测试" 学生课内练习任务"三角形判断程序测试"

活动任务序列(任务九)

任务九知识组块:	任务描述	采用学生课下自主学习的方法,使学生对条件组合覆盖法的相关概念进行理解和掌握
条件组合覆盖 包含→条件组合覆盖定义 包含→条件组合覆盖特点	任务时长	20 分钟
	学习地点	课下

教学方式 (或学习方式)	□讲授　□小组讨论　☑答疑　□实验　□实训　☑自主学习　□翻转课堂 □其他(请填写)_____

续表

师生交互过程	① 教师将需要学生观看的教学视频任务布置给学生 ② 学生观看视频 ③ 学生在视频观看完成后,通过在线测试题检测知识理解情况
	学生在自主学习的过程中遇到不理解的地方可以通过通信工具和同学讨论或者请教教师
学习资源	教学视频"语句覆盖"(时长 10 分钟) 在线测试题(3 道单项选择题)

活动任务序列(任务十)

任务十知识组块:

	任务描述	采用案例讲解和学生实验的方法,使学生对条件组合覆盖法的实际应用进行理解和掌握
	任务时长	15 分钟
	学习地点	课上

教学方式 (或学习方式)	☑讲授　□小组讨论　☑答疑　☑实验　□实训　□自主学习　☑翻转课堂 ☑其他(请填写)课堂提问
师生交互过程	① 教师根据学生在线测试题的答题情况对学生课外任务的掌握情况进行分析,对共性问题进行讲解和答疑 ② 教师随机提问:"判定—条件覆盖法的优缺点是什么?"被提问的同学回答问题,教师根据回答情况记录到"平时成绩登记表"。其余同学可根据被提问同学的回答情况举手,经过教师同意后进行补充或修正,教师在"平时成绩登记表"上进行记录 ③ 教师介绍课堂上讲解案例的具体要求 ④ 教师将程序源代码中的所有"条件"单列出来并标上序号,要求学生在计算机上同步完成 ⑤ 教师列出所有"条件"的组合情况,要求学生在计算机上同步完成 ⑥ 教师按照条件组合覆盖法的要求设计测试用例,边讲解边书写,要求学生在计算机上同步完成 ⑦ 教师随机挑选小组展示设计结果 ⑧ 教师布置课内练习任务 ⑨ 学生按照教师示范的流程完成课内任务并提交 ⑩ 学生完成任务期间,教师在学生中间走动并及时解答学生疑问 ⑪ 学生任务完成后提交至教师机
学习资源	教师课内讲解案例"判断闰年程序的测试" 学生课内练习任务"三角形判断程序测试"
学习成果及 评价标准	① 线上测试题 每小题 1 分,系统自动给分 ② 提问(随机提问,每个同学都有机会被提问到) 回答完全正确记 5 分,回答部分正确根据回答情况记 2～4 分,回答错误记 1分,没有回答(缺勤)记 0 分,补充回答且正确的同学记 5 分 ③ 课外学习视频的观看 由"学习平台"进行记录并评分 ④ 课内任务文档 5 个小任务,每个任务满分 10 分,具体评分标准如下: 按时完成并提交任务得基础分 6 分;设计过程 2 分;测试用例表 2 分

备注	无

活动 3 知识建模图(课上+课下)

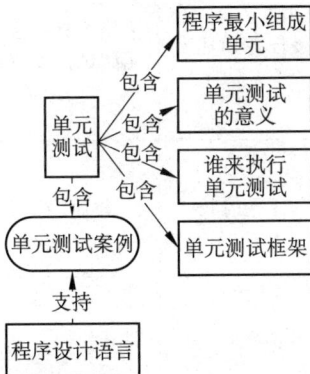

活动目标	单元测试(理解、运用)

活动任务序列(导入任务描述)

师生交互过程	教师设问:"之前我们做黑盒测试的时候,设计完测试用例,接下来做了什么工作?" 学生回答:"执行测试用例。" 教师引入本次讲解内容:"那么我们采用白盒技术设计完测试用例之后,接下来肯定也是要执行用例了。我们一般通过单元测试来执行基于白盒测试技术设计的测试用例。接下来我们来学习单元测试。"

活动任务序列(任务一)

任务一知识组块: 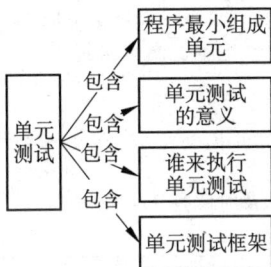	任务描述	采用学生课下自主学习的方法,使学生对单元测试的相关概念进行理解和掌握,并了解常见的单元测试框架
	任务时长	120 分钟
	学习地点	课下

教学方式 (或学习方式)	□讲授 □小组讨论 ☑答疑 □实验 □实训 ☑自主学习 □翻转课堂 □其他(请填写)_____
师生交互过程	① 教师将需要学生观看的教学 PPT 和操作文档发给学生 ② 学生先观看教学 PPT 然后通过在线测试题检测知识理解情况 ③ 学生按照操作文档的步骤要求完成环境的搭建和相关框架的操作学习 学生在自主学习的过程中遇到不理解的地方可以通过通信工具和同学讨论或者请教教师
学习资源	教学 PPT"单元测试"和操作文档"JUnit 的使用流程" 在线测试题(5 道单项选择题)

活动任务序列(任务二)

任务二知识组块:

```
┌──────────┐
│  单元    │
│  测试    │
└──────────┘
     │包含
     ▼
 (单元测试案例)
     │支持
     ▼
┌──────────┐
│程序设计语言│
└──────────┘
```

	任务描述	采用案例讲解和学生实验的方法,使学生对单元测试的实际应用进行理解和掌握
	任务时长	45分钟
	学习地点	课上

教学方式 (或学习方式)	☑讲授　□小组讨论　☑答疑　☑实验　□实训　□自主学习　☑翻转课堂 ☑其他(请填写)课堂提问
师生交互过程	① 教师根据学生在线测试题的答题情况对学生课外任务的掌握情况进行分析,对共性问题进行讲解和答疑 ② 教师随机提问:"单元测试中的'单元'指的是什么?"被提问的同学回答问题,教师根据回答情况记录到"平时成绩登记表"。其余同学可根据被提问同学的回答情况举手,经过教师同意后进行补充或修正,教师在"平时成绩登记表"上进行记录 ③ 教师介绍课堂上讲解案例的具体要求 ④ 教师完成单元测试环境的搭建,要求学生在电脑上同步完成 ⑤ 教师完成测试脚本的书写,边书写边讲解,要求学生在电脑上同步完成 ⑥ 教师演示单元测试的执行过程,要求学生在电脑上同步完成 ⑦ 教师随机挑选小组演示单元测试 ⑧ 教师布置课内练习任务 ⑨ 学生按照教师示范的流程完成课内任务并提交文档,在文档中添加相关截图 ⑩ 学生完成任务期间,教师在学生中间走动及时解答学生疑问 ⑪ 学生任务完成后提交至教师机
学习资源	教师课内讲解案例"判断闰年程序的测试" 学生课内练习任务"三角形判断程序测试"
学习成果及评价标准	① 线上测试题 每小题1分,系统自动给分 ② 提问(随机提问,每个同学都有机会被提问到) 回答完全正确记5分,回答部分正确根据回答情况记2~4分,回答错误记1分,没有回答(缺勤)记0分,补充回答且正确的同学记5分 ③ 课内任务文档 此任务满分10分,具体评分标准如下: 按时完成并提交任务得基础分6分;测试脚本2分;测试执行结果2分
备注	无

课程软件测试实践教案——Selenium 工具的基本使用的教学设计如表 4-3、表 4-4 所示。

表 4-3　软件测试实践课程教学设计表（Selenium 工具的基本使用）

第 6 次课

知识建模图：

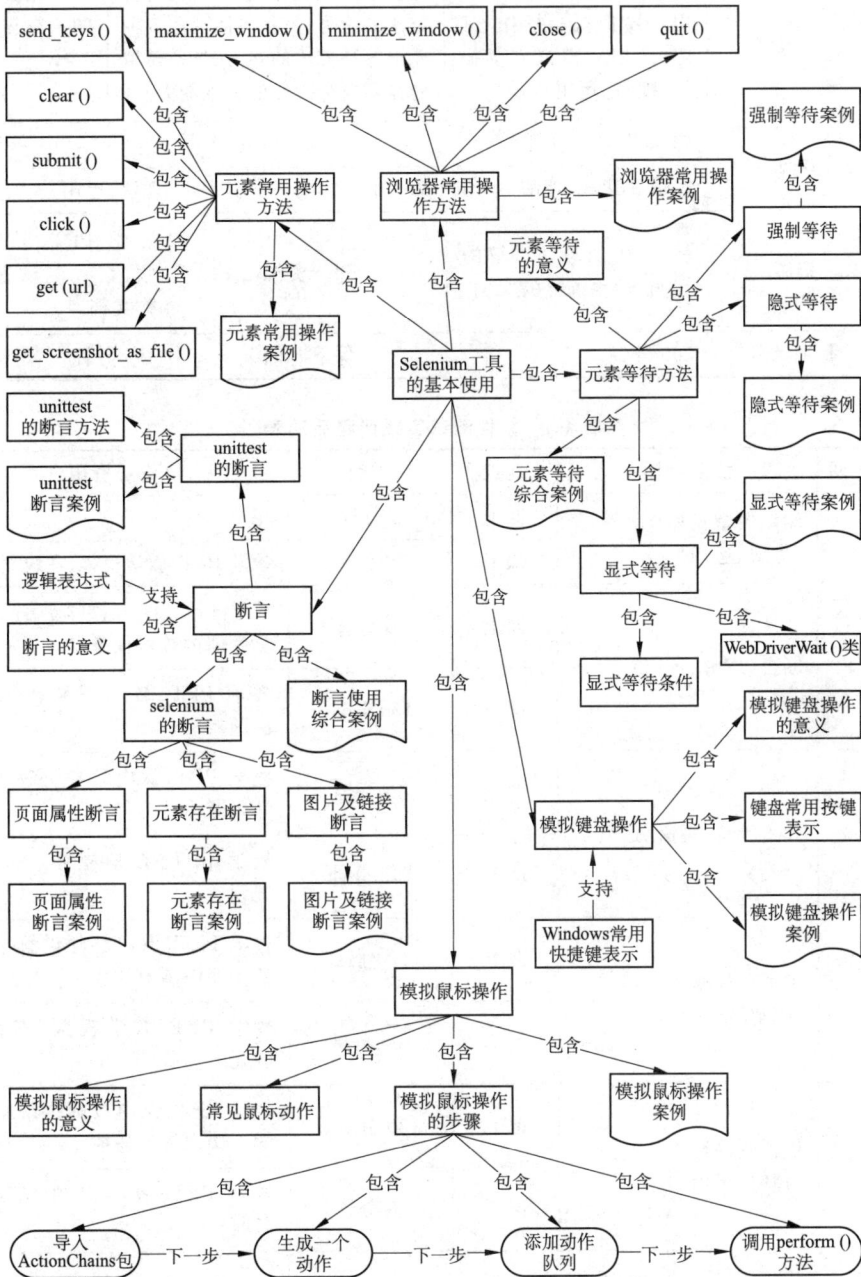

续表

	知识点(学习水平)	能力目标	素质目标(课程思政点)
学习目标	浏览器常见操作(理解、运用)、断言(理解、运用)、元素等待(理解、运用)、模拟鼠标操作(理解、运用)、模拟键盘操作(理解、运用)	具备熟练掌握操作 Web 页面中各类元素的方法的能力;具备熟练根据应用场景选择合适断言方法的能力;具备灵活运用各种元素等待方法的能力;具备模拟键盘和鼠标操作的基本能力	具备认真细致的工作态度
学习先决知识	知识点(学习水平)		
	逻辑表达式(理解、运用)、Windows 常用快捷键表示(理解、运用)		
课上资源	教学 PPT、教师讲解的案例、学生练习的案例	课下资源	教学 PPT、教学视频、在线测试题、操作文档
课上时间	200 分钟	课下时间	490 分钟

表 4-4 软件测试实践课程活动表

活动序列	活动目标	地点	时间	学习资源
活动 1	浏览器常见操作(理解、运用)	课上	0 分钟	无
		课下	30 分钟	教学 PPT、教学视频、在线测试题
活动 2	断言(理解、运用)	课上	60 分钟	教学 PPT、课内教师讲解案例、学生课内练习任务
		课下	150 分钟	教学 PPT、教学视频、在线测试题
活动 3	元素等待(理解、运用)	课上	60 分钟	教学 PPT、课内教师讲解案例、学生课内练习任务
		课下	150 分钟	教学 PPT、教学视频、在线测试题
活动 4	模拟鼠标操作(理解、运用)	课上	50 分钟	教学 PPT、课内教师讲解案例、学生课内练习任务
		课下	100 分钟	教学 PPT、教学视频、在线测试题
活动 5	模拟键盘操作(理解、运用)	课上	30 分钟	教学 PPT、课内教师讲解案例、学生课内练习任务
		课下	60 分钟	教学 PPT、教学视频、在线测试题

活动 1 知识建模图（课下）

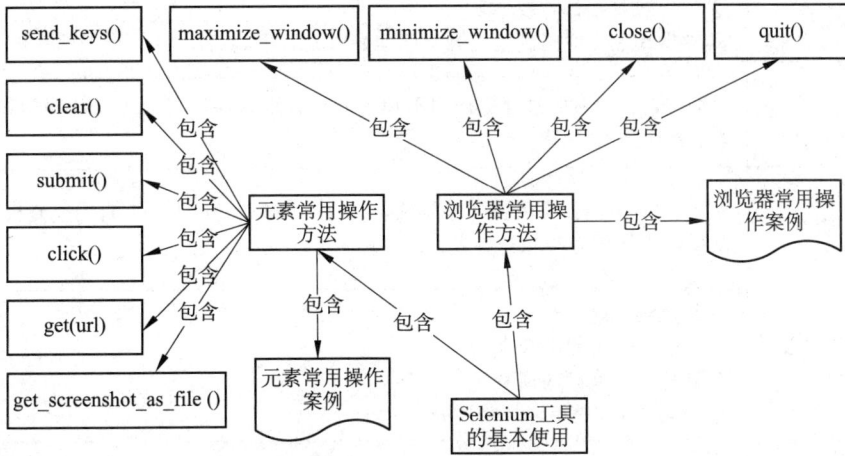

活动目标	浏览器常见操作（理解、运用）	
活动任务序列（导入任务描述）		
师生交互过程	教师引入本次讲解内容："在 Web 自动化测试中，定位页面中的各类元素只是测试过程的第一步，在成功定位到页面中的元素后还需要对这些元素进行操作，如单击、输入、清空等。Web 自动化测试的过程中需要操作 Web 页面中的各类元素，这些操作除了元素的常用操作外，还包括浏览器的相关操作。Selenium 的 WebDriver 模块针对这些操作提供了相关的方法。下面我们来做具体的学习。"	
活动任务序列（任务一）		

任务一知识组块：

	任务描述	采用学生课下自主学习的方法，使学生灵活掌握操作 Web 页面中的各类元素的方法
	任务时长	30 分钟
	学习地点	课下

教学方式（或学习方式）	☐讲授　☐小组讨论　☑答疑　☐实验　☐实训　☑自主学习　☐翻转课堂 ☐其他（请填写）_____

续表

师生交互过程	① 教师将需要学生观看的教学视频和教学 PPT 任务布置给学生 ② 学生观看视频和教学 PPT ③ 学生通过在线测试题检测知识理解情况
	学生在自主学习的过程中遇到不理解的地方可以通过通信工具和同学讨论或者请教教师
学习资源	教学视频"浏览器常见操作"(时长 12 分钟)和教学 PPT"Web 自动化测试" 在线测试题(5 道单项选择题)
学习成果及 评价标准	① 线上测试题 每小题 1 分,系统自动给分 ② 课外学习视频的观看 由"学习平台"进行记录并评分
备注	无

活动 2 知识建模图(课上＋课下)

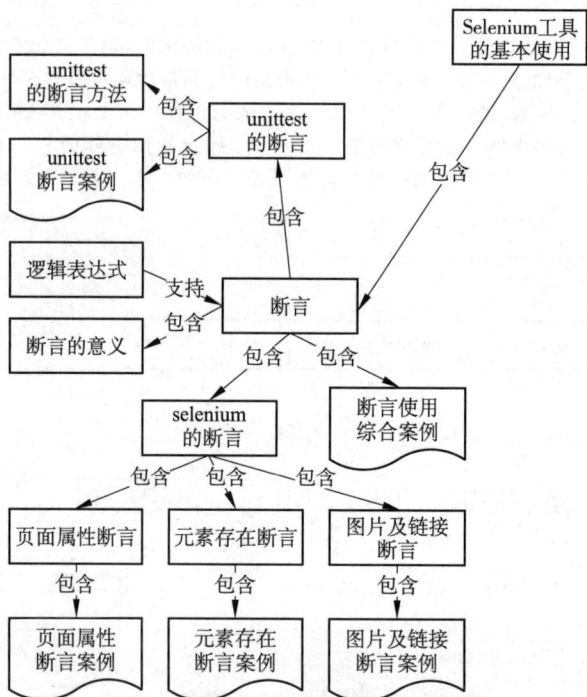

活动目标	断言(理解、运用)
活动任务序列(导入任务描述)	
师生交互过程	教师引入本次讲解内容:"断言是自动化测试用例必不可少的部分,通过断言可以自动判断用例执行得是成功还是失败。"

续表

活动任务序列(任务一)		
任务一知识组块： 	任务描述	采用学生课下自主学习的方法,使学生理解断言的意义及常用的断言方法
	任务时长	150 分钟
	学习地点	课下

教学方式 (或学习方式)	□讲授　□小组讨论　☑答疑　☑实验　□实训　☑自主学习　□翻转课堂 □其他(请填写)_____
师生交互过程	① 教师将需要学生观看的教学视频和教学 PPT 任务布置给学生 ② 学生观看视频 ③ 学生在视频观看完成后,通过在线测试题检测知识理解情况 ④ 学生将教学 PPT 上的案例逐个进行编写并在环境里运行
	学生在自主学习的过程中遇到不理解的地方可以通过通信工具和同学讨论或者请教教师
学习资源	教学视频"断言"(时长 10 分钟)"unittest 的断言"(时长 22 分钟)和教学 PPT "Web 自动化测试" 在线测试题(3 道单项选择题)

活动任务序列(任务二)		
任务二知识组块： 	任务描述	采用案例讲解和学生实验的方法,使学生对页面属性断言的代码进行理解和掌握
	任务时长	10 分钟
	学习地点	课上

教学方式 (或学习方式)	☑讲授　□小组讨论　☑答疑　☑实验　□实训　□自主学习　☑翻转课堂 ☑其他(请填写)课堂提问、随机抽查

续表

师生交互过程	① 教师根据学生在线测试题的答题情况对学生课外任务的掌握情况进行分析,对共性问题进行讲解和答疑 ② 教师随机提问:"获得页面元素的属性的操作方法是什么?"被提问的同学回答问题,教师根据回答情况记录到"平时成绩登记表"。其余同学可根据被提问同学的回答情况举手,经过教师同意后进行补充或修正,教师在"平时成绩登记表"上进行记录 ③ 教师编写页面属性断言案例的脚本,边书写边讲解,要求学生在电脑上同步完成 ④ 教师随机抽查学生完成情况,并将抽查结果记录到"平时成绩登记表"上
学习资源	课内教师讲解案例、教学 PPT

活动任务序列(任务三)

任务三知识组块: 元素存在断言 ↓包含 元素存在断言案例	任务描述	采用案例讲解和学生实验的方法,使学生对元素存在断言的代码进行理解和掌握
	任务时长	10 分钟
	学习地点	课上

教学方式 (或学习方式)	☑讲授　□小组讨论　☑答疑　☑实验　□实训　□自主学习　☑翻转课堂 ☑其他(请填写)<u>随机抽查</u>
师生交互过程	① 教师编写元素存在断言案例的脚本,边书写边讲解,要求学生在电脑上同步完成 ② 教师随机抽查学生完成情况,并将抽查结果记录到"平时成绩登记表"上
学习资源	课内教师讲解案例、教学 PPT

活动任务序列(任务四)

任务四知识组块: 图片及链接断言 ↓包含 图片及链接断言案例	任务描述	采用案例讲解和学生实验的方法,使学生对图片及链接断言的代码进行理解和掌握
	任务时长	10 分钟
	学习地点	课上

教学方式 (或学习方式)	☑讲授　□小组讨论　☑答疑　☑实验　□实训　□自主学习　☑翻转课堂 ☑其他(请填写)<u>随机抽查</u>
师生交互过程	① 教师编写图片及链接断言案例的脚本,边书写边讲解,要求学生在电脑上同步完成 ② 教师随机抽查学生完成情况,并将抽查结果记录到"平时成绩登记表"上
学习资源	课内教师讲解案例、教学 PPT

续表

活动任务序列(任务五)		
任务五知识组块： 	任务描述	采用案例讲解和学生实验的方法,使学生对 unittest 断言的代码进行理解和掌握
	任务时长	10 分钟
	学习地点	课上
教学方式 (或学习方式)	☑讲授　□小组讨论　☑答疑　☑实验　□实训　□自主学习　☑翻转课堂 ☑其他(请填写)课堂提问	
师生交互过程	① 教师编写 unittest 断言案例的脚本,边书写边讲解,要求学生在电脑上同步完成 ② 教师随机抽查学生完成情况,并将抽查结果记录到"平时成绩登记表"上	
学习资源	课内教师讲解案例、教学 PPT	
活动任务序列(任务六)		
任务六知识组块： 	任务描述	采用学生课内实训的方法,使学生掌握断言的灵活运用
	任务时长	20 分钟
	学习地点	课上
教学方式 (或学习方式)	□讲授　□小组讨论　☑答疑　□实验　☑实训　□自主学习　□翻转课堂 □其他(请填写)_____	
师生交互过程	① 教师将任务文档下发给各位同学 ② 学生在课堂上完成任务并提交文档,在文档中添加相关截图 ③ 学生完成任务期间,教师在学生中间走动并及时解答学生疑问 ④ 教师随机挑选小组展示任务成果,其他未被挑选的同学可以在听取同学讲解后,根据自身情况对自己的任务进行修改 ⑤ 学生任务完成后提交至教师机	
学习资源	学生课内练习任务	
学习成果及 评价标准	① 线上测试题 每小题 1 分,系统自动给分 ② 课外学习视频的观看 由"学习平台"进行记录并评分 ③ 提问(随机提问,每个同学都有机会被提问到) 回答完全正确记 5 分,回答部分正确根据回答情况记 2~4 分,回答错误记 1 分,没有回答(缺勤)记 0 分,补充回答且正确的同学记 5 分 ④ 抽查(随机抽查,每个同学都有机会被抽查到) 按时完成任务且正确记 5 分,完成部分任务根据任务完成情况记 2~4 分,未完成任务记 1 分,缺勤记 0 分 ⑤ 课内任务文档 此任务满分 10 分,具体评分标准如下: 按时完成并提交任务得基础分 6 分;测试脚本 4 分	
备注	无	

活动 3 知识建模图(课上＋课下)

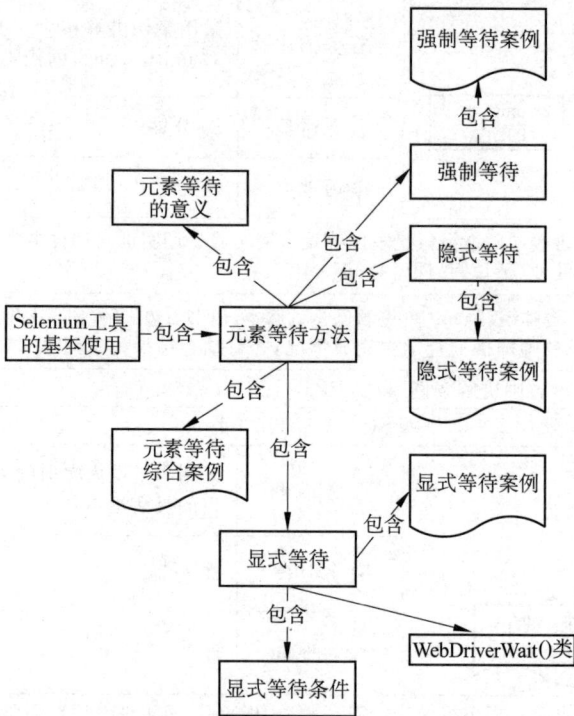

活动目标	元素等待(理解、运用)

活动任务序列(导入任务描述)

师生交互过程	教师引入本次讲解内容:"在自动化测试过程中,当元素定位程序没问题,程序在运行过程中却报出'元素不存在'或'元素不可见'的异常信息时,需要考虑是否因为测试环境不稳定、网络加载缓慢等问题导致页面元素还未加载出来。为了避免自动化测试过程中出现页面元素未加载出来而报错的问题,需要在自动化测试脚本中设置元素等待时间。"

活动任务序列(任务一)

任务一知识组块:

任务描述	采用学生课下自主学习的方法,使学生理解元素等待的意义及常用的元素等待方法
任务时长	150 分钟
学习地点	课下

教学方式 （或学习方式）	☐讲授　☐小组讨论　☑答疑　☑实验　☐实训　☑自主学习　☐翻转课堂 ☐其他(请填写)＿＿＿＿＿＿
师生交互过程	① 教师将需要学生观看的教学视频和教学 PPT 任务布置给学生 ② 学生观看视频 ③ 学生在视频观看完成后,通过在线测试题检测知识理解情况 ④ 学生将教学 PPT 上的案例逐个进行编写并在环境里运行
	学生在自主学习的过程中遇到不理解的地方可以通过通信工具和同学讨论或者请教教师
学习资源	教学视频"强制等待＋隐式等待"(时长 12 分钟)和"显式等待"(时长 13 分钟) 及教学 PPT"Web 自动化测试" 在线测试题(3 道单项选择题)

活动任务序列(任务二)

任务二知识组块： 强制等待案例 ↑包含 强制等待	任务描述	采用案例讲解和学生实验的方法,使学生对强制等待的代码进行理解和掌握
	任务时长	10 分钟
	学习地点	课上
教学方式 （或学习方式）	☑讲授　☐小组讨论　☑答疑　☑实验　☐实训　☐自主学习　☑翻转课堂 ☑其他(请填写)<u>课堂提问、随机抽查</u>	
师生交互过程	① 教师根据学生在线测试题的答题情况对学生课外任务的掌握情况进行分析,对共性问题进行讲解和答疑 ② 教师随机提问:"强制等待需要加载哪个包?"被提问的同学回答问题,教师根据回答情况记录到"平时成绩登记表"。其余同学可根据被提问同学的回答情况举手,经过教师同意后进行补充或修正,教师在"平时成绩登记表"上进行记录 ③ 教师编写强制等待案例的脚本,边书写边讲解,要求学生在计算机上同步完成 ④ 教师随机抽查学生完成情况,并将抽查结果记录到"平时成绩登记表"上	
学习资源	课内教师讲解案例、教学 PPT	

活动任务序列(任务三)

任务三知识组块： 隐式等待 ↓包含 隐式等待案例	任务描述	采用案例讲解和学生实验的方法,使学生对隐式等待的代码进行理解和掌握
	任务时长	10 分钟
	学习地点	课上

教学方式 （或学习方式）	☑讲授　□小组讨论　☑答疑　☑实验　□实训　□自主学习　☑翻转课堂 ☑其他（请填写）随机抽查		
师生交互过程	① 教师编写隐式等待案例的脚本，边书写边讲解，要求学生在计算机上同步完成 ② 教师随机抽查学生完成情况，并将抽查结果记录到"平时成绩登记表"上		
学习资源	课内教师讲解案例、教学 PPT		

活动任务序列（任务四）

任务四知识组块： 	任务描述	采用案例讲解和学生实验的方法，使学生对图片及显示等待的代码进行理解和掌握
	任务时长	20 分钟
	学习地点	课上

教学方式 （或学习方式）	☑讲授　□小组讨论　☑答疑　☑实验　□实训　□自主学习　☑翻转课堂 ☑其他（请填写）随机抽查		
师生交互过程	① 教师编写显式等待案例的脚本，边书写边讲解，要求学生在计算机上同步完成 ② 教师随机抽查学生完成情况，并将抽查结果记录到"平时成绩登记表"上		
学习资源	课内教师讲解案例、教学 PPT		

活动任务序列（任务五）

任务五知识组块： 	任务描述	采用学生课内实训的方法，使学生掌握元素等待的灵活运用
	任务时长	20 分钟
	学习地点	课上

教学方式 （或学习方式）	□讲授　□小组讨论　☑答疑　□实验　☑实训　□自主学习　□翻转课堂 □其他（请填写）_____		
师生交互过程	① 教师将任务文档下发给各位同学 ② 学生在课堂上完成任务并提交文档，在文档中添加相关截图 ③ 学生完成任务期间，教师在学生中间走动并及时解答学生疑问 ④ 教师随机挑选小组展示任务成果，其他未被挑选的同学可以在听取同学讲解后，根据自身情况对自己的任务进行修改 ⑤ 学生任务完成后提交至教师机		
学习资源	学生课内练习任务		

学习成果及评价标准	① 线上测试题 每小题 1 分,系统自动给分 ② 课外学习视频的观看 由"学习平台"进行记录并评分 ③ 提问(随机提问,每个同学都有机会被提问到) 回答完全正确记 5 分,回答部分正确根据回答情况记 2～4 分,回答错误记 1 分,没有回答(缺勤)记 0 分,补充回答且正确的同学记 5 分 ④ 抽查(随机抽查,每个同学都有机会被抽查到) 按时完成任务且正确记 5 分,完成部分任务根据任务完成情况记 2～4 分,未完成任务记 1 分,缺勤记 0 分 ⑤ 课内任务文档 此任务满分 10 分,具体评分标准如下: 按时完成并提交任务得基础分 6 分;测试脚本 4 分
备注	无

活动 4 知识建模图(课上＋课下)

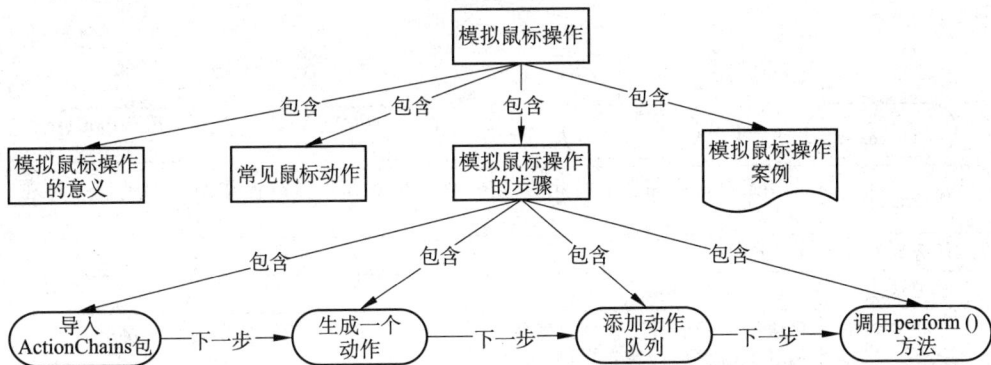

活动目标	模拟鼠标操作(理解、运用)

活动任务序列(导入任务描述)

师生交互过程	教师引入本次讲解内容:"测试人员在进行软件测试时,常需要模拟键盘或鼠标的操作。用测试代码实现模拟键盘或鼠标操作时,一般使用 Python 的 ActionChains 来处理,这时需要导入 ActionChains 包。"

活动任务序列(任务一)

任务一知识组块: 	任务描述	采用学生课下自主学习的方法,使学生理解模拟鼠标操作的意义、常见的鼠标动作和模拟鼠标操作的步骤
	任务时长	100 分钟
	学习地点	课下

续表

教学方式 （或学习方式）	☐讲授　☐小组讨论　☑答疑　☑实验　☐实训　☑自主学习　☐翻转课堂 ☐其他（请填写）_____
师生交互过程	① 教师将需要学生观看的教学视频和教学 PPT 任务布置给学生 ② 学生观看视频 ③ 学生在视频观看完成后，通过在线测试题检测知识理解情况 ④ 学生将教学 PPT 上的案例逐个进行编写并在环境里运行 学生在自主学习的过程中遇到不理解的地方可以通过通信工具和同学之间讨论或者请教教师
学习资源	教学视频"鼠标操作 1"（时长 11 分钟）"鼠标操作 2"（时长 16 分钟）和教学 PPT"Web 自动化测试" 在线测试题（5 道单项选择题）

活动任务序列（任务二）

任务二知识组块：

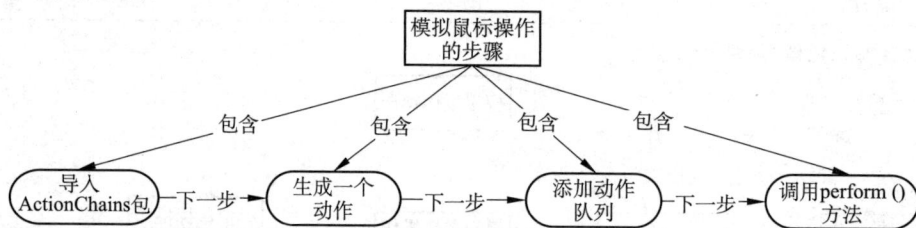

任务描述	采用案例讲解和学生实验的方法，使学生对模拟鼠标操作的步骤进行理解和掌握
任务时长	20 分钟
学习地点	课上
教学方式 （或学习方式）	☑讲授　☐小组讨论　☑答疑　☑实验　☐实训　☐自主学习　☑翻转课堂 ☑其他（请填写）课堂提问、随机抽查
师生交互过程	① 教师根据学生在线测试题的答题情况对学生课外任务的掌握情况进行分析，对共性问题进行讲解和答疑 ② 教师随机提问："模拟鼠标操作的具体步骤是什么？"被提问的同学回答问题，教师根据回答情况记录到"平时成绩登记表"。其余同学可根据被提问同学的回答情况举手，经过教师同意后进行补充或修正，教师在"平时成绩登记表"上进行记录 ③ 教师按照模拟鼠标操作的步骤进行操作，边操作边讲解，要求学生在电脑上同步完成 ④ 教师随机抽查学生完成情况，并将抽查结果记录到"平时成绩登记表"上
学习资源	课内教师讲解案例、教学 PPT

活动任务序列（任务三）

任务三知识组块：

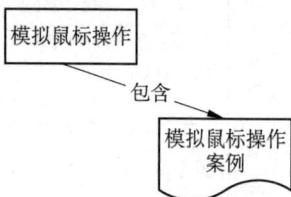

任务描述	采用学生课内实训的方法，使学生掌握模拟鼠标操作的灵活运用
任务时长	30 分钟
学习地点	课上

教学方式 （或学习方式）	□讲授 □小组讨论 ☑答疑 □实验 ☑实训 □自主学习 □翻转课堂 □其他（请填写）_____
师生交互过程	① 教师将任务文档下发给各位同学 ② 学生在课堂上完成任务并提交文档，在文档中添加相关截图 ③ 学生完成任务期间，教师在学生中间走动并及时解答学生疑问 ④ 教师随机挑选小组展示任务成果。其他未被挑选的同学可以在听取同学讲解后，根据自身情况对自己的任务进行修改 ⑤ 学生任务完成后提交至教师机
学习资源	学生课内练习任务
学习成果及 评价标准	① 线上测试题 每小题 1 分，系统自动给分 ② 课外学习视频的观看 由"学习平台"进行记录并评分 ③ 提问（随机提问，每个同学都有机会被提问到） 回答完全正确记 5 分，回答部分正确根据回答情况记 2～4 分，回答错误记 1分，没有回答（缺勤）记 0 分，补充回答且正确的同学记 5 分 ④ 抽查（随机抽查，每个同学都有机会被抽查到） 按时完成任务且正确记 5 分，完成部分任务根据任务完成情况记 2～4 分，未完成任务记 1 分，缺勤记 0 分 ⑤ 课内任务文档 此任务满分 10 分，具体评分标准如下： 按时完成并提交任务得基础分 6 分；测试脚本 4 分
备注	无

活动 5 知识建模图（课上＋课下）

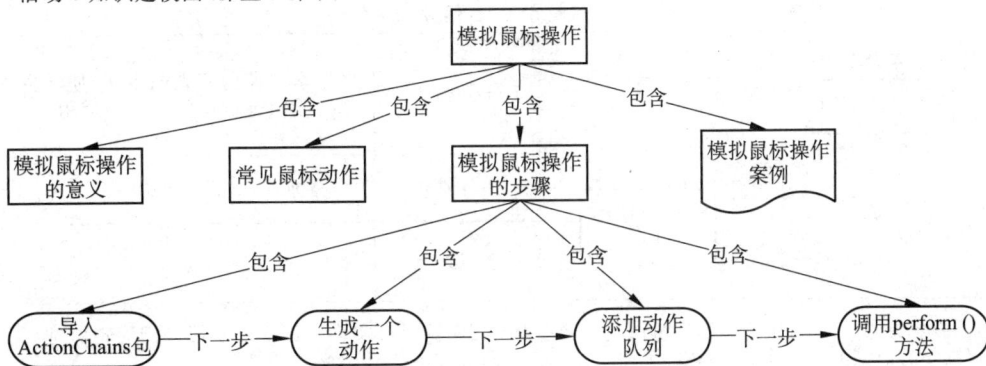

活动目标	模拟鼠标操作（理解、运用）
活动任务序列（导入任务描述）	
师生交互过程	教师引入本次讲解内容："测试人员在进行软件测试时，常需要模拟键盘或鼠标的操作。用测试代码实现模拟键盘或鼠标操作时，一般使用 Python 的ActionChains 来处理，这时需要导入 ActionChains 包。"

续表

活动任务序列(任务一)

任务一知识组块：		
	任务描述	采用学生课下自主学习的方法,使学生理解模拟键盘操作的意义及键盘常用按键的表示
	任务时长	60分钟
	学习地点	课下
教学方式(或学习方式)	□讲授　□小组讨论　☑答疑　☑实验　□实训　☑自主学习　□翻转课堂 □其他(请填写)_____	
师生交互过程	① 教师将需要学生观看的教学视频和教学 PPT 任务布置给学生 ② 学生观看视频 ③ 学生在视频观看完成后,通过在线测试题检测知识理解情况 ④ 学生将教学 PPT 上的案例逐个进行编写并在环境里运行 学生在自主学习的过程中遇到不理解的地方可以通过通信工具和同学讨论或者请教教师	
学习资源	教学视频"键盘操作"(时长 9 分钟)和教学 PPT"Web 自动化测试" 在线测试题(5 道单项选择题)	

活动任务序列(任务二)

任务二知识组块：		
	任务描述	采用学生课内实训的方法,使学生掌握模拟键盘操作的灵活运用
	任务时长	30分钟
	学习地点	课上
教学方式(或学习方式)	□讲授　□小组讨论　☑答疑　□实验　☑实训　□自主学习　□翻转课堂 □其他(请填写)_____	
师生交互过程	① 教师将任务文档下发给各位同学 ② 学生在课堂上完成任务并提交文档,在文档中添加相关截图 ③ 学生完成任务期间,教师在学生中间走动并及时解答学生疑问 ④ 教师随机挑选小组展示任务成果,其他未被挑选的同学可以在听取同学讲解后,根据自身情况对自己的任务进行修改 ⑤ 学生任务完成后提交至教师机	

续表

学习资源	学生课内练习任务
学习成果及 评价标准	① 线上测试题 每小题 1 分,系统自动给分 ② 课外学习视频的观看 由"学习平台"进行记录并评分 ③ 课内任务文档 此任务满分 10 分,具体评分标准如下: 按时完成并提交任务得基础分 6 分;测试脚本 4 分
备注	无

4.2.2　计算机组成原理综合课程教学设计实例

1. 教学设计

1) 课程简介

结合考研 408 科目考试大纲,升学对计算机组成原理综合课程的要求主要体现在深入理解计算机系统的基本组成和工作原理,掌握数据的表示与运算、存储器系统、指令系统、中央处理器及输入输出系统等核心知识点。重点考核的内容包括各类数值的表示与转换、定点数和浮点数的运算方法、存储器的层次结构和主辅存储器的原理、指令的格式与寻址方式、CPU 的功能与基本结构、总线的仲裁与通信控制及 I/O 控制方式等。此外,还需要关注计算机系统的性能评价与优化方法,以及计算机组成技术的发展趋势和应用前景。考研要求考生具备扎实的理论基础和实践能力,能够综合运用所学知识解决实际问题。

2) 教学方案设计

结合 408 考研大纲,对计算机组成原理综合的教学内容进行优化和重组是提升本门课程教学质量、满足升学要求的关键。

首先,教学内容应更加聚焦于考研大纲中的核心知识点,如数据的表示与运算、存储器系统、指令系统、中央处理器等。对于这些重点内容,应进行深入剖析和讲解,确保学生能够全面理解并掌握。同时,可以适当减少一些非核心或过时的内容的篇幅,以突出教学重点。

其次,应增加与现代计算机技术发展密切相关的新内容。随着技术的不断进步,计算机组成原理综合中的一些传统知识点可能已经不再适用或需要更新。因此,可以引入一些新型存储器(如固态硬盘)、多核处理器、总线技术等方面的内容,使课程更具时代性和前瞻性。这样不仅可以激发学生的学习兴趣,还有助于他们更好地适应未来的技术发展。

最后,应注重跨课程的知识融合。计算机组成原理综合作为计算机科学与技术专业的一门核心课程,与其他课程(如高级程序设计语言、操作系统、计算机网络)等有着密切的联系。因此,在教学过程中,应适当引入其他课程的相关知识点,帮助学生构建完整的计算机系统知识体系。这样不仅可以加深学生对计算机系统的整体理解,还有助于提升其综合应用能力和创新思维。

3）教学实施

混合式教学融合了二者的精华,学生可以在线上预习和复习,在线下深入讨论和实践,教师则可根据学生线上学习情况来调整课堂内容。这种设计既保留了传统课堂的互动性和即时性,又利用了在线教学的便捷性和个性化,有助于提升教学效果和学习成果。

例如,在讲授"高速缓冲存储器"这一部分内容时。在课前阶段,教师通过学校学习中心 App 在线平台发布预习资料,包括高速缓冲存储器的基本概念、工作原理和性能指标等。学生可自主安排时间,通过观看视频、阅读资料和完成在线小测,对高速缓冲存储器形成初步认识。

进入课堂阶段,首先教师通过真题示例,引导学生深入理解高速缓冲存储器在计算机存储系统中的作用和重要性。随后,教师详细讲解高速缓冲存储器的映射方式、替换策略及写策略等关键技术,并辅以课堂互动和小组讨论,鼓励学生积极参与、主动思考,理解真题考查的知识点及解题技巧。

在课后阶段,教师发布相关作业和模拟题目,以帮助学生巩固所学内容并提升解题技巧能力。同时,教师提供在线答疑和辅导,确保学生能够及时解决学习过程中的疑问和困难。

4）教学评价

课程考核评价的终极方案是升学方向的成绩。短期考核则以实现引导和督促学生把工夫花在平时,练好、总结好重点、难点,以真正学好本门课程为主。课程考核具体由两个部分组成,即考试成绩占 50%,平时成绩占 50%。

平时成绩主要由中国大学 MOOC 爱课程网站、哔哩哔哩等平台上教学视频的学习,学习中心真题、测试题的练习情况,课下交流学习提问情况等构成。其中线上平台学习数据占 70%,课下交流学习提问占 30%。

考试成绩主要分为两个部分,即模拟测验成绩占 50%,考研真题测验成绩占 50%。

2. 教学单元设计

项目化教学课程计算机组成原理综合教案——存储系统的教学设计如表 4-5 所示。

表 4-5　计算机组成原理综合课程教学设计表（存储系统）

第 5 次课

知识建模图：

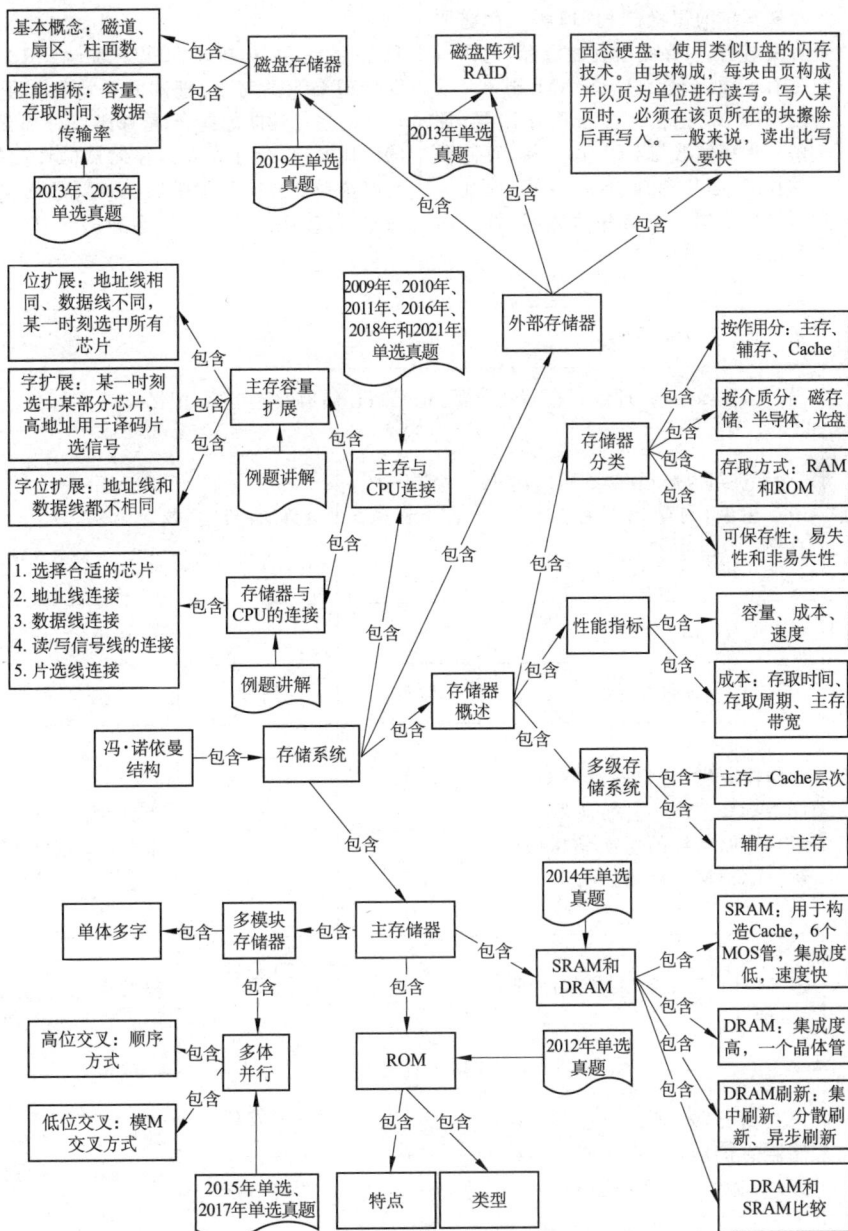

复习提示：历年考题重点。存储器的特点、存储器的扩展（芯片选择、连接方式、地址范围等）、交叉存储器、Cache 的相关计算与替换算法、虚拟存储器与快表容易出选择题。Cache 和虚拟存储器的考点容易出综合题，尤其容易和 C 语言中的数组知识结合起来考查。要多总结、多做题、多思考

续表

	知识点(学习水平)	能力目标
学习目标	存储系统的层次结构(理解);存储器分类(记忆);存储器性能指标(记忆);主存储器(理解);DRAM 刷新(运用);ROM(记忆);多模块存储器(理解);主存储器与 CPU 的连接,存储器的扩展(芯片选择、连接方式、地址范围等)(运用);磁盘存储器(理解);固态硬盘(运用)	具备存储系统基本知识;理解 SRAM 和 DRAM 各自的特点;理解多模块存储器的作用及对主存性能的提升;能够理解外部存储器的工作原理,会计算外部存储器的性能指标;能够选择合适的芯片扩展满足要求的主存储器容量;并具备自主学习、分析的能力

学习先决知识	知识点(学习水平)
	冯·诺依曼结构(理解);存储器分类(记忆);存储器性能指标(记忆)

课上资源	《计算机组成原理(第6版)》白中英主编,科学出版社,考点真题	课下资源	视频、课件、真题

课上时间	100 分钟	课下时间	210 分钟

活动序列	活动目标	地点	时间	学习资源
活动1	存储器分类(记忆);存储器性能指标(记忆);主存储器(理解);存储系统的层次结构(理解);DRAM 刷新(运用)	课上	20 分钟	教材、线上视频、学习中心测试题集、PPT 等
		课下	40 分钟	
活动2	ROM(记忆);多模块存储器(理解)	课上	20 分钟	教材、线上视频、学习中心测试题集、PPT 等
		课下	60 分钟	
活动3	主存储器与 CPU 的连接,存储器的扩展(芯片选择、连接方式、地址范围等)(运用)	课上	40 分钟	教材、线上视频、学习中心测试题集、PPT 等
		课下	70 分钟	
活动4	磁盘存储器(理解);固态硬盘(运用)	课上	20 分钟	教材、线上视频、学习中心测试题集、PPT 等
		课下	40 分钟	

续表

活动 1 知识建模图(课上＋课下)

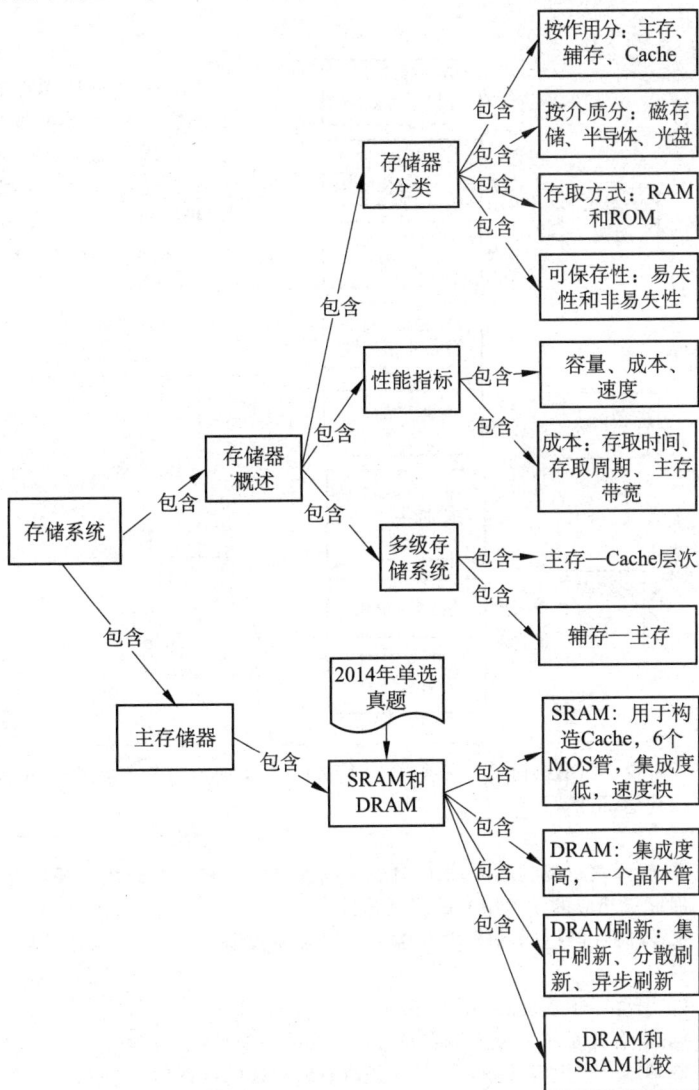

活动目标	冯·诺依曼结构特点(理解)、存储器分类(记忆)、存储器性能指标(记忆)、存储系统的层次结构(理解)、主存储器(理解)、DRAM 刷新(运用)、SRAM 和 DRAM 的特点及比较(理解)
活动任务序列(导入任务描述)	
师生交互过程	课前提问及测验,涵盖冯·诺依曼结构的特点、存储器的分类、存储器的性能指标等知识点。 问题交互:冯诺依曼结构的特点是什么? 如何衡量存储器的性能? 通过上述问题考查学生对概念的掌握情况

活动任务序列(任务一)

任务一知识组块：		
	任务 描述	根据上一次课布置的任务,让学生自主学习教材的内容,观看线上视频,使其理解冯·诺依曼结构特点(理解)、存储器分类(记忆)、存储器性能指标(记忆)、存储系统的层次结构(理解)
	任务 时长	40分钟
	学习 地点	课下

教学策略 (或学习策略)	□讲授　□小组讨论　☑答疑　□实验　□实训　☑自主学习　□翻转课堂 □其他(请填写)_____
师生交互 过程	① 教师发布视频链接,学生自主完成教材内容和推荐的线上视频资源的学习,同时完成相应的学习中心的测试题目 ② 围绕性能指标问题,学生需要理解各项指标的含义,并能完成学习中心的测试题目 ③ 围绕存储系统的层次结构问题师生交互讨论 问题:存储系统的分层体现在哪? 分层的目的是什么? 教师结合学生完成题目的情况进行有针对性的讲评
学习资源	《计算机组成原理(第6版)》白中英主编,科学出版社 视频"存储系统基本构成" 视频"主存储器的基本组成" 考点真题和学习中心测试题
学习成果及 评价标准	学习中心检测题(内容包括冯·诺依曼结构的特点、存储器的分类、存储器的性能指标等知识点):正确率为90%以上为优秀,正确率70%以上为合格,低于70%为不合格

活动任务序列(任务二)

任务二知识组块:		
	任务描述	让学生在预习教材内容的基础上,采用小组讨论、真题探析等方式,使学生深入理解 SRAM(静态随机存取存储器)和 DRAM(动态随机存取存储器)的区别与联系,培养学生的主动思考和问题解决能力
	任务时长	20 分钟
	学习地点	课上,多媒体教室

教学策略(或学习策略)	☑讲授　☑小组讨论　□答疑　□实验　□实训　□自主学习　□翻转课堂 ☑其他(请填写)真题探析
师生交互过程	① 知识铺垫 教师提问:"同学们,你们知道计算机中用来存储数据的主要部件是什么吗?""那么你们知道存储器中 SRAM 和 DRAM 的区别吗? 今天我们就来一起探讨这个问题。" 教师简要介绍 SRAM 和 DRAM 的基本概念,如"SRAM 是静态的,不需要刷新;而DRAM 是动态的,需要定期刷新。" ② 学生提问与讨论 学生分组讨论,提出关于 SRAM 和 DRAM 的疑问,如"为什么 DRAM 需要刷新?""SRAM 和 DRAM 在速度上有什么差异?"等。 每组选出一个代表,向全班提出问题。 教师和其他学生共同回答和讨论这些问题,鼓励学生发表自己的看法。 ③ 深入探究 教师通过图示讲解,进一步解释 SRAM 和 DRAM 的工作原理和结构差异。 学生跟随教师的引导,积极参与讨论,尝试用自己的话解释这些差异。 教师进一步提问引导学生讨论对刷新方式的计算,以及如何兼顾刷新和 CPU 访存之间的需求。 ④ 真题讲解点评 抽查学生讲解真题,并对讲解的情况进行点评
学习资源	《计算机组成原理(第 6 版)》白中英主编,科学出版社 视频"SRAM 和 DARM" 考点真题和学习中心测试题

学习成果及 评价标准	课上发布知识点检测题(内容包括 SRAM、DRAM、ROM 等知识点):正确率为 90%以上为优秀,正确率 70%以上为合格,低于 70%为不合格 课堂问题讨论情况

活动 2 知识建模图(课上＋课下)

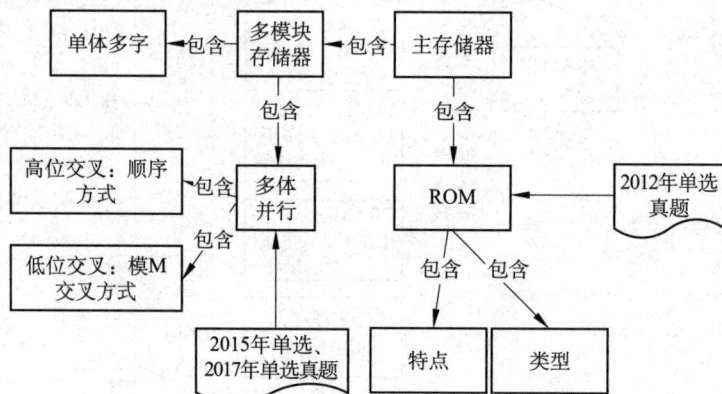

活动目标	多模块存储器(理解)、高位交叉和低位交叉比较(理解)、低位交叉存储器的性能计算(运用)、ROM 概念和类型(熟悉)、ROM 特点(熟悉)

活动任务序列(任务一)

任务一知识组块: 	任务 描述	根据上一次课布置的任务,让学生自主学习教材的内容,观看线上视频,使其掌握 ROM(只读存储器)的定义、特性及其在计算机系统中的作用,了解不同种类的 ROM 并理解 ROM 存储数据的方式以及数据如何在 ROM 中被读取和访问的问题
	任务 时长	20 分钟
	学习 地点	课下

教学策略 (或学习策略)	□讲授　□小组讨论　□答疑　□实验　□实训　☑自主学习　□翻转课堂 □其他(请填写)＿＿＿＿＿＿
师生交互 过程	教师发布自主学习任务:将课程下半部分学习任务发布在学校的"学习中心"平台,通过通信工具等通知学生,要求完成以下任务: ① 自学教材上有关 ROM 的描述 ② 自学线上视频,记录学习笔记,理解 ROM 的种类、工作原理以及其和 RAM 的区别 ③ 完成学习中心测验题 学生自主按照要求完成学习任务,和本组同学讨论交流,分享知识。对于共性问题在学习中心讨论区进行留言,或者通过通信工具和教师交流

学习资源	《计算机组成原理(第6版)》白中英主编,科学出版社 视频"只读存储器" 考点真题和学习中心测试题
学习成果及 评价标准	学习成果:完成课下自主学习任务,学习中心提交学习记录;完成学校中心测验题 评价标准:按时完成自主学习任务+2分,完成但未按时+1分,未完成0分;另外,讨论区有留言提问+2分

活动任务序列(任务二)

任务二知识组块:		
	任务描述	在让学生自主学习教材的内容,观看线上视频的基础上,采用讲授、翻转课堂、真题探析等方式,使其理解多模块存储器的作用、能够比较高位交叉和低位交叉的不同之处,熟练进行低位交叉存储器性能运算
	任务时长	课上20分钟
	学习地点	多媒体教室

教学策略 (或学习策略)	☑讲授　□小组讨论　□答疑　□实验　□实训　□自主学习　☑翻转课堂 ☑其他(请填写)真题探析
师生交互 过程	① 知识铺垫 师生共同回顾存储器的基本概念和分类。教师通过提问和讨论的形式,让学生理解存储器在计算机系统中的作用。教师引导学生思考当数据量增大、存取速度要求提高时,单一存储器是否能满足需求的问题,从而引出多模块存储器的概念。 ② 学生提问和讨论 鼓励学生围绕"多模块存储器"这一主题提出自己的疑问或感兴趣的话题。教师收集学生的问题,并引导学生之间进行讨论。学生可以分享自己对多模块存储器的初步认识,讨论其可能的优点和应用场景。 ③ 教师讲解与展示 教师根据学生的提问和讨论,系统地讲解多模块存储器的原理、结构、特点以及应用。利用多媒体设备展示多模块存储器的实物图片和工作原理相关视频,帮助学生形成直观的认识。在讲解过程中,教师注重与学生的互动,鼓励学生提问和发表自己的看法。 ④ 深入探究 教师设计具有挑战性和启发性的探究任务"分析多模块存储器在提高计算机系统性能方面的作用"或"探讨多模块存储器的发展趋势"。 学生分组进行探究,利用教师提供的资料和互联网资源,收集信息、分析问题,并尝试提出自己的见解。 在探究过程中,教师巡回指导,鼓励学生之间的交流与合作。 ⑤ 真题讲解点评 抽查学生讲解真题,并对讲解的情况进行点评

续表

学习资源	《计算机组成原理(第 6 版)》白中英主编,科学出版社 视频"双端口与多模块存储器" 考点真题和学习中心测试题
学习成果及 评价标准	课上发布知识点检测题(内容包括单体多字、高位交叉、低位交叉等知识点):正确率为 90% 以上为优秀,正确率 70% 以上为合格,低于 70% 为不合格 课堂问题讨论,回答问题+2 分

活动任务序列(任务三)

任务三知识组块:		任务描述	让学生复习巩固多体交叉存储器,完成作业题
多体 并行 2015年单选、 2017年单选真题		任务时长	40 分钟
		学习地点	课下

教学策略 (或学习策略)	□讲授　□小组讨论　□答疑　□实验　□实训　☑自主学习　□翻转课堂 □其他(请填写)_____
师生交互 过程	教师发布自主学习任务:课下将本部分复习任务发布在学校的"学习中心"平台,通过通信工具等通知学生,要求完成以下任务: ① 复习课堂相关知识,深刻理解多体并行及定量分析性能提升的相关内容 ② 完成作业题,并将结果提交学习中心 学生自主按照要求完成复习任务及布置的作业
学习资源	《计算机组成原理(第 6 版)》白中英主编,科学出版社 视频"双端口与多模块存储器" 学习中心测试题
学习成果及 评价标准	学习成果:完成课下复习任务,学习中心提交作业记录 评价标准:按时完成作业提交+2 分,完成但未按时+1 分,未完成 0 分

活动 3 知识建模图(课上+课下)

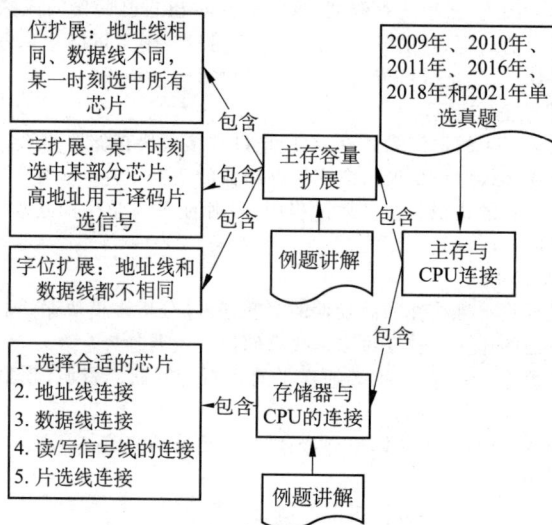

活动目标	CPU 和存储器芯片引脚连接原理(理解)、主存容量扩展的三种方式(运用)、存储器与 CPU 的连接(运用)、磁盘存储的基本概念(理解)、磁盘性能计算(运用)、磁盘阵列(记忆)、固态硬盘(理解)

活动任务序列(任务一)

任务一知识组块: 1. 选择合适的芯片 2. 地址线连接 3. 数据线连接 4. 读/写信号线的连接 5. 片选线连接 包含 存储器与CPU的连接 ← 例题讲解	任务描述	在让学生自主学习教材的内容,观看线上视频的基础上,采用讲授、翻转课堂、例题讲解等方式,达到让学生理解存储器与 CPU 之间的连接关系及其在计算机系统中的作用的目标
	任务时长	15 分钟
	学习地点	多媒体教室

教学策略 (或学习策略)	☑讲授　□小组讨论　□答疑　□实验　□实训　□自主学习　☑翻转课堂 ☑其他(请填写)例题讲解

师生交互过程	① 知识铺垫 师生共同回顾 CPU 和存储器的基本功能:CPU 是计算机的"大脑",负责执行指令和处理数据,而存储器则是存储数据和程序的"仓库"。 教师引出问题:"CPU 需要处理数据,而数据存储在存储器中,那么它们之间是如何连接的呢?" ② 学生提问和讨论 学生围绕"存储器与 CPU 连接"这一主题提出自己的疑问,如"它们之间是通过什么连接的?""连接的方式有哪些?""不同的连接方式有什么区别?"等。 教师鼓励学生大胆提问,并引导其他学生进行思考和解答。 讨论中,教师适时给予提示和补充,确保讨论的方向正确且深入。 ③ 教师讲解与展示 在学生提问和讨论的基础上,教师系统地讲解存储器与 CPU 之间的连接方式,包括物理连接(数据线、地址线、控制线等)和逻辑连接(内存地址映射、访问控制等)。 教师利用示意图展示连接的具体细节,帮助学生形成直观的认识。讲解过程中,教师注重与学生的互动,通过提问和讨论加深学生的理解。 ④ 深入探究 为了进一步巩固和拓展学生的知识,教师设计了一些深入探究的问题,如"为什么需要不同的连接方式?""不同的连接方式如何影响计算机的性能?"等。 学生分组进行讨论和探究,教师提供必要的支持和指导。 讨论结束后,每个小组分享自己的发现和结论,其他小组进行补充和评价。 ⑤ 真题讲解点评 抽查学生讲解测试题,并对讲解的情况进行点评
学习资源	《计算机组成原理(第 6 版)》白中英主编,科学出版社 视频"主存储器与 CPU 的连接" 考点真题和学习中心测试题
学习成果及评价标准	课上发布知识点检测题(内容包括 CPU 和存储器芯片引脚连接原理、存储器与 CPU 的连接等知识点):正确率为 90% 以上为优秀,正确率 70% 以上为合格,低于70% 为不合格

	活动任务序列(任务二)		
任务二知识组块： 位扩展：地址线相同、数据线不同，某一时刻选中所有芯片 字扩展：某一时刻选中某部分芯片，高地址用于译码片选信号 字位扩展：地址线和数据线都不相同 包含 → 主存容量扩展 包含 → 例题讲解	任务描述	在让学生自主学习教材的内容,观看线上视频的基础上,采用讲授、翻转课堂、例题讲解等方式,达到让学生理解主存容量扩展的概念、方法及其在计算机系统中的作用的目的。使其能够根据需要选用合适的芯片,扩展主存容量,满足CPU的需要	
	任务时长	25分钟	
	学习地点	多媒体教室＋学习中心平台	

教学策略 (或学习策略)	☑讲授　□小组讨论　□答疑　□实验　□实训　□自主学习　☑翻转课堂 ☑其他(请填写)例题讲解
师生交互 过程	① 知识铺垫 教师引出话题："随着计算机应用的不断发展,主存容量的需求也在不断增加。那么,我们如何扩展主存的容量呢?"这一话题引发学生的思考,为后续的讨论和探究奠定基础。 ② 学生提问和讨论 学生围绕"主存容量扩展"这一主题,提出自己的疑问和看法,如"扩展主存容量的方法有哪些?""不同方法有什么优缺点?""扩展主存容量对计算机性能有何影响?"等。 教师鼓励学生积极发言,同时引导其他学生参与讨论,形成互动的学习氛围。 ③ 教师讲解与展示 在学生的提问和讨论基础上,教师系统地讲解主存容量扩展的常见方法,即位扩展、字扩展和字位扩展三种方法。 同时,教师利用示意图展示不同扩展方法的原理和实现方式,帮助学生形成直观的认识。 讲解过程中,教师注重与学生的互动,通过提问和讨论加深学生的理解。 ④ 深入探究 为了进一步拓展学生的视野和思维,教师设计了一些深入探究的问题,如"未来主存容量扩展的趋势是什么?""不同的扩展方法在不同应用场景下的适用性如何?"等。 学生分组进行讨论和探究,教师提供必要的支持和指导。 讨论结束后,各小组分享自己的发现和结论,其他小组进行补充和评价。 ⑤ 例题真题讲解点评 抽查学生讲解例题,并对讲解的情况进行点评
学习资源	《计算机组成原理(第6版)》白中英主编,科学出版社 视频"主存储器与CPU的连接" 考点真题和学习中心测试题
学习成果及 评价标准	课上发布知识点检测题(内容包括位扩展、字扩展、字位同时扩展、存储器与CPU的连接等知识点):正确率为90%以上为优秀,正确率70%以上为合格,低于70%为不合格

活动任务序列(任务三)

任务三知识组块： 2009年、2010年、2011年、2016年、2018年和2021年单选真题 ↓ 主存与CPU连接	任务描述	让学生在课堂学习的基础上,认真复习,并完成相关真题和练习题的书写作业,达到巩固目的
	任务时长	70 分钟
	学习地点	课下

教学策略 (或学习策略)	□讲授　□小组讨论　□答疑　□实验　□实训　☑自主学习　□翻转课堂 ☑其他(请填写)＿＿＿＿＿＿
师生交互 过程	教师发布自主学习任务:课下将本部分复习任务发布在学校的"学习中心"平台,通过通信工具等通知学生,要求完成以下任务: ① 复习课堂相关知识,深刻理解主存容量扩展的 3 种方法 ② 完成作业题,并将结果提交学习中心 学生自主按照要求完成复习任务及布置的作业
学习资源	《计算机组成原理(第 6 版)》白中英主编,科学出版社 视频"主存储器与CPU的连接" 考点真题和学习中心测试题
学习成果及 评价标准	学习成果:完成课下复习任务,学习中心提交作业记录 评价标准:按时完成作业提交＋2分,完成但未按时＋1分,未完成 0 分

活动 4 知识建模图(课上＋课下)

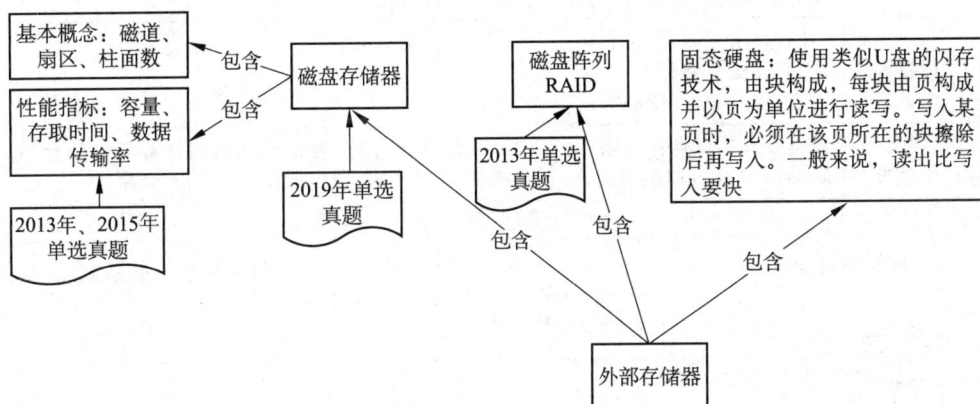

活动目标	磁盘存储器的基本概念(理解)、磁盘性能计算(运用)、磁盘阵列(记忆)、固态硬盘(理解)

活动任务序列(任务一)

任务一知识组块：	任务描述	在让学生自主学习教材的内容,观看线上视频的基础上,采用讲授、翻转课堂、例题讲解等方式,达到让学生深入了解磁盘存储器的结构、工作原理及其在计算机系统中的应用的目的
基本概念：磁道、扇区、柱面数 —包含→ 磁盘存储器 ←包含— 性能指标：容量、存取时间、数据传输率	任务时长	20分钟
	学习地点	多媒体教室

教学策略(或学习策略)	☑讲授　□小组讨论　□答疑　□实验　□实训　□自主学习　☑翻转课堂 ☑其他(请填写)例题讲解
师生交互过程	① 知识铺垫 教师简要介绍磁盘存储器的概念,强调它在数据存储和检索中的重要作用。 ② 学生提问和讨论 学生围绕"磁盘存储器"提出自己的疑问和看法,如"磁盘是如何存储数据的?""磁盘的读写速度是如何实现的?""不同类型的磁盘有什么区别?"等。 教师鼓励学生大胆提问,并引导其他学生进行思考和解答。 讨论中,教师适时给予提示和补充,确保讨论的方向正确且深入。 ③ 教师讲解与展示 在学生的提问和讨论基础上,教师讲解磁盘存储器的结构和工作原理,包括磁道、扇区、柱面等概念,以及数据在磁盘上的存储方式。 为了使学生更直观地理解,教师利用示意图展示磁盘读写过程,解释读写磁头如何寻址、定位以及读写数据。 ④ 深入探究 教师设计一些深入探究的问题,如"磁盘存储器的性能提升有哪些方法?""固态硬盘与机械硬盘在结构和工作原理上有何不同?"等。 学生分组进行讨论和探究,教师提供必要的支持和指导。 讨论结束后,每个小组分享自己的发现和结论,其他小组进行补充和评价。 ⑤ 例题讲解点评 抽查学生讲解例题,并对讲解的情况进行点评
学习资源	《计算机组成原理(第6版)》白中英主编,科学出版社 视频"磁盘存储器" 考点真题和学习中心测试题
学习成果及评价标准	课上发布知识点检测题(内容包括磁盘容量计算、磁盘访问时间计算等知识点)： 正确率为90%以上为优秀,正确率70%以上为合格,低于70%为不合格

活动任务序列(任务二)

任务二知识组块：	任务描述	让学生在课堂学习的基础上,认真复习,并完成相关真题和练习题的书写作业,达到巩固目的
磁盘存储器 ↑ 2019年单选真题 性能指标：容量、存取时间、数据传输率 ↑ 2013年、2015年单选真题	任务时长	20分钟
	学习地点	课下

教学策略 （或学习策略）	☐讲授　☐小组讨论　☐答疑　☐实验　☐实训　☑自主学习　☐翻转课堂 ☑其他（请填写）例题讲解
师生交互 过程	教师发布自主学习任务：课下将本部分复习任务发布在学校的"学习中心"平台，通过通信工具等通知学生，要求完成以下任务： ① 复习课堂相关知识，深刻理解磁盘容量和访问速度的计算方法 ② 完成作业题，并将结果提交学习中心 学生自主按照要求完成复习任务及布置的作业
学习资源	《计算机组成原理（第 6 版）》白中英主编，科学出版社 视频"磁盘存储器" 考点真题和学习中心测试题
学习成果及 评价标准	学习成果：完成课下复习任务，学习中心提交作业记录 评价标准：按时完成作业提交＋2 分，完成但未按时＋1 分，未完成 0 分

活动任务序列（任务三）

任务三知识组块： 	任务 描述	让学生自主学习教材中的磁盘阵列，同时在线学习固态硬盘的内容，使其了解固态硬盘（SSD）与磁盘阵列（RAID）的基本概念、工作原理及应用场景
	任务 时长	20 分钟
	学习 地点	课下

教学策略 （或学习策略）	☐讲授　☐小组讨论　☐答疑　☐实验　☐实训　☑自主学习　☐翻转课堂 ☐其他（请填写）
师生交互 过程	教师发布自主学习任务：课下将本部分学习任务发布在学校的"学习中心"平台，通过通信工具等通知学生，要求完成以下任务： ① 学习教材上有关磁盘阵列的描述 ② 自学线上视频，记录学习笔记，理解固态硬盘（SSD）与磁盘阵列（RAID）的基本概念、工作原理 ③ 完成学习中心测验题 学生自主按照要求完成学习任务，和本组同学讨论交流，分享知识。对于共性问题在学习中心讨论区进行留言，或者通过通信工具和教师交流
学习资源	《计算机组成原理（第 6 版）》白中英主编，科学出版社 视频"固态硬盘" 考点真题和学习中心测试题
学习成果及 评价标准	学习成果：完成课下自主学习任务，学习中心提交学习记录，完成学习中心测验题（内容包括磁盘容量和速度计算、磁盘阵列、固态硬盘等） 评价标准：按时完成自主学习任务＋2 分，完成但未按时＋1 分，未完成 0 分；另外，讨论区有留言提问＋2 分

项目化教学课程计算机组成原理综合教案——高速缓冲存储器的教学设计如表 4-6 所示。

表 4-6 计算机组成原理综合项目化教学课程教案表（高速缓冲存储器）

第 6 次课

知识建模图：

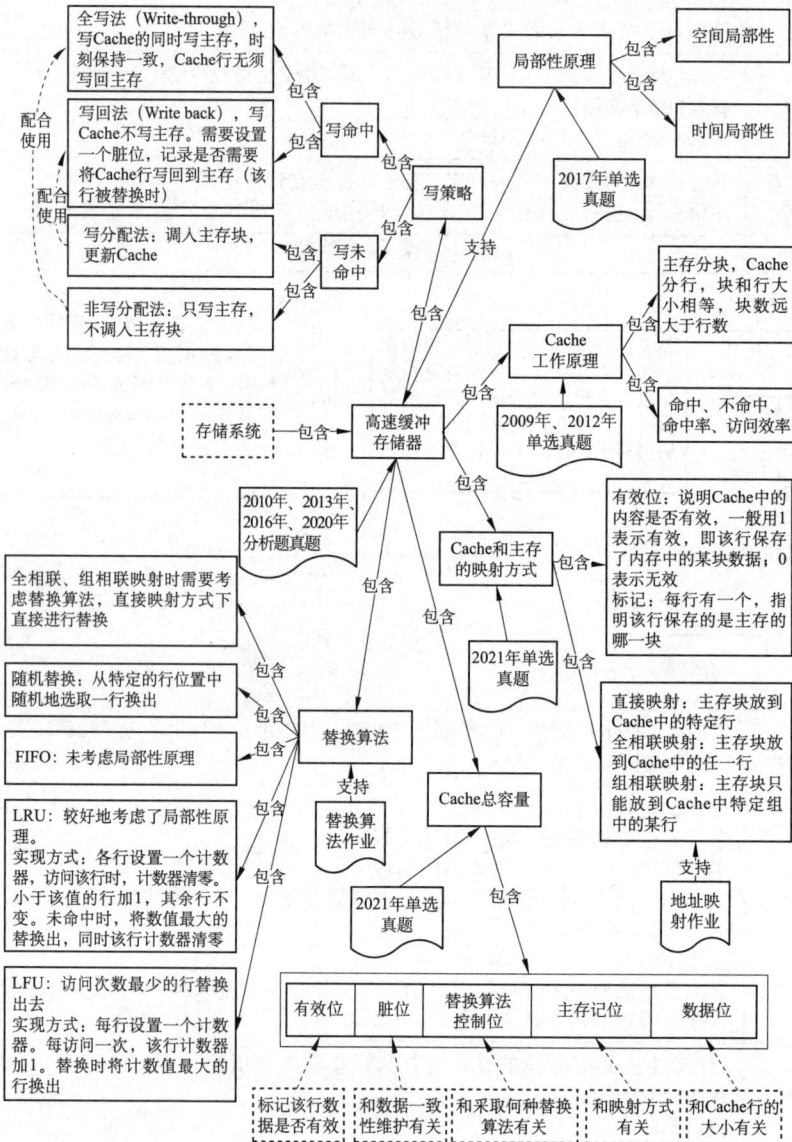

复习提示：历年考题重中之重。局部性原理、Cache 命中率效率理解、Cache 对 CPU 透明要解决的问题、Cache 地址映射方式理解、Cache 总容量计算、替换算法和 Cache 写策略等极容易出选择题。Cache 和虚拟存储器的考点容易出综合题，尤其是和 C 语言中的数组知识结合起来考查。要多总结、多做题、多思考

知识点(学习水平)		能力目标		
学习目标	局部性原理(理解)、Cache 对 CPU 透明要解决的问题(理解)、Cache 工作原理(理解)、Cache 命中率效率(理解)、Cache 地址映射方式(理解并运用)、Cache 总容量计算(运用)、替换算法(运用)、Cache 写策略(运用)	理解主存和 CPU 速度不匹配的问题,理解时间局部性和空间局部性原理;思考并能理解为了实现对 CPU 透明,Cache 需要解决的问题;能够深刻理解 Cache 的工作原理,掌握 Cache 和主存的三种地址映射方式,并进一步理解地址变换过程;理解并运用 Cache 的替换算法和写策略,会进行 Cache 容量的分析和计算,并具备自主学习、分析的能力		
学习先决知识	知识点(学习水平)			
	CPU 和主存间的速度不匹配的问题(记忆)、局部性原理(理解)			
课上资源	《计算机组成原理(第 6 版)》白中英主编,科学出版社,考点真题	课下资源	视频、课件、真题	
课上时间	200 分钟	课下时间	360 分钟	
活动序列	活动目标	地点	时间	学习资源
活动 1	局部性原理(理解)、Cache 对 CPU 透明要解决的问题(理解)、Cache 命中率效率(理解)	课上	25 分钟	教材、线上视频、学习中心测试题集、PPT 等
活动 2	Cache 地址映射方式(理解并运用)	课上	25 分钟	教材、线上视频、学习中心测试题集、PPT 等
		课下	100 分钟	
活动 3	考研分析、真题探析	课上	50 分钟	教材、线上视频、学习中心测试题集、PPT 等
		课下	70 分钟	
活动 4	Cache 替换算法(运用)	课上	30 分钟	教材、线上视频、学习中心测试题集、PPT 等
		课下	50 分钟	
活动 5	Cache 写策略(运用)、Cache 总容量计算(运用)	课上	20 分钟	教材、线上视频、学习中心测试题集、PPT 等
		课下	50 分钟	
活动 6	考研分析、真题探析	课上	50 分钟	教材、线上视频、学习中心测试题集、PPT 等
		课下	90 分钟	

活动 1 知识建模图(课上+课下)

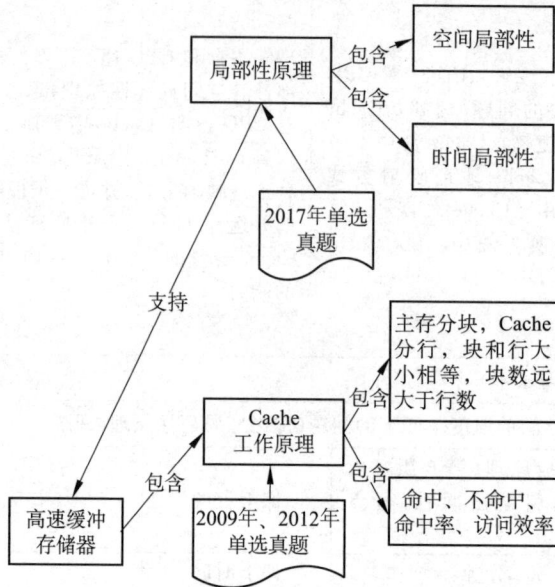

活动目标	局部性原理(理解)、Cache 对 CPU 透明要解决的问题(理解)、Cache 工作原理(理解)、Cache 命中率效率(理解)
活动任务序列(导入任务描述)	
师生交互过程	问题交互:局部性原理包括时间局部性和空间局部性,请谈谈对这两个局部性的理解和认识。 高速缓冲存储器为了实现对 CPU 透明性设计,需要解决哪些问题? 通过上述问题考查学生对概念的掌握情况

活动任务序列(任务一)

任务一知识组块:	任务描述	让学生在自主学习教材的内容,观看线上视频的基础上,通过小组讨论、讲授等教学策略达到使学生理解局部性原理、Cache 工作原理(理解)的目标
	任务时长	10 分钟
	学习地点	多媒体教室
教学策略 (或学习策略)	☑讲授　☑小组讨论　□答疑　□实验　□实训　□自主学习　☑翻转课堂 □其他(请填写)_____	

师生交互过程	① 知识铺垫 教师提出一个引导性问题:"当我们执行一个程序时,计算机是如何决定从内存的哪个位置读取数据的呢?"从而引出局部性原理的概念。 ② 学生提问与讨论 学生针对局部性原理提出自己的疑问或不解之处,比如:"什么是时间局部性和空间局部性?"教师鼓励学生自由发言,互相解答,形成初步的讨论氛围。 教师在此过程中适当引导,确保讨论围绕主题展开。 ③ 教师讲解与展示 教师详细解释局部性原理,包括时间局部性和空间局部性的定义、特点和意义。同时,利用图片展示数据访问模式与局部性原理之间的关系,帮助学生直观理解。在讲解过程中,教师不时提问,检查学生的理解程度,并根据反馈调整讲解内容。 ④ 深入探究 师生共同探究局部性原理在计算机系统中的应用,如缓存机制、预取技术等。教师提出一个实际案例,如"为什么现代计算机会有多级缓存结构?"引导学生结合局部性原理进行分析
学习资源	《计算机组成原理(第 6 版)》白中英主编,科学出版社 视频"Cache 基本概念和原理" 学习中心测试题
学习成果及评价标准	抽取学生回答问题,判断学生对 Cache 工作原理的理解情况,回答正确＋2 分。 课上发布知识点检测题,检测学生对这部分内容的掌握情况,80％以上正确率视为通过

活动任务序列(任务二)

任务二知识组块: 	任务描述	让学生在自主学习教材的内容,观看线上视频的基础上,通过小组讨论、讲授等教学策略,达到理解多模块存储器作用、高位交叉和低位交叉比较等知识点的目的,并熟练进行低位交叉存储器性能运算
	任务时长	课上 15 分钟
	学习地点	多媒体教室

教学策略 (或学习策略)	☑讲授　□小组讨论　☑答疑　□实验　□实训　□自主学习　☑翻转课堂　☑ 其他(请填写)真题探析
师生交互过程	① 知识铺垫 教师简要介绍 Cache 的基本概念,并提问:"你们认为 Cache 为什么能够提高计算机的性能?"引导学生思考 Cache 存在的意义 ② 学生提问和讨论 鼓励学生根据知识铺垫的内容,提出自己对 Cache 工作原理的疑问,如"Cache 是如何存储数据的?""Cache 如何知道要存储哪些数据?"等。教师鼓励学生相互讨论,尝试解答问题,同时记录下学生提出的关键问题

续表

师生交互过程	③ 教师讲解与展示 教师针对学生提出的问题,结合示意图,详细讲解 Cache 的工作原理,包括 Cache 的组织结构、数据替换策略(如 LRU、FIFO 等)和命中与未命中的概念及其影响等 在讲解过程中,教师不断与学生互动,提问并引导学生思考,确保学生理解并掌握关键知识点 ④ 深入探究 教师提出一个具体的探究问题:"Cache 的大小和块的大小对计算机性能有何影响?"学生分组进行讨论和实验设计,每组提出自己的假设和实验方案 学生分组进行探究,利用教师提供的资料和互联网资源,收集信息、分析问题,并尝试提出自己的见解 在探究过程中,教师巡回指导,鼓励学生之间的合作与交流 ⑤ 真题讲解点评 抽查学生讲解真题,并对讲解的情况进行点评
学习资源	《计算机组成原理(第 6 版)》白中英主编,科学出版社 视频"Cache 基本概念和原理" 学习中心测试题
学习成果及评价标准	课上发布知识点检测题(内容包括块大小、命中率、访问效率等知识点):正确率为 90% 以上为优秀,正确率 70% 以上为合格,低于 70% 为不合格 课堂中,问题讨论和回答问题＋2 分

活动 2 知识建模图(课上＋课下)

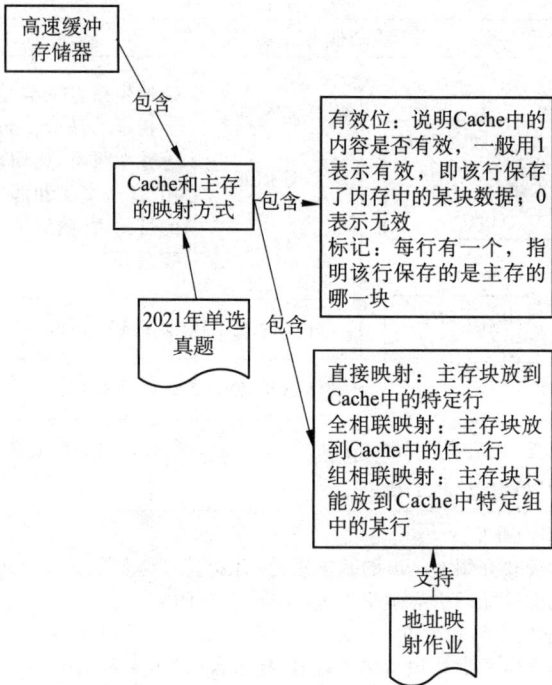

活动目标	Cache 地址映射方式(理解并运用)

续表

<table>
<tr><td colspan="3" align="center">活动任务序列(任务一)</td></tr>
</table>

任务一知识组块:	任务描述	让学生在自主学习教材的内容,观看线上视频的基础上,通过小组讨论、讲授等教学策略,达到理解三种地址映射形式和各自特点的目标
	任务时长	25 分钟
	学习地点	多媒体教室

任务一知识组块图示内容:

Cache和主存的映射方式 —— 包含

2021年单选真题 —— 包含

有效位:说明Cache中的内容是否有效,一般用1表示有效,即该行保存了内存中的某块数据;0表示无效
标记:每行有一个,指明该行保存的是主存的哪一块

直接映射:主存块放到Cache中的特定行
全相联映射:主存块放到Cache中的任一行
组相联映射:主存块只能放到Cache中特定组中的某行

教学策略 (或学习策略)	☑讲授　☑小组讨论　☐答疑　☐实验　☐实训　☐自主学习　☑翻转课堂 ☑其他(请填写)<u>真题探析</u>
师生交互 过程	① 知识铺垫 在前两个任务的基础上,教师提出问题:"当我们想要访问 Cache 中的数据时,如何确定数据在 Cache 中的位置呢?"从而引出 Cache 地址映射的概念 ② 学生提问和讨论 鼓励学生根据知识铺垫的内容,提出自己对 Cache 地址映射的疑问,如"什么是直接映射、全相联映射和组相联映射?""它们各自有什么优缺点?"等。教师鼓励学生自由发言,互相讨论,并尝试解答彼此的问题 同时,教师记录下学生提出的关键问题,为后续讲解做准备 ③ 教师讲解与展示 教师针对学生提出的问题,详细讲解直接映射、全相联映射和组相联映射的原理和特点。教师利用图片展示三种映射方式的工作过程,帮助学生直观理解 同时,教师结合实例,分析不同映射方式下的 Cache 命中率和性能表现,使学生深入理解映射方式对 Cache 性能的影响 在讲解过程中,教师通过提问:"在全相联映射中,如何快速查找 Cache 中的数据?"或"组相联映射是如何在直接映射和全相联映射之间取得平衡的?"等问题,激发学生的思考,不断和学生互动 ④ 深入探究 教师提出一个具体的探究问题:"设计一个实验,比较不同映射方式下的 Cache 性能。"学生分组进行讨论,每组提出自己的假设和方案 学生分组进行探究,利用教师提供的资料和互联网资源,收集信息、分析问题,并尝试提出自己的见解 在探究过程中,教师巡回指导,鼓励学生之间的合作与交流 ⑤ 真题讲解点评 抽查学生讲解真题,并对讲解的情况进行点评

续表

学习资源	《计算机组成原理(第6版)》白中英主编,科学出版社 视频"Cache的地址映射" 学习中心测试题
学习成果及 评价标准	课上发布知识点检测题(内容包括块大小、命中率、访问效率等知识点):正确率为90%以上为优秀,正确率70%以上为合格,低于70%为不合格 课堂中,问题讨论和回答问题+2分

活动任务序列(任务二)

任务二知识组块:

直接映射:主存块放到Cache中的特定行 全相联映射:主存块放到Cache中的任一行 组相联映射:主存块只能放到Cache中特定组中的某行 支持 地址映射作业	任务描述	使学生在课堂学习的基础上,认真复习,并完成相关真题和练习题的书写作业,达到巩固目的
	任务时长	100分钟
	学习地点	课下

教学策略 (或学习策略)	□讲授 □小组讨论 □答疑 □实验 □实训 ☑自主学习 □翻转课堂 ☑其他(请填写)作业
师生交互 过程	教师发布自主学习任务:课下将本部分复习任务发布在学校的"学习中心"平台,通过通信工具等通知学生,要求完成以下任务: ① 复习课堂相关知识,深刻理解三种地址映射方式下主存地址和Cache地址的变换方法 ② 完成作业题,并将结果提交学习中心 学生自主按照要求完成复习任务及布置的作业
学习资源	《计算机组成原理(第6版)》白中英主编,科学出版社 视频"磁盘存储器" 考点真题和学习中心测试题
学习成果及 评价标准	学习成果:完成课下复习任务,学习中心提交作业记录 评价标准:按时完成作业提交+2分,完成但未按时+1分,未完成0分

活动3知识建模图(课上+课下)

```
                                    ┌─────────┐
                                    │ 高速缓冲  │
                                    │ 存储器    │
                                    └─────────┘
                                         ↑
          ┌──────────────┐              │
          │ 2010年、2013年、│─────────────┘
          │ 2016年、2020年 │
          │ 分析题真题    │
          └──────────────┘
```

活动目标	师生共同探析本部分知识点考研分析真题,巩固高速缓冲存储器的工作原理、地址映射等知识点,同时归纳总结出题点和易错点

活动任务序列(任务一)

任务一知识组块:		任务描述	采用讲授、小组讨论、答疑等方式进行例题分析和真题探讨分析
		任务时长	25 分钟
		学习地点	多媒体教室

教学策略 (或学习策略)	☑讲授　☑小组讨论　□答疑　□实验　□实训　□自主学习　☑翻转课堂 ☑其他(请填写)真题探析
师生交互 过程	① 教师将题目公布给学生,请同学们理解题目的含义 ② 师生共同开展真题讨论 ③ 回答学生疑问 ④ 共同总结题目的出题点
学习资源	《计算机组成原理(第 6 版)》白中英主编,科学出版社 视频“Cache 的地址映射” 学习中心测试题
学习成果及 评价标准	80％的学生能完整理解题目,并总结题目信息即为通过 课堂中,提出问题和讨论回答等均＋2 分

活动任务序列(任务二)

任务二知识组块:		任务描述	采用讲授、小组讨论、答疑等方式进行例题分析和真题探讨分析
		任务时长	25 分钟
		学习地点	多媒体教室

教学策略 (或学习策略)	☑讲授　☑小组讨论　□答疑　□实验　□实训　□自主学习　☑翻转课堂 ☑其他(请填写)真题探析
师生交互 过程	① 教师将题目公布给学生,请同学们理解题目的含义 ② 师生共同开展真题讨论 ③ 回答学生疑问 ④ 共同总结题目的出题点
学习资源	《计算机组成原理(第 6 版)》白中英主编,科学出版社 视频“Cache 的地址映射” 学习中心测试题

续表

学习成果及 评价标准	80％的学生能完整理解题目，并总结题目信息即为通过 课堂中，提出问题和讨论回答等均＋2分		
活动任务序列（任务三）			
任务三知识组块： 复习＋练习	任务描述	让学生在课堂学习的基础上，认真复习，并完成相关真题 和练习题的书写作业，达到巩固目的	
	任务时长	70分钟	
	学习地点	课下	
教学策略 （或学习策略）	□讲授　□小组讨论　□答疑　□实验　□实训　☑自主学习　□翻转课堂 ☑其他（请填写）例题讲解		
师生交互 过程	教师发布自主学习任务：课下将本部分复习任务发布在学校的"学习中心"平台， 通过通信工具等通知学生，要求完成以下任务： ① 复习课堂相关知识，综合考虑Cache工作原理和三种地址映射方式的计算问题 ② 完成作业题，并将结果提交学习中心 学生自主按照要求完成复习任务及布置的作业		
学习资源	《计算机组成原理（第6版）》白中英主编，科学出版社 视频"Cache基本概念和原理" 视频"Cache地址映射" 考点真题，学习中心测试题		
学习成果及 评价标准	学习成果：完成课下复习任务，学习中心提交作业记录 评价标准：按时完成作业提交＋2分，完成但未按时＋1分，未完成0分		

活动4 知识建模图（课上＋课下）

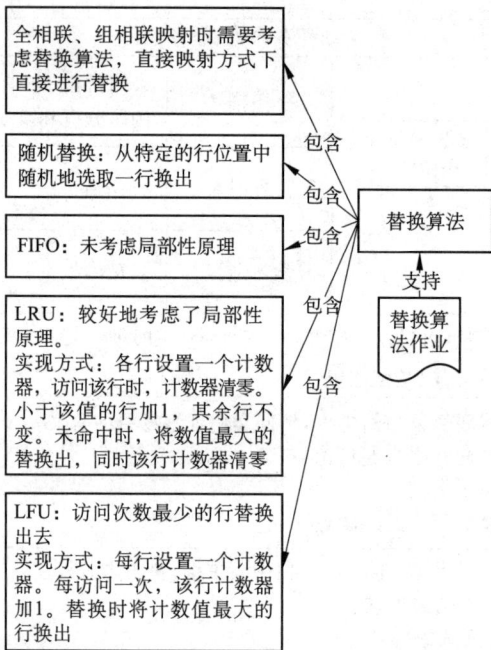

续表

活动目标	Cache 替换算法(运用)

活动任务序列(任务一)

任务一知识组块:		
	任务 描述	让学生在自主学习教材的内容,观看线上视频的基础上,通过小组讨论、讲授等教学策略,达到理解替换算法在 Cache 空间不足时的重要性的目标。同时,对随机替换和 FIFO 替换算法有感性认识
	任务 时长	10 分钟
	学习 地点	多媒体教室

教学策略 (或学习策略)	☑讲授　☑小组讨论　□答疑　□实验　□实训　□自主学习　☑翻转课堂　☑ 其他(请填写)真题探析
师生交互 过程	① 知识铺垫 教师首先回顾 Cache 的基本工作原理,强调当 Cache 空间不足时,替换算法的重要性。接着,简要介绍几种常见的 Cache 替换算法,如随机替换、先进先出(FIFO)和不经常使用(LFU)等。 ② 学生提问和讨论 学生根据知识铺垫的内容,提出自己对 Cache 替换算法的疑问,如"为什么需要替换算法?""各种替换算法在什么情况下表现最好?"等。教师鼓励学生自由发言,互相讨论,并尝试解答彼此的问题。 同时,教师记录下学生提出的关键问题,为后续讲解做准备。 ③ 教师讲解与展示 教师针对学生提出的问题,详细讲解先进先出、FIFO 等算法的原理和特点。教师利用图片展示两种算法的工作过程,帮助学生直观理解。
学习资源	《计算机组成原理(第 6 版)》白中英主编,科学出版社 视频"Cache 的地址映射" 学习中心测试题
学习成果及 评价标准	课上发布知识点检测题:正确率为 90% 以上为优秀,正确率 70% 以上为合格,低于 70% 为不合格 课堂中,问题讨论和回答问题+2 分

活动任务序列(任务二)

任务二知识组块:		
	任务描述	让学习在自主学习教材的内容,观看线上视频的基础上,采用讲授、翻转课堂、真题探析等方式,使其理解 LRU 和 LFU 两种替换算法的思想和实现策略
	任务时长	课上 20 分钟
	学习地点	多媒体教室

教学策略 (或学习策略)	☑讲授　□小组讨论　□答疑　□实验　□实训　□自主学习　☑翻转课堂 ☑其他(请填写)真题探析
师生交互过程	① 知识铺垫 接着任务一的两种替换算法思路,继续讲解 Cache 中常用的另外两种替换算法的思路和方法。 ② 教师讲解与展示 教师系统地讲解 LRU 和 LFU 两种算法的工作原理、特点和适用场景。在讲解过程中,教师不断提问,引导学生思考,例如:"如果有一个频繁读写的小数据集,哪种替换算法可能更合适?"同时,教师引导学生思考替换算法对 Cache 性能的影响,如命中率、延迟等,并讨论如何根据应用需求选择合适的替换算法。 ③ 深入探究 教师提出一个深入探究的问题:"设计一个简单的模拟实验,比较不同替换算法在特定数据集上的性能表现。"学生分组进行讨论。利用互联网资源,收集信息、分析问题,并尝试提出自己的见解。 在探究过程中,教师巡回指导,鼓励学生之间的合作与交流。 ④ 真题讲解点评 抽查学生讲解真题,并对讲解的情况进行点评
学习资源	《计算机组成原理(第 6 版)》白中英主编,科学出版社 视频"替换算法" 学习中心测试题
学习成果及评价标准	课上发布知识点检测题:正确率为 90% 以上为优秀,正确率 70% 以上为合格,低于 70% 为不合格 课堂中,问题讨论和回答问题+2 分

续表

活动任务序列(任务三)

任务三知识组块： 替换算法 ↑ 替换算法作业	任务描述	让学生在课堂学习的基础上,认真复习,并完成相关真题和练习题的书写作业,达到巩固目的
	任务时长	50 分钟
	学习地点	课下

教学策略 (或学习策略)	□讲授　□小组讨论　□答疑　□实验　□实训　☑自主学习　□翻转课堂 ☑其他(请填写)例题讲解
师生交互 过程	教师发布自主学习任务:课下将本部分复习任务发布在学校的"学习中心"平台,通过通信工具等通知学生,要求完成以下任务: ① 复习课堂相关知识,综合运用地址映射和替换算法进行解题 ② 完成作业题,并将结果提交学习中心 学生自主按照要求完成复习任务及布置的作业
学习资源	《计算机组成原理(第 6 版)》白中英主编,科学出版社 视频"替换算法" 考点真题和学习中心测试题
学习成果及 评价标准	学习成果:完成课下复习任务,学习中心提交作业记录 评价标准:按时完成作业提交+2 分,完成但未按时+1 分,未完成 0 分

活动 5 知识建模图(课上+课下)

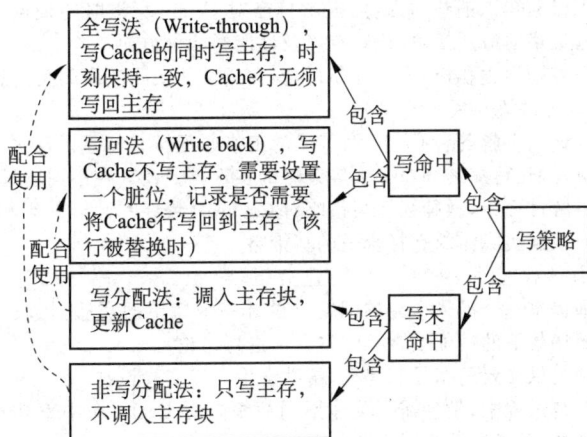

活动目标	Cache 写策略(运用):掌握全写法、写回法和写一次法三种方式

续表

活动任务序列(任务一)

任务一知识组块： 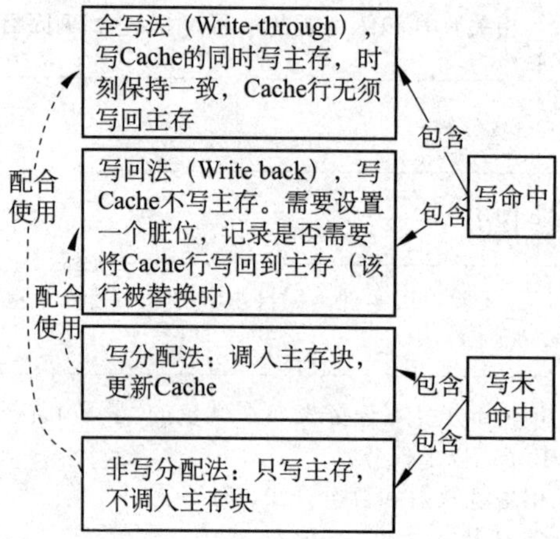		
	任务描述	让学生在自主学习教材 P101 中 Cache 的写操作策略内容、观看线上视频的基础上，通过小组讨论、讲授等教学策略，达到理解 Cache 的 4 种写操作策略
	任务时长	20 分钟
	学习地点	多媒体教室

教学策略(或学习策略)	☑讲授　☑小组讨论　☐答疑　☐实验　☐实训　☐自主学习　☑翻转课堂　☑其他(请填写)真题探析
师生交互过程	① 知识铺垫 教师首先回顾 Cache 的基本功能,强调它在 CPU 和主存之间扮演缓冲区的角色。接着,引出 Cache 写策略的概念,并简要介绍几种常见的写策略,如写回(Write-Back)、写穿透(Write-Through)和写一次(Write-Once)等。教师解释这些策略的基本工作原理及其在 Cache 设计中的意义 ② 学生提问和讨论 学生根据知识铺垫的内容,提出自己对 Cache 写策略的疑问。问题可能涉及各种写策略的应用场景、优缺点以及性能影响等方面 教师鼓励学生积极发言,互相讨论,并尝试从实际应用的角度思考问题 ③ 教师讲解与展示 教师详细讲解各种 Cache 写策略的工作原理及其特点。通过图示帮助学生深入理解写回、写穿透和写一次等策略的实现方式及其在不同场景下的应用 在讲解过程中,教师强调写策略对 Cache 一致性和性能的影响,并引导学生思考如何根据实际需求选择合适的写策略 ④ 深入探究 教师提出一个深入探究的问题:"设计一个简单的实验,比较不同写策略在特定应用场景下的性能表现。"学生分组进行讨论 教师提供必要的指导和建议,帮助学生完善实验设计 在探究过程中,学生需要关注不同写策略对 Cache 命中率和写延迟等性能指标的影响,并尝试分析原因 ⑤ 真题讲解点评 抽查学生讲解真题,并对讲解的情况进行点评

学习资源	《计算机组成原理(第 6 版)》白中英主编,科学出版社 视频"Cache 写策略" 学习中心测试题
学习成果及 评价标准	课上发布知识点检测题:正确率为 90% 以上为优秀,正确率 70% 以上为合格,低于 70% 为不合格 课堂中,问题讨论和回答问题+2 分

活动任务序列(任务二)

任务二知识组块: 复习+练习	任务描述	让学生在课堂学习的基础上,认真复习,并完成相关真题和练习题的书写作业,达到巩固目的
	任务时长	50 分钟
	学习地点	课下

教学策略 (或学习策略)	☑讲授　□小组讨论　□答疑　□实验　□实训　□自主学习　☑翻转课堂 ☑其他(请填写)真题探析
师生交互 过程	教师发布自主学习任务:课下将本部分复习任务发布在学校的"学习中心"平台,通过通信工具等通知学生,要求完成以下任务: ① 复习课堂相关知识,理解不同的写策略方法 ② 完成作业题,并将结果提交学习中心 学生自主按照要求完成复习任务及布置的作业
学习资源	《计算机组成原理(第 6 版)》白中英主编,科学出版社 视频"Cache 写策略" 学习中心测试题
学习成果及 评价标准	学习成果:完成课下复习任务,学习中心提交作业记录 评价标准:按时完成作业提交+2 分,完成但未按时+1 分,未完成 0 分

活动 6 知识建模图(课上+课下)

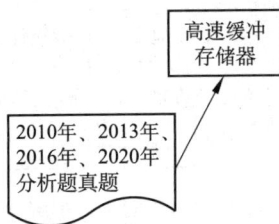

活动目标	师生共同探析本部分知识点考研分析真题,巩固高速缓冲存储器的工作原理、地址映射等知识点,同时归纳总结出题点和易错点

活动任务序列(任务一)		
任务一知识组块： 高速缓冲存储器 2016年第45题真题	任务描述	采用讲授、小组讨论、答疑等方式进行例题分析和真题探讨分析
	任务时长	25分钟
	学习地点	多媒体教室
教学策略 (或学习策略)	☑讲授　☑小组讨论　□答疑　□实验　□实训　□自主学习　☑翻转课堂 ☑其他(请填写)真题探析	
师生交互 过程	① 教师将题目公布给学生,请同学们理解题目的含义 ② 师生共同开展真题讨论 ③ 回答学生疑问 ④ 共同总结题目的出题点	
学习资源	《计算机组成原理(第6版)》白中英主编,科学出版社 视频"Cache的地址映射" 视频"Cache写策略"	
学习成果及 评价标准	80%的学生能完整理解题目,并总结题目信息即为通过 课堂中,提出问题和讨论回答等均+2分	
活动任务序列(任务二)		
任务二知识组块： 高速缓冲存储器 2020年第44题真题	任务描述	采用讲授、小组讨论、答疑等方式进行例题分析和真题探讨分析
	任务时长	25分钟
	学习地点	多媒体教室
教学策略 (或学习策略)	☑讲授　☑小组讨论　□答疑　□实验　□实训　□自主学习　☑翻转课堂 ☑其他(请填写)真题探析	
师生交互 过程	① 教师将题目公布给学生,请同学们理解题目的含义 ② 师生共同开展真题讨论 ③ 回答学生疑问 ④ 共同总结题目的出题点	

续表

学习资源	《计算机组成原理(第 6 版)》白中英主编,科学出版社 视频"Cache 的地址映射" 视频"Cache 写策略"
学习成果及 评价标准	80%的学生能完整理解题目,并总结题目信息即为通过 课堂中,提出问题和讨论回答等均+2 分

活动任务序列(任务三)

任务三知识组块: 复习+练习	任务描述	让学生在课堂学习的基础上,认真复习,并完成相关真题和练习题的书写作业,达到巩固目的
	任务时长	90 分钟
	学习地点	课下

教学策略 (或学习策略)	□讲授　□小组讨论　□答疑　□实验　□实训　☑自主学习　□翻转课堂 ☑其他(请填写)例题讲解
师生交互 过程	教师发布自主学习任务:课下将本部分复习任务发布在学校的"学习中心"平台,通过通信工具等通知学生,要求完成以下任务: ① 复习课堂相关知识,综合考虑 Cache 工作原理、三种地址映射方式、替换算法、写策略的综合计算问题 ② 完成作业题,并将结果提交学习中心 学生自主按照要求完成复习任务及布置的作业
学习资源	《计算机组成原理(第 6 版)》白中英主编,科学出版社 视频"Cache 基本概念和原理" 视频"Cache 地址映射" 视频"Cache 写策略" 考点真题和学习中心测试题
学习成果及 评价标准	学习成果:完成课下复习任务,学习中心提交作业记录 评价标准:按时完成作业提交+2 分,完成但未按时+1 分,未完成 0 分

4.3 专业基础课程教学设计实例

4.3.1 C程序设计A课程教学设计实例

1. 教学设计

1) 课程简介

C程序设计A是计算机类各专业的学科基础课程,通过本课程的开设,学生能够掌握C语言的概念、语法和结构化程序设计方法等相关知识,熟练使用C语言的开发环境编写调试程序,能够运用C语言完成某些小型综合项目的程序编程。本课程可以培养学生的编程实践能力,为学生解决生产实际问题和促进职业生涯发展奠定基础。

2) 课程目标

(1) 掌握C语言的基本概念和基本程序设计方法;深入了解C语言的基本元素;熟练掌握C语言的数据类型(基本类型、构造类型、指针类型等)及各类运算符的使用;能正确使用表达式实现各种数据的加工;能够使用数组、指针、结构体、文件等实现对数据的存储和操作;掌握C语言的常用库函数的使用,以及用户函数的定义、调用、参数传递等方法;掌握本专业基本阅读和分析程序的方法与技巧,培养学生的基本程序设计能力,使其能够将专业知识用于解决计算问题。

(2) 掌握C语言的基本控制结构和基本控制语句及相关的语法规范;掌握程序设计的顺序、选择、循环三种基本结构的特点,并能使用相关语句完成基本程序的设计任务。具备使用C语言进行程序设计、算法分析及系统开发的实践能力。

(3) 熟练使用C语言程序开发环境;具有熟练的上机编程和程序调试的能力;掌握设计和调试程序的方法和技巧;在理解数学基础知识的基础上,掌握计算机在存储、处理数据上的不同,并应用于解决实际问题;培养学生的程序设计能力和运用计算机进行逻辑思维的能力;能够理解不同环境和工具的应用场景。

(4) 熟悉软件从业人员职业道德和行为规范,培养职业责任感、团队协作意识和互助精神。

课程思政目标:本门课程在培养学生专业素质和思维能力的同时,把课程的知识点与信息时代特征紧密结合,加深学生对国家历史与发展的认识,培养学生的民族自豪感,以及勤奋刻苦、努力拼搏、锐意进取和创新的精神。

3) 教学方案设计

本课程理论部分设计如表4-7所示。

表 4-7　理论部分设计

模块、标题	教学内容	基本要求	学时	教学方式	对应课程目标
模块 1　程序设计和 C 语言	C 语言的发展及特点、C 程序的组成、运行 C 程序的步骤与方法 重点：C 程序的组成和运行 C 程序的步骤与方法	了解计算机程序与计算机语言、C 语言的发展及特点；掌握程序设计的基本结构和 C 程序设计的操作过程	2	讲授法、实验法	1
模块 2　算法——程序设计的灵魂	算法的概念、特性和表示方法及结构化程序设计方法 重点：算法的流程图和 N-S 图表示	了解算法的概念、算法的特性、算法的表示方法；掌握程序设计的三种基本结构；学会用 N-S 图表示算法；理解如何用计算机语言表示算法	2	讲授法、案例法	1
模块 3　最简单的 C 程序设计	数据的表示形式及其运算、C 语句、数据的输入和输出 重点：数据的输入和输出及顺序结构程序设计	了解顺序结构程序设计的概念；理解顺序结构程序设计；掌握整型、实型、字符型数据的表示和基本运算数据的输入输出格式	6	讲授法、讨论法、实验法	2
模块 4　选择结构程序设计	选择结构和条件判断、关系与逻辑和条件运算符及其表达式、if 语句实现选择结构、选择结构的嵌套、switch 语句实现多分支选择结构、选择结构程序综合举例 重点：选择结构和条件判断、选择结构的实现、选择结构的嵌套	了解关系、逻辑和条件运算符及其表达式；掌握选择结构程序设计；用 if 语句实现选择结构以及选择结构的嵌套；用 switch 语句实现多分支选择结构；理解选择结构及其嵌套的执行过程；理解选择结构在程序设计中的应用	6	讲授法、讨论法、实验法	2
模块 5　循环结构程序设计	循环控制的需要、循环结构的实现语句（while 语句、do-while 语句和 for 语句）、循环的嵌套、循环实现的比较和循环状态的改变、循环结构程序综合举例 重点：循环结构的实现和循环的嵌套	了解循环的控制、循环状态的改变以及几种循环的比较；掌握用 while 语句、do-while 语句和 for 语句实现循环；掌握循环的嵌套及其实现；理解循环结构及其嵌套的执行过程；理解选择结构在程序设计中的应用	8	讲授法、讨论法、实验法	2

续表

模块、标题	教学内容	基本要求	学时	教学方式	对应课程目标
模块6　利用数组批量处理数据	一维与二维数组的定义和使用字符数组及其相关的函数 重点：一维、二维数组的定义及其元素的引用和数组在程序设计中的应用	了解数组的概念、字符数组的定义与应用；掌握数组的定义、元素的引用及其在程序设计中的运用；理解数组的概念及其在程序设计中数据的处理方法和过程	6	讲授法、讨论法、实验法	2
模块7　用函数实现模块化程序设计	函数的定义及调用、被调用函数的声明和函数原型、函数的嵌套调用和递归调用、数组在函数调用时的运用、变量的存储方式、变量的生存期、变量的声明和定义、局部变量和全局变量 重点：函数的调用以及参数的传递、局部变量和全局变量	了解函数的概念、被调用函数的声明和函数原型；了解变量的存储方式和生存期以及变量的声明和定义；了解内部函数和外部函数；掌握函数的定义、调用函数的方法、函数的嵌套调用和递归调用；掌握函数调用时参数的传递以及函数的返回值；掌握局部变量和全局变量；理解函数的调用及其执行过程	6	讲授法、讨论法、实验法	3
模块8　善于利用指针	指针的概念、指针变量的定义和引用、通过指针引用数组、通过指针引用字符串、指向函数的指针与返回指针值的函数、指针数组和多重指针、动态内存分配与指向它的指针变量 重点：通过指针引用变量和数组及字符串、指针与函数之间的关系、多重指针	了解指针的概念、多重指针、动态内存分配与指向它的指针变量；掌握指针的定义、指针的应用（与变量、数组、函数之间的关系）及其在程序设计中的运用；理解指针及其在程序设计中的处理方法和过程	8	讲授法、讨论法、实验法	3
模块9　用户自己建立数据类型	定义和使用结构体变量、使用结构体数组、结构体指针、用指针处理链表 重点：键盘显示器原理及设计方法、共用体类型和枚举类型、用 typedef 声明新类型名字	了解共用体类型、枚举类型；用 typedef 声明新类型名；掌握定义和使用结构体变量；使用结构体数组和结构体指针数组；运用结构体结合指针处理相关问题	4	讲授法、讨论法、实验法	3

本课程实验部分设计如表4-8所示。

表 4-8　实验部分设计

实验名称 （实验类型）	实验内容	实验目的	实 验 任 务	基本 要求	学时	对应教学目标
实验一： 输入输出 语句	输入输出格式控制符、scanf 和 printf 函数的简单应用	能掌握简单输入输出语句的使用；能应用简单的格式控制符；团队协作互助	1. 阅读如下不同输出格式的程序，请写出它的运行结果，然后上机验证，分析并体会格式输出的使用 2. 编辑如下程序，并上机运行 3 次，在每次运行提供输入数据时，分别采用数据之间插入空格，每输入一个数据就按回车键，数据之间用 Tab 键分割，看结果有什么不同？ 3. 某班级进行了一次考试，请编写 C 语言程序用于： （1）输入三个学生的三科成绩 （2）输出三个学生的三科成绩 （3）输出三个学生的总分和平均分	认真阅读实验指导书，根据要求写出调试步骤，整理实验报告	2	1
实验二： 顺序结构 程序设计	顺序结构、简单表达式、运算符	能正确使用运算符；能正确书写表达式；能简单编写顺序结构小程序	1. 输入两个实数，输出他们的平均值，保留 2 位小数 2. 输入两个整数，实现两个数据的互换，并输出互换后的值。例如 $x=12,y=89$；互换之后，$x=89,y=12$ 3. 已知长方体的长宽高都是整数类型，从键盘获取长宽高的值，并求长方体的体积和周长 4. 输入要转换的秒数，输出所包含的时分秒	认真阅读实验指导书，根据要求编制相应程序并调试，整理实验报告	2	2
实验三： 选择结构 程序设计	条件运算符、条件表达式、逻辑运算符、逻辑表达式、if 语句、switch 语句	掌握选择结构的条件语句用法；掌握选择结构语句的应用	1. 输入一个整数，判断是奇数还是偶数 2. 输入整数类型变量 x 的值，编写程序计算下面分段函数的值 3. 设计一个简单的计算器，可以进行加、减、乘、除运算 4. 输入一个整数，如果输入的整数在 100～999，判断是否是水仙花数；否则，输出"请输入一个正确的三位数字"	认真阅读实验指导书，根据要求编制相应程序并调试，整理实验报告	2	2

续表

实验名称 （实验类型）	实验内容	实验目的	实 验 任 务	基本 要求	学时	对应教 学目标
实验四： 循环结构 程序设计	while 语句的使用、do-while 语句的使用、for 语句的使用、嵌套循环、break 和 continue 的使用	理解掌握循环语句的写法；理解循环条件的使用；理解掌握嵌套循环语句；掌握 continue、break 的用法；能灵活运用三种基本的控制结构解决实际问题	1. 已知 n 是正整数，值从键盘输入，求 $1+2+\cdots+n$ 的和 2. 通过循环设计菜单项操作，输入 1，输出"增加学生信息"；输入 2，输出"输出学生信息"；输入 3，输出"查询学生信息"；输入 4，输出"删除学生信息"；输入 0，退出循环操作 3. 一个数如果恰好等于它的因子之和，这个数就是"完数"。例如，6 的因子为 1，2，3，而 6＝1＋2＋3，因此 6 是"完数"。编程找出 1～1000 之内的所有完数	认真阅读实验指导书，根据要求编制相应程序并调试，整理实验报告	2	2
实验五： 数组	一维数组与二维数组的定义和使用、字符数组的定义和使用	掌握一维数组的基本定义和使用；理解掌握二维数组的定义和使用；应用冒泡排序方法实现数组元素从小到大排序；培养计算思维能力和解决实际问题的能力	1. 某选手参加歌唱比赛，共10 个评委评分，评分在 0～10分，去掉最高分和最低分后，输出选手的平均得分，并保留 2 位小数 2. 从键盘获取 4 行 4 列的二维数组值，按照行列的方式输出全部元素的值，并求主对角线元素之和 3. 输入 5 个学生的成绩，要求按照从大到小的顺序排列输出	认真阅读实验指导书，根据要求编制相应程序并调试，整理实验报告	2	3、4
实验六： 函数	函数的定义和调用、参数的传递、数组做参数、函数的嵌套调用、函数的递归调用	掌握函数的定义和调用；掌握参数的传递方式；能熟练掌握数组做函数参数；掌握结构化程序设计思想和模块化开发；了解团队开发方法	1. 编写 add 函数，函数头 int add(int m, int n)，在主函数中返回 $m+(m+1)+\cdots+n$ 的和 2. 编写一个函数，用来判断一个数是否为完数（因子之和等于该数本身，例如 6 的因子是 1，2，3，而 1＋2＋3＝6，因此 6 是完数），并编写一个简单的程序测试该函数的正确性 3. 编写一个函数，由实参传来一个字符串，统计此字符串中字母、数字、空格和其他字符的个数，在主函数中输入字符串以及输出上述结果	认真阅读实验指导书，根据要求编制相应程序并调试，整理实验报告	2	3、4

续表

实验名称 (实验类型)	实验内容	实验目的	实 验 任 务	基本 要求	学 时	对应教 学目标
实验七： 指针	指针变量的定义和使用、数组和指针、字符指针	能熟练定义使用指针变量；能灵活掌握数组和指针的变换使用；能用指针灵活操作字符串；会用指针做函数参数；培养学生的规范意识和职业责任心	1. 电文是一个字符串，加密的规则是：使用函数和指针，将电文中的每个字符加上 3 进行加密，以"cat"为例，原字符串加密为"fdw" 2. 代码改错，并附正确的代码及运行结果截图	认真阅读实验指导书，根据要求编制相应程序并调试，整理实验报告	2	3、4
实验八： 结构体	结构体变量的定义及使用、结构体数组的定义和应用	能熟练定义结构体并定义引用结构体变量；能根据给定的问题设计对应的结构体，并能根据需要定义应用结构体数组解决问题；培养学生分析问题、解决问题的工程实践能力	1. 编程输出学生的相关信息，并求每个人的平均成绩（保留两位小数）；输入某个学生的姓名，判断该学生是否在此班级 2. 采用函数实现输入模块（输入 10 个学生相关信息）、输出模块（输出 10 个学生相关信息）和求平均值模块（求平均成绩且保留两位小数） 3. 三个候选人（屠呦呦、林鸣、南仁东）参与竞选，由 10 个选民投票（输入投票情况，每个人只能从三个候选人中投票一次），最后输出投票结果	认真阅读实验指导书，根据要求编制相应程序并调试，整理实验报告	2	3、4

4）实施过程

教学过程中，既要充分发挥教师启发、引导、监控学生学习的主导作用，又要充分体现学生的主体性，调动学生的主动性、积极性，满足学生个性化需求。实施方案包括课前活动、面授阶段和课后总结反思。

（1）课前线上学习

课前，教师需要做的工作：

① 抛出本节课的教学任务；

② 分析完成任务需要的步骤；

③ 指出完成每个步骤需要的知识点或技能点；

④ 发布课前学习测试题。对应教师需要做的工作,提供给学生的资源包括:任务单、教学课件、任务指导书、微课以及对应的课前测试题。所有资源教师会在课前一周上传至 SPOC,学生可以反复在线学习和测试。

(2) 课中线下学习

课堂教学阶段是整个教学工作的中心环节。为了开展以学生为主体,教师为主导的师生面对面的教学活动,教师需要做的工作:

① 检查学生资源访问情况;

② 分析学生在线测试结果,将出错率高的知识点和技能点作为学习和讨论的重点;

③ 指导学生完成课堂任务;

④ 引导学生进行深度学习。教师采用的教学方式主要有任务驱动、头脑风暴等。学生在教师指导下完成课程任务,并通过深度学习,加深对知识的认识,提高编程技能。

(3) 课后在线学习总结、反思、拓展

在课后阶段,教师需要做的工作:

① 对课堂教学进行教学反思和总结;

② 依据课堂学习情况,设置课后作业;

③ 在线为学生答疑解惑,进行师生互动。

学生需要进行的活动:

① 完成作业;

② 对疑难点进行反复学习或在线交流;

③ 对教师教学过程进行评价和反馈。

(4) 实验课案例化教学

以完成"学生成绩管理系统"这个案例为主线,设计 8 个循序渐进的小案例。案例的设置按照"先易后难,先单一后全面"的原则。根据案例的要求,将其分解为若干个具体的任务,每个任务用到 C 语言的若干知识点,使学生进一步加深对知识点的理解,力求做到"工作过程"和"教学过程"的有机结合,切实提高学生的编程能力。

5) 教学评价

本课程的考核分为平时评价、实验评价和期末评价。平时评价占总成绩的 30%,分为课堂考勤(10%)、课堂测试(40%)、大学 MOOC(课前视频学习、课前测试结果、作业互评等)(40%)和课后作业完成情况(10%)等。实验评价占总成绩的 20%,分为实验出勤(10%)和 8 次实验的总成绩(90%)。期末评价占 50%,主要考察所学的 9 个模块,分为单项选择题、程序分析题、程序填空题和程序设计题。

2. 教学单元设计

专业基础课 C 程序设计 A 教案——一维数组的教学设计如表 4-9 所示。

表 4-9 C 程序设计 A 专业基础课教案表（一维数组）

2024—2025 年第一学期第 6 周

知识建模图:

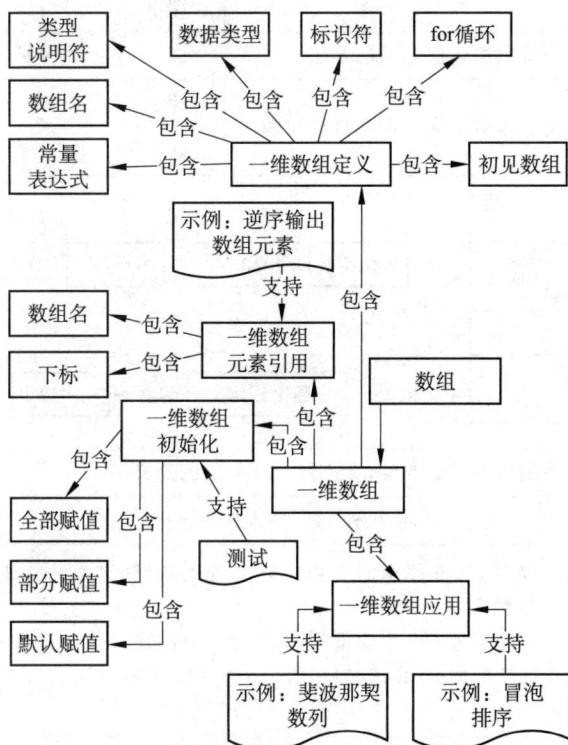

学习目标	知识点（学习水平）		素质目标
	一维数组定义（理解）、一维数组元素引用（理解）、一维数组初始化（理解）、一维数组应用（应用）		通过使用数组，让学生体会到个体与集体的关系，个人必须做到与班集体同进退，共荣辱，这样个人与班集体才能共发展
学习先决知识	知识点（学习水平）		
	数据类型（记忆）、标识符定义（记忆）、for 循环（理解，运用）		
课上资源	《C 程序设计（第五版）》、课件 PPT、例题	课下资源	学习视频、教材、在线测试题、课后作业题
课上时间	100 分钟	课下时间	180 分钟

续表

活动序列	活动目标	地点	时间	学习资源
活动1	理解使用数组的必要性,会进行一维数组的定义	课上	20分钟	教材、PPT,学习视频、例题
		课下	50分钟	
活动2	理解一维数组引用的上下界	课上	20分钟	教材、PPT,学习视频、例题
		课下	50分钟	
活动3	理解一维数组赋值的不同方法	课上	20分钟	教材、PPT,例题
活动4	会应用一维数组完成评委打分问题	课上	40分钟	教材、PPT,学习视频、例题
		课下	80分钟	

活动1知识建模图(课上+课下)

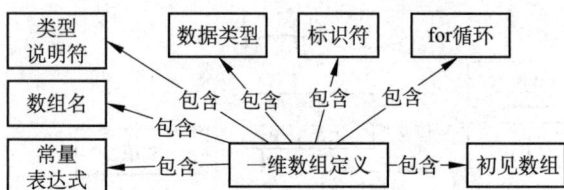

活动目标	理解使用数组的必要性,会进行一维数组的定义

活动任务序列(导入任务描述)

师生交互过程	教师:"现有100个学生的C程序设计A的成绩,需要计算他们的平均分。应该怎么考虑呢?" 学生:"只能定义100个变量,考虑一行一行的输入。" 教师:"这样的话,计算的时候,要把100个变量相加,这不是我们想要用计算机处理的。"

活动任务序列(任务一)

任务一知识组块: 一维数组定义 —包含→ 初见数组	任务描述	通过求若干数据的平均值,使学生理解为什么使用数组的问题
	任务时长	50分钟
	学习地点	课下

教学策略 (或学习策略)	□讲授　☑小组讨论　☑答疑　□实验　□实训　☑自主学习　□翻转课堂 □其他(请填写)_____
师生交互过程	教师发布任务:"编程实现求100个学生的C程序设计A平均成绩。" 学生讨论实现的思路:"先定义变量,输入100个变量,计算100个变量的平均值,最后输出。" 教师启发:"有这个想法的不只是你们,看看以前学长写的代码,你们能接受吗?" 学生看完表示:"这样写体现不出使用计算机的优越性。" 教师启发:"大家想想咱们学习循环是干什么用的?"

师生交互过程	学生回答:"处理重复的操作。" 教师启发:"100 个学生的成绩是不是重复的?" 学生回答:"是的。" 教师启发:"成绩是一个数据,重复的数据怎么定义呢? 这就需要用数组。" 教师布置新的任务:"观看视频'初试数组',理解数组的作用:存放一组同一个类型的数据"
学习资源	教材 P140、求 100 位学生平均分的代码、视频"初试数组"
学习成果及 评价标准	收集学生讨论结果,给出评价标准:变量定义、成绩输入、平均值计算、平均值输出

活动任务序列(任务二)

任务二知识组块: 类型说明符　数据类型　标识符　for循环 数组名　包含　包含　包含　包含 常量表达式　包含　一维数组定义	任务描述	通过理解一维数组的定义,使学生会根据数据类型定义一维数组
	任务时长	20 分钟
	学习地点	课上

教学策略 (或学习策略)	☑讲授　☑小组讨论　☑答疑　□实验　□实训　□自主学习　☑翻转课堂 □其他(请填写)_____
师生交互过程	教师引导:"通过大家课下自学,能否告诉教师定义一维数组的时候需要考虑哪几个要素呢?" 学生讨论:"类型说明符、数组名、常量表达式。" 教师提问:"我们之前学过的数据类型都有哪些?" 学生回答:"整型、实型、字符型。" 教师引导:"数组名是个标识符,标识符怎么定义的?" 学生回答:"以字母开始的字母、数字和下划线的组合。" 教师引导:"常量表达式是咱们学过的。大家看看我给出的这几个表达式中,哪些是常量表达式?" 学生思考,举手回答,教师评价。 一维数组定义的 3 个要素学会以后,让学生自己定义 100 个学生成绩的数组。 接下来,让学生定义 50 个学生成绩的数组和 200 个学生成绩的数组。 学生定义完,教师启发:"如果我要变化学生的人数,大家就得重新定义,这样很不方便。"大家想想我们前边定义过的特殊的常量。 学生回答:"符号常量。" 教师引导:"用符号常量定义出学生的初试个数 N,然后把学生成绩数组的长度也定义为 N,这样每次学生数变化的时候,只需要改变符号常量的值就行了。" 教师引申:"我们以后写软件的时候,一定要考虑留有接口,便于不同的人传不同的数据进行调用。"
学习资源	教材、PPT

学习成果及评价标准	收集学生的两次定义结果,给出评价标准: 1. double score[100]; 2. ♯define N 100 double score[N];
备注	学生对于数组下标为常量表达式使用不熟练

活动2知识建模图(课上＋课下)

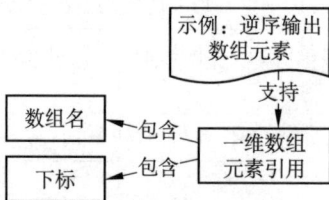

活动目标	理解一维数组引用的方法,注意上下界

活动任务序列(任务一)

任务一知识组块:		任务描述	使学生会对一维数组的元素进行引用
		任务时长	20 分钟
		学习地点	课上

教学策略 (或学习策略)	☑讲授　☑小组讨论　☑答疑　□实验　□实训　□自主学习　□翻转课堂 □其他(请填写)_____
师生交互过程	教师通过板书 5 个学生的成绩数组 score[5],让学生思考:"我想看看第二个学生的成绩,可以通过数组名加下标的形式访问第二个学生。" 学生回答:"score[2]或者 score[1]" 教师解惑:"数组的下标是从零开始的。" 学生回答:"score[1]是对的。" 教师引导:"score[5]放的是什么数据?" 让学生观看代码,发现会警告数组越界,但不提示有错误。 让学生总结:"数组的下标从 0 开始,到长度减 1。"
学习资源	教材、PPT 和代码
学习成果及评价标准	学生会引用一维数组,并注意数组下标越界问题。

活动任务序列(任务二)

任务二知识组块:		任务描述	让学生通过学习教材例 6.1,理解数组元素的输入和输出方法
		任务时长	50 分钟
		学习地点	课下

教学策略 （或学习策略）	☐讲授　☑小组讨论　☑答疑　☐实验　☐实训　☑自主学习　☐翻转课堂 ☐其他（请填写）编写代码
师生交互过程	通过让学生学习教材例 6.1,和学生讨论数组元素的输入和输出方法:用 for 循环一个一个地遍历数组。 引导学生用符号常量定义数组元素的个数。 让学生编写求 100 个学生的平均分的程序
学习资源	教材、DEV C++或者手机版编译器
学习成果及 评价标准	通过学习数组元素的输入和输出方法,学会数组元素的引用,引导学生用符号常量定义数组元素的个数
备注	学生掌握较好

活动 3 知识建模图（课上＋课下）

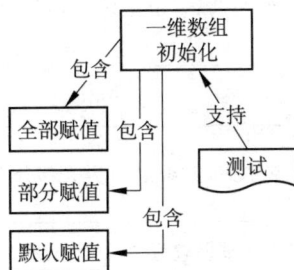

活动目标	理解一维数组不同的赋值方法,掌握不同的赋值方法的数据存放情况

活动任务序列（任务一）

任务一知识组块： 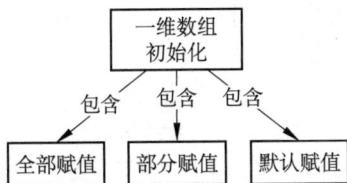	任务描述	使学生理解一维数组不同的赋值方法
	任务时长	10 分钟
	学习地点	课上

教学策略 （或学习策略）	☑讲授　☑小组讨论　☑答疑　☐实验　☐实训　☐自主学习　☐翻转课堂 ☐其他（请填写）_____
师生交互过程	给学生说明数组初始化的方法:初始化列表 教师通过代码演示三种不同的赋值方法: 1. 对全部数组元素赋予初值 2. 给数组中的一部分元素赋值 3. 数据个数已经确定,可以不指定数组长度 学生通过演示能理解数据的存储
学习资源	教材和 PPT

学习成果及 评价标准	学生掌握不同的赋值方法的数据存放情况

活动任务序列(任务二)

任务二知识组块： 	任务描述	教师给出 20 道习题进行测试,确定学生的掌握程度
	任务时长	10 分钟
	学习地点	课上
教学策略 (或学习策略)	☐讲授　☑小组讨论　☑答疑　☐实验　☐实训　☐自主学习　☐翻转课堂 ☐其他(请填写)＿＿＿＿＿	
师生交互过程	教师在学习中心发布测试题,学生练习,根据学生做题情况,确定学生的掌握程度	
学习资源	学习中心	
学习成果及 评价标准	学生全部做对为全部掌握,做对 70% 为大部分掌握,70% 以下需要再学习	
备注	学生对一维数组初始化掌握较好	

活动 4 知识建模图(课上＋课下)

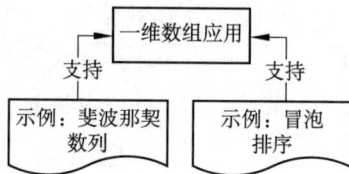

活动目标	理解函数调用的方式,掌握函数调用的过程,会进行函数的调用

活动任务序列(任务一)

任务一知识组块： 	任务描述	通过讲解斐波那契函数,让学生会使用一维数组
	任务时长	40 分钟
	学习地点	课上
教学策略 (或学习策略)	☑讲授　☐小组讨论　☑答疑　☐实验　☐实训　☐自主学习　☐翻转课堂 ☐其他(请填写)编写代码	

师生交互过程	教师先给学生演示斐波那契数列的排列规律,推导出运算公式。 接着分别演示用一维数组递推的方式实现代码的运行效率和用递归(可以先不给学生展开解释递归)的方式实现代码的运行效率,发现一维数组递推的方式运行效率更高。 通过讨论,让学生根据斐波那契数列的运算规律给出第一个数和第二个数的初始值和递推公式。 让学生自己用手机编译软件实现斐波那契数列
学习资源	教材、PPT 和手机编译软件
学习成果及评价标准	学生能使用程序实现斐波那契数列

活动任务序列(任务二)

任务二知识组块: 一维数组应用 支持 示例:冒泡排序	任务描述	学生通过观看视频,理解冒泡排序的原理以及代码实现的方法,并解决教材例 6.3 提出的问题
	任务时长	80 分钟
	学习地点	课下

教学策略 (或学习策略)	☐讲授　☑小组讨论　☑答疑　☐实验　☐实训　☑自主学习　☐翻转课堂 ☐其他(请填写)_____
师生交互过程	学生通过观看视频,理解冒泡排序的思想,掌握用双重循环实现冒泡排序的过程,会用冒泡排序的方法实现教材例 6.3 提出的 10 个地区面积排序的问题
学习资源	教材、视频"冒泡排序思想" 视频"冒泡排序实现"
学习成果及评价标准	学生学会如何让实际参数传递给形式参数
备注	学生对斐波那契数列掌握较好,对冒泡排序的原理也能理解,对如何编程掌握较差

专业基础课 C 程序设计 A 教案——函数的教学设计如表 4-10 所示。

表 4-10 C 程序设计 A 专业基础课教案表（函数）

2023—2024 年第一学期第 8 周

知识建模图：

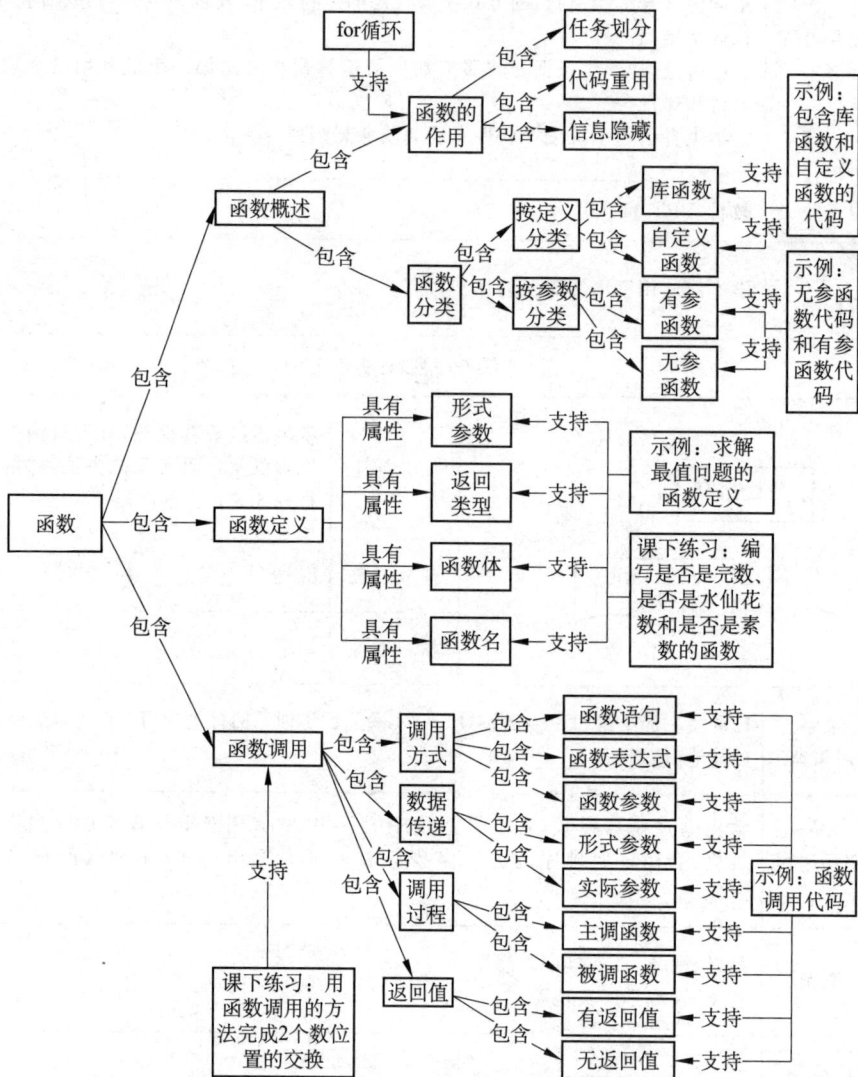

	知识点（学习水平）	素质目标
学习目标	函数的目的（理解）、函数的分类（理解）、函数的定义（理解＋应用）、函数的调用方式（理解＋应用）	通过函数的定义，培养学生团队协作的精神，同学之间互相帮助，各取所长，使得学习效率更高，进度更快 通过函数的传值和传地址两种数据传递，使学生了解不仅要学习知识内容，更要掌握学习的方法，才能跟上时代的进步

学习先决知识	知识点(学习水平)			
	理解 for 循环、运用库函数			
课上资源	《C 程序设计(第五版)》、课件 PPT、函数代码	课下资源	学习视频、教材、在线测试题、课后作业题	
课上时间	100 分钟	课下时间	180 分钟	
活动序列	活动目标	地点	时间	学习资源
活动 1	结合编程常识,理解使用函数的目的和函数的分类	课上	20 分钟	学习视频、教材、在线测试题、课后作业题
		课下	40 分钟	
活动 2	理解函数定义的四要素,会定义解决具体问题的函数	课上	40 分钟	学习视频、教材、在线测试题、课后作业题
		课下	80 分钟	
活动 3	理解函数调用的方式,掌握函数调用的过程,会进行函数的调用	课上	40 分钟	学习视频、教材、在线测试题、课后作业题
		课下	60 分钟	

活动 1 知识建模图(课上＋课下)

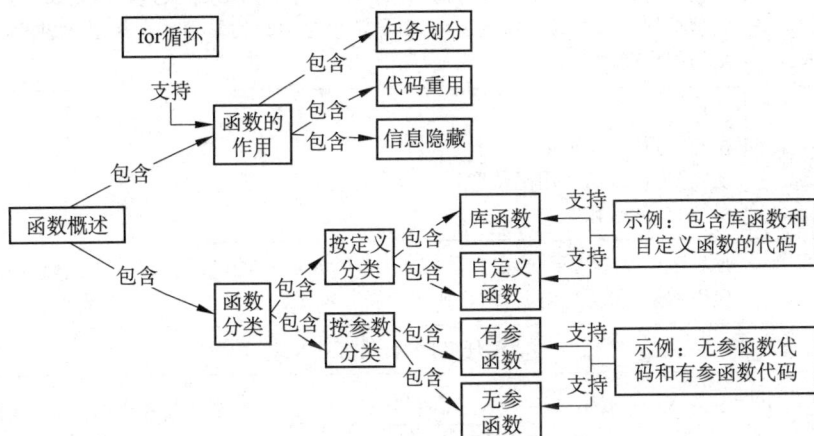

活动目标	理解使用函数的目的,会根据函数代码理解不同函数的分类
活动任务序列(导入任务描述)	
师生交互过程	教师:"前边我们在学习 for 循环时,用双重循环实现了直角三角形和菱形图案的输出,这些图形都有规律,但是只有图形没有文字。如果我们想输出既有图形又有文字的结果,双重循环就用不成了。" 学生:"只能考虑一行一行输出。" 教师:"如果有若干行输出,代码就会显得有点冗余。接下来,大家通过学习视频,理解为什么使用函数。"

续表

活动任务序列(任务一)

任务一知识组块： 	任务描述	通过编程常识,使学生理解为什么使用函数的问题
	任务时长	40分钟
	学习地点	课下

教学策略 (或学习策略)	□讲授 ☑小组讨论 ☑答疑 □实验 □实训 ☑自主学习 □翻转课堂 □其他(请填写)_____
师生交互过程	教师发布视频链接,并布置思考任务:"为什么需要函数？把所有的代码写在一个主函数中不是挺方便的吗？" 通过线上学习视频1,学生发现把所有的代码写在一个主函数中适合一个人可以完成的或规模较小的程序,如果任务规模较大或需要多个人协同开发,则一个主函数不方便进行任务划分。 通过线上学习视频2,学生发现有些代码是重复的,把这些重复的代码单独用函数实现,可以避免代码重复。 通过线上学习视频3,学生发现有些代码需要受到保护,采用函数可以进行信息隐藏。 学生在讨论区发布自己思考的结果,并对其他同学的结果进行纠正和补充。 教师根据大家的讨论做出总结,引导学生对函数的作用进行深层次思考,提高学生的编程能力
学习资源	教材 视频"为什么需要函数" 视频"为什么需要用函数" 视频"初见函数"
学习成果及 评价标准	收集学生思考结果,给出评价标准:①任务划分,模块化编程；②代码复用,编码代码重复；③信息隐藏,防止代码泄露。答对一个要点3分,3个要点全对10分

活动任务序列(任务二)

任务二知识组块： 	任务描述	通过观看代码案例,使学生理解函数的不同分类
	任务时长	20分钟
	学习地点	课上

教学策略 (或学习策略)	☑讲授 ☑小组讨论 ☑答疑 □实验 □实训 □自主学习 ☑翻转课堂 □其他(请填写)_____

师生交互过程	教师发布代码案例,引导学生观察不同:"有些函数没有定义,直接从库里边加载;有些函数是自定义函数。" 引导学生思考:"共性问题的解决定义成库函数,特定的问题需要自己定义。" 利用这个知识点,进行思政教育:"我们手机上用的 Android 操作系统是开源的,全世界的编程工作者为了用户有更好的使用体验,大概 1 个星期就会对操作系统进行 1 个版本的更新。希望大家好好学习基础知识,争取也能自己定义某些功能供全世界的人来用。" 教师展示 2 组代码,提问:"找出两组代码中使用函数的不同。" 学生观看案例,发现一个函数括号是空的,一个函数里边有变量。 引导学生理解有参函数和无参函数的不同,学生在教材相应位置记笔记。 接着让大家讨论无参函数和有参函数使用场景的不同。 一个学生在回答问题后,别的学生可以进行补充
学习资源	教材、PPT 和示例代码
学习成果及评价标准	收集学生思考结果,给出评价标准:①第一组两个函数,一个是库函数,一个是自定义函数,库函数用于解决共性问题,自定义函数用于解决特定问题;②第二组两个函数,一个有参数,另一个没有参数。如果需要函数返回的结果不同,就要有参数,如果每个人调用函数,结果都是一样的,就用无参函数。答对 2 个要点为全对
备注	大部分学生掌握得较好,对信息隐藏体会不深,拟加入实际代码,提高感官认知

活动 2 知识建模图(课上+课下)

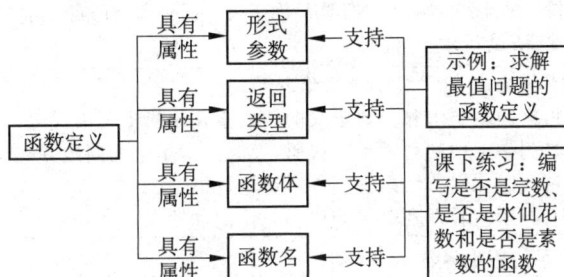

活动目标	理解函数的定义的四要素,会定义解决具体问题的函数

活动任务序列(任务一)

任务一知识组块:

任务描述	通过讲解,使学生理解函数定义的四要素
任务时长	20 分钟
学习地点	课上

教学策略 （或学习策略）	☑讲授　☑小组讨论　☑答疑　□实验　□实训　□自主学习　□翻转课堂 □其他（请填写）_____
师生交互过程	教师通过板书，逐步写出定义函数的四个要素，并提问函数名的定义、形参列表的写法、函数返回值类型和函数数据类型的关系
学习资源	教材和PPT
学习成果及 评价标准	学生能回答以下问题：①函数名的定义和普通标识符一样，但是要见到函数名就知道函数的功能；②虽然形参列表中多个变量类型一致，但也不能像定义变量一样，只写一个类型，要每个变量都有一个类型

活动任务序列（任务二）

任务二知识组块： 函数定义 — 具有属性 → 形式参数 — 支持 具有属性 → 返回类型 — 支持 具有属性 → 函数体 — 支持 具有属性 → 函数名 — 支持 示例：求解最值问题的函数定义	任务描述	让学生运用函数定义的四要素，解决求解最值问题
	任务时长	20分钟
	学习地点	课上

教学策略 （或学习策略）	□讲授　☑小组讨论　□答疑　□实验　□实训　☑自主学习　□翻转课堂 □其他（请填写）编写代码
师生交互过程	教师首先通过PPT显示求最值问题。 学生根据问题要求和函数定义的四要素在手机上写出代码。 教师走到学生中间看学生写代码，及时回答学生的问题并纠正学生的错误。 学生将代码和运行结果发到学习讨论群里。 教师引导学生看发到群里的代码并讨论优缺点
学习资源	PPT、手机版编译器
学习成果及 评价标准	学生能通过编译器编写求最值的子函数：在主函数中输入2个数，通过调用函数，获得2个数中的最大值

活动任务序列（任务三）

任务三知识组块： 函数定义 — 具有属性 → 形式参数 — 支持 具有属性 → 返回类型 — 支持 具有属性 → 函数体 — 支持 具有属性 → 函数名 — 支持 课下练习：编写是否是完数、是否是水仙花数和是否是素数的函数	任务描述	让学生运用函数的定义，编写是否是完数、是否是水仙花数和是否是素数的函数
	任务时长	70分钟
	学习地点	课下

教学策略 （或学习策略）	☐讲授 ☑小组讨论 ☑答疑 ☐实验 ☐实训 ☑自主学习 ☐翻转课堂 ☐其他（请填写）<u>编写代码</u>
师生交互过程	1. 教师在"学习中心"发布编写 3 个函数的任务 2. 学生在手机或者计算机上编写调试程序 3. 教师在"学习中心"看学生发布的代码，并反馈意见 4. 学生收到意见修改代码，然后发到讨论群中
学习资源	教材和 PPT
学习成果及 评价标准	通过手机或者计算机的编译器调试程序通过，并发到讨论群里。大家互评代码 编写较好的地方，得到 1 个好评的同学加 1 分
备注	学生对函数返回值类型和函数类型的关系理解不充分，拟下次课向学生展示类 型一致和不一致的代码示例

活动 3 知识建模图（课上＋课下）

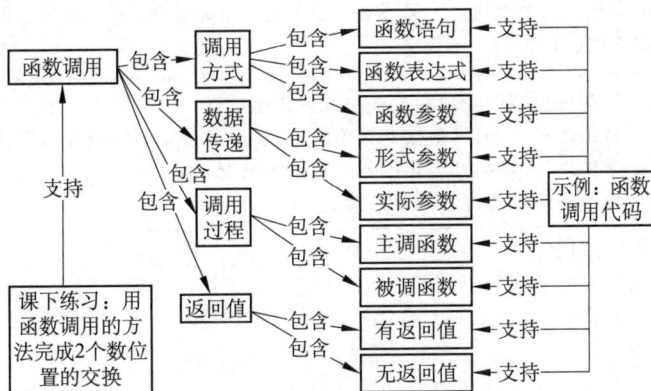

活动目标	理解函数调用的方式，掌握函数调用的过程，会进行函数的调用

活动任务序列（任务一）

任务一知识组块：		任务描述	通过代码演示，使学生理解函数的调用方式
		任务时长	10 分钟
		学习地点	课上
教学策略 （或学习策略）	☑讲授 ☐小组讨论 ☑答疑 ☐实验 ☐实训 ☐自主学习 ☐翻转课堂 ☐其他（请填写）_____		
师生交互过程	教师通过代码演示三种不同调用方式。 1. 函数没有返回值，函数调用完加分号，形成函数语句 2. 函数有返回值，可以用在表达式中 3. 函数有返回值，可以作为函数的实参传递给形参 学生思考不同调用方式的应用场景，并在教材相应位置记笔记		

学习资源	教材和 PPT
学习成果及评价标准	学生能分清楚三种不同调用方式的应用场景

活动任务序列(任务二)

任务二知识组块： 	任务描述	使学生掌握函数调用的数据传递
	任务时长	10 分钟
	学习地点	课上

教学策略 (或学习策略)	☑讲授　☑小组讨论　☑答疑　□实验　□实训　□自主学习　□翻转课堂 □其他(请填写)_____
师生交互过程	1. 教师讲解实际参数和形式参数的传递过程 2. 教师通过实例，分析按照传值的方式，形参变化不影响实参变化的情况 3. 学生思考原因，并设想如何避免这种情况 4. 教师提醒学生注意规避该情况
学习资源	教材和 PPT
学习成果及评价标准	学生学会实际参数如何传递给形式参数的过程

活动任务序列(任务三)

任务三知识组块： 	任务描述	使学生掌握函数调用的调用过程
	任务时长	10 分钟
	学习地点	课上

教学策略 (或学习策略)	☑讲授　□小组讨论　☑答疑　□实验　□实训　□自主学习　□翻转课堂 □其他(请填写)_____
师生交互过程	教师以动画的形式演示调用过程,分析主调函数的实参和被调函数的形参的变化过程
学习资源	教材和 PPT
学习成果及评价标准	学生理解主调函数和被调函数在调用过程中数据在内存中的变化

活动任务序列(任务四)

任务四知识组块：		任务描述	使学生掌握函数调用的返回值
		任务时长	10 分钟
		学习地点	课上
教学策略 (或学习策略)	☑讲授　□小组讨论　☑答疑　□实验　□实训　□自主学习　□翻转课堂 □其他(请填写)_____		
师生交互过程	1. 教师让学生通过代码发现,函数中有 return 语句代表有返回值,没有 return 语句代表没有返回值 2. 教师启发有返回值调用和无返回值调用的不同 3. 让学生讨论"return 返回值类型能否和函数的类型不同"的问题		
学习资源	教材、PPT、习题		
学习成果及评价标准	学生能回答出返回值调用和无返回值调用的不同,给 5 分;能补充别人的不足,给 3 分;能回答出 return 语句返回值类型在什么情况下可以不同,给 5 分;能发现问题并改正,给 3 分		

活动任务序列(任务五)

任务五知识组块：		任务描述	让学生学会用函数调用的方法实现 2 个数的位置交换
		任务时长	60 分钟
		学习地点	课下
教学策略 (或学习策略)	□讲授　☑小组讨论　☑答疑　□实验　□实训　☑自主学习　□翻转课堂 □其他(请填写)编写代码		
师生交互过程	1. 教师先让学生不用函数实现 2 个数据的位置交换 2. 再引导学生用函数调用的方法实现 2 个数据的位置交换 3. 学生用函数无法实现 2 个数据的位置交换,帮助学生分析不能实现的原因,引导学生进行修改,并发送到讨论群中		
学习资源	教材、PPT、习题		
学习成果及评价标准	通过手机或者计算机的编译器调试程序通过,得 5 分;讨论群里被别的同学点赞的同学加 1 分;在讨论群里发现别的同学的错误,并给出解决办法,得 3 分		
备注	学生对于函数调用的 3 个方法基本掌握,但对于传地址理解不充分。这是为指针留下的思考,拟在"指针"章节详细讲解		

4.3.2　C++程序设计课程教学设计实例

1. 教学设计

1）课程简介

C++程序设计是计算机科学与技术专业的一门重要课程。该课程以 C++语言为载体,使学生掌握面向对象程序设计的基础知识,掌握基本的程序设计过程和技能,具有用 C++程序设计语言解决实际问题的能力,能够编写出符合规范和性能良好的程序,为后续课程的学习、将来从事软件开发、解决工程问题及科学技术问题奠定基础。

2）教学方案设计

课题组成员根据学生实际情况,共同探索和优化课程体系,设计不同种类的教学内容以满足不同层次学生的需要;合理划分单元模块及知识点,增设提升能力部分的内容,增加课程的广度、深度、难度。基于 OBE 教学理念重塑的 C++程序设计课程知识体系,具体可以分为四个知识模块,提纲挈领,结构清晰。

(1) 基础入门模块:了解 C++语言的发展历史和特点;编写第一个 C++程序;使用不同的数据类型;使用输入 cin/输出 cout 语句实现输入/输出操作;定义正确的标识符;正确使用运算符及计算表达式的值;掌握程序的流程控制(顺序结构、选择结构、循环结构)及关键词 break 和 contiue 的使用。通过本模块的学习能够编写简单的超市记账程序和计算器等。

(2) 核心技术模块:正确使用函数(函数定义、函数声明、函数调用、函数递归调用);正确使用数组(数组定义及使用和字符串类的使用);正确使用自定义的数据类型(结构体、共用体、枚举);正确使用指针和引用(特别是常指针和常引用);掌握面向对象的编程(类的定义,对象的初始化,访问权限,构造函数,析构函数,const、static、friend 关键词的使用)。通过本模块的学习能够使学生具有面向对象的思想,重新编写更进一步的超市记账程序和计算器等。

(3) 高级应用模块:通过运算符重载实现更便捷的操作,使用函数模板和类模板实现代码的重用;使用异常处理机制增强程序的健壮性;使用文件流实现数据的读写操作。通过本模块的学习能够使学生掌握更加复杂的程序设计,丰富并完善超市记账程序和计算器等。

(4) 项目开发实践模块:按照项目开发的流程,展开项目实战。学生以团队合作的方式分析问题,解决问题。

3）实施过程

本课程将 OBE 的教学理念巧妙融入立德树人理念,从教学内容到教学方法实施

"教、学、做"的一体化教学模式,实现"以学生为中心,以能力为导向"的线上线下混合式教学。本课程课内 56 学时(其中线上教学 16 学时,线下教学 40 学时),教学过程主要从以下四方面展开。

(1) 素养提升教育融入专业技能教育:以往的教学主要集中在知识传授上,对于能力培养和价值塑造相对欠缺。本课程在分析 C++编程语言课程建设现状与问题的基础上,对照计算机科学与技术专业总体课程目标,不断探索课程内容与爱国情怀、工匠精神、职业道德和人文精神等素养提升目标的有机结合,挖掘素养提升元素,改进教学设计。

C++程序设计课程对学生专业的兴趣培养和未来的职业指引有深远影响。同时,思政元素的有效加入,对培养学生的价值观、人生观、世界观有重要意义。教学过程将课程的知识点打散细化到整个学期,并巧妙地融入素养提升元素,保证学生获得专业技能的同时也能提升政治素养,如表 4-11 所示。

(2) 线上教学:线上教学环节使用智慧黄科学习中心。学习中心提供了课程课件、视频、教案、随堂测验、章节测验、期中考试和期末考试等。

表 4-11　素养提升元素与项目名称的融合

单元模块	思政主题
1. 初识程序和 C++语言	科技创新,自强不息
2. 语法和算法	规范意识,公德意识
3. 程序基本结构	实事求是,严谨细致
4. 数组与函数	诚实守信,团结协作
5. 指针与结构体	知行合一,学以致用
6. 类和对象	信息隐藏,共享机制
7. 继承和派生	继承美德,传承接班
8. 运算符重载和多态	多领域发展,增强创新能力
9. 文件输入与输出	精益求精,一才两匠

教师通过学习中心发布单元预习内容。督促学生学习完线上课程后,教师通过布置章节测试,检验学生的掌握情况,以便于更好地开展开学后的工作。

课前,学生通过提供的教学视频和教学课件等进行线上/线下自主学习,理解和掌握基本知识点。然后,教师布置开发案例,巧妙融入相关知识点,提高学生综合利用知识的能力。

课中,教师线下围绕具体的教学目标、任务和问题开展启发式、讨论式、项目式等多种形式的教学。

课后,教师通过学习中心进行随堂测试。学生自我反思,在课程讨论区进行深度讨论与交流,教师答疑、指导并反馈学生的学习成果。要求学生在头歌实践教学平台完成实操环节,提高编程技能。

(3)线下教学:线下教学环节采取启发式、讨论式、师生互动式等多种教学形式,使课堂气氛活跃,激发学生的学习兴趣,促进学生积极思考,真正实现"以学生为中心"。在课堂上,教师应注重处理好重点和难点,做到精讲多练、讲练结合。同时,让学生参与项目开发全过程分析,激发学生的创新思维。

(4)实验教学:C++程序设计课程的实验教学环节从单一知识点的验证性实验转向综合性的工程实验,在教学中培养学生的岗位职业能力和综合素质能力。通过项目化实验内容的设计,本课程对学生进行综合能力训练,锻炼学生分析问题、解决问题的能力及培养实际工作中需要的综合素质,深化实验教学,实现课堂教学与工作岗位的对接。

4)教学评价

为确保课程教学目标的实现,评价方式的改革是一个重要环节。根据教学方式和课程特点,确定考核方式如图 4-1 所示。这种评价方式注重过程培养,将多维评价、过程评价和终结性评价相结合,定性和定量评价相结合,能够促进学生全面发展。

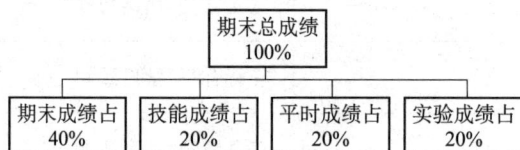

图 4-1 期末总成绩考核比例

(1)期末成绩以闭卷考试(纸质试卷)来考查学生对知识的掌握情况和对问题的综合分析能力。

(2)技能成绩考查学生的综合编程能力。根据软件开发的基本流程或某一具体的问题,展开研究,检验学生分析和解决问题的能力。

(3)平时成绩注重线上/线下参与度及完成情况,如表 4-12 所示。

表 4-12　平时成绩计算方式

平时成绩	学习中心学习评价(40%)	学习中心课程出勤(20%)
		学习中心课程测验(80%)
	在线开放课程学习评价(60%)	完成每个单元的视频学习(30%)
		完成单元测验(20%)
		完成章节测验(20%)
		完成期中和期末测试(20%)
		参与讨论主题达到 6 次以上(10%)

(4) 实验成绩考查学生对知识技能的掌握程度。该环节由考勤成绩 20% 和实验报告 80% 两个部分组成。实验报告以布置项目任务的形式给学生,同时将学生的考勤记录、学习态度、学生分析问题的能力及创新能力等纳入评价范围。

2. 教学单元设计

专业基础课程 C++程序设计教案——初识 C++的教学设计如表 4-13 所示。

表 4-13　C++程序设计专业基础课程教案表(初识 C++)

2023—2024 年第二学期第 1 周

知识建模图:

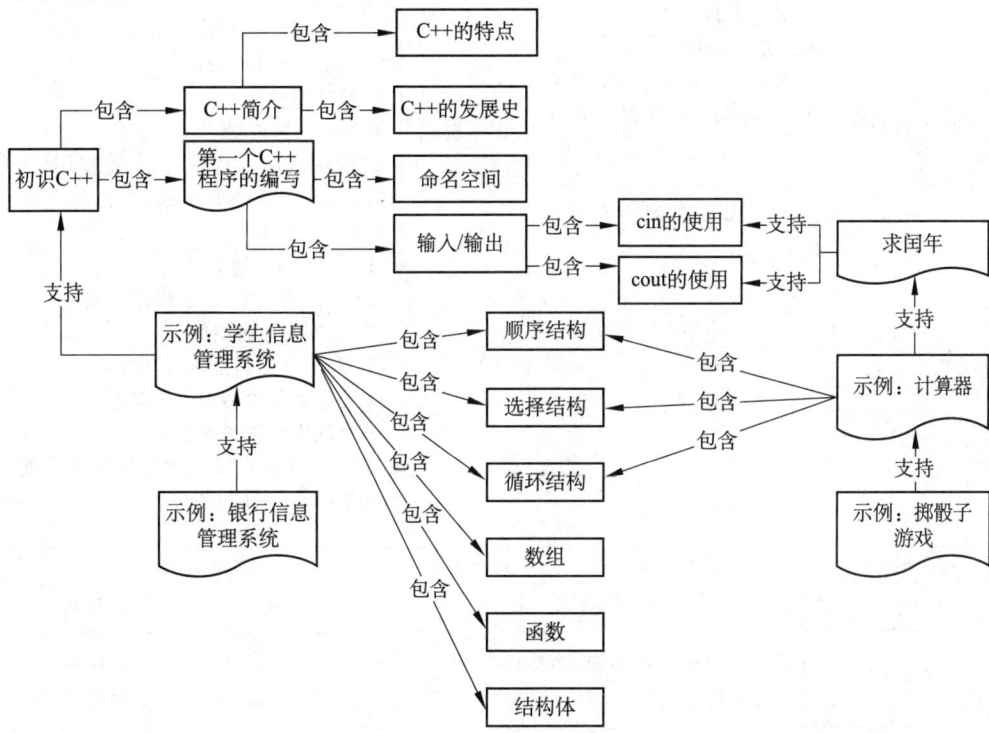

续表

	知识点（学习水平）	素质目标
学习目标	C++发展历史及特点（理解）、编写第一个C++程序（运用）、命名空间的使用（运用）、输入/输出的使用（运用）、使用顺序结构（运用）、选择结构（运用）、循环结构（运用）、数组（运用）、函数（运用）、结构体（运用）、开发基于C++的学生信息管理系统（运用）	本次课程要求学生编写代码格式规范、编程思维严谨，且具备优秀程序员的素养

	知识点（学习水平）
学习先决知识	C语言中的顺序结构（运用）、选择结构（运用）、循环结构（运用）、数组（运用）、函数（运用）、结构体（运用）

	课上资源		课下资源
课上资源	1. 教学课件 第1章 初识C++ 2. 教材《C++程序设计教程（第2版）》，黑马程序员主编，人民邮电出版社，2021年 3. 智慧黄科学习中心测试题库	课下资源	1. 教学视频（通过中国大学MOOC发布自主学习视频） (1) C++的发展历史 4min (2) C++的特点 3min (3) 使用VS 2022创建第一个C++程序 5min (4) 第一个C++程序的解读 5min (5) 命名空间 8min (6) cout输出的使用 8min (7) cin的使用 5min 2. 教学课件 第1章 初识C++ 3. 教材《C++程序设计教程（第2版）》，黑马程序员主编，人民邮电出版社，2021年 (1) 1.1 C++简介 (2) 1.2 第一个C++程序的编写 (3) 1.3.1 命名空间 (4) 1.3.2 控制台输入/输出 4. 智慧黄科学习中心测试题库 5. 头歌实践教学平台 6. 2023年第六届大学生计算机技能应用大赛C++模拟题

课上时间	100分钟	课下时间	210分钟

活动序列	活动目标	地点	时间	学习资源
活动1	巩固C语言的基本知识，熟悉C++发展历史及特点	课上	20分钟	教学视频、教学课件、教材
		课下	40分钟	

活动 2	使用命名空间、cin、cout 编写第一个 C++程序,编程实现求闰年	课上	30 分钟	教学视频、教学课件、教材
		课下	70 分钟	
活动 3	使用 C++编写计算器,理解掷骰子游戏	课上	20 分钟	教学视频、教学课件、教材
		课下	40 分钟	
活动 4	使用 C++编写银行信息管理系统和学生信息管理系统	课上	30 分钟	教学视频、教学课件、教材
		课下	60 分钟	

活动 1 知识建模图(课上+课下)

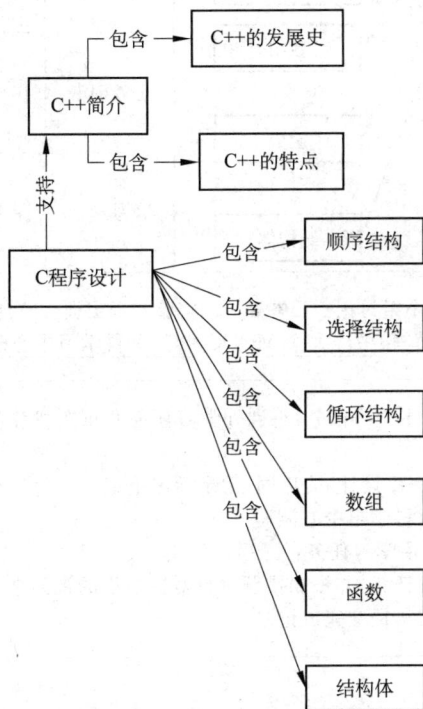

活动目标	C 程序设计的编程(理解、运用)、C++发展历史及特点(理解),C 语言和 C++语言的异同点(理解)

活动任务序列(导入任务描述)

师生交互过程	教师统计并公布课前自主学习情况:课前查看中国大学 MOOC 学生自主学习完成情况,查看学生笔记并与学生交谈,了解学生自主学习情况;课上对未按时完成的学生进行通报批评,找出原因并给出补救措施,强调课下补学未完成内容,并要求后续课程按时完成 教学内容回顾:和学生一起回顾《C 程序设计》中程序设计的基本方法,通过智慧黄科学习中心测验来检验学生的第一次课前预习情况,掌握学生对先修课程《C 程序设计》的基本知识掌握情况,并对共性的问题进行讲解 课程引入:本节课我们学习《C 程序设计》的基本知识,重点掌握如何编写第一个 C++程序

续表

活动任务序列（任务一）

任务一知识组块： C程序设计 —包含→ 顺序结构 —包含→ 选择结构 —包含→ 循环结构 —包含→ 数组 —包含→ 函数 —包含→ 结构体	任务描述	学生课下自主巩固复习《C程序设计》，教师发布智慧黄科学习中心测验要求学生完成。学生在规定时间完成智慧黄科学习中心测验，并根据题目完成情况查漏补缺，巩固先修课程《C程序设计》的基本内容
	任务时长	40分钟
	学习地点	课下
教学策略 （或学习策略）	□讲授　□小组讨论　□答疑　□实验　□实训　☑自主学习　□翻转课堂 □其他(请填写)中国大学MOOC、智慧黄科学习中心测验	
师生交互过程	教师发布自主学习任务：将课外学习任务发布在智慧黄科，通过通信工具通知学生，要求： 1. 完成《C程序设计》的巩固，记录学习笔记 2. 完成慧黄科学习中心测验 学生完成自主学习任务： 1. 完成上述任务，并根据错题进行对应模块的视频学习 2. 在智慧黄科提交完成记录	
学习资源	1. 教学视频 中国大学MOOC"C程序设计" 中国大学MOOC"C++程序设计" 2. 教学课件 第1章　初识C++ 3. 教材《C++程序设计教程》(第2版)，黑马程序员主编，人民邮电出版社，2021年 1.1　C++简介 4. 智慧黄科测试题库	
学习成果及评价标准	学习成果：完成课下智慧黄科学习中心测验11个题目 评价标准：按时完成智慧黄科学习中心测验，根据得分情况计入平时成绩，以此检验学生的目标达成情况	

续表

活动任务序列(任务二)

任务二知识组块:		任务描述	采用提问与引导的教学设计,讲述 C++的发展历史与特点,帮助学生厘清和先修课程《C 程序设计》的关系
		任务时长	20 分钟
		学习地点	课上

教学策略 (或学习策略)	☑讲授 ☑小组讨论 ☑答疑 □实验 ☑实训 □自主学习 □翻转课堂 □其他(请填写)智慧黄科学习中心测验
师生交互过程	教师陈述:向学生介绍课程教学目标、教学设计、教学考评等内容。 PPT 展示"20 年编程语言排行榜"图片,引起学生的观察和思考。 教师提问:常见的编程语言有哪些? 对 C++编程语言的了解有多少? 学生回答:两名学生回答,其他同学认真倾听,补充完善。 根据学生的回答,教师进行引导与补充: 1. 回顾 C++语言的发展历史,引出 C++语言诞生的原因,介绍 C++的发展历史。 2. 根据 C 语言的特点,对比分析,引出 C++语言的主要特点。 3. 根据学生作答智慧黄科学习中心测验所出现的共性问题,进行集中答疑。 教师反馈:通过智慧黄科学习中心测验检验学生的第一次课前预习情况,掌握学生对先修课程《C 程序设计》的基本知识掌握情况,做共性的问题讲解
学习资源	1. 教学课件 第1章 初识 C++ 2. 教材《C++程序设计教程(第 2 版)》,黑马程序员主编,人民邮电出版社,2021 年 1.1 C++简介 3. 智慧黄科学习中心测验
学习成果及 评价标准	学习成果:掌握 C++的发展历史和特点 评价标准:本次课程学习后,通过智慧黄科学习中心测验进行评价,每小题答对得分 1 分,答错 0 分

活动 2 知识建模图(课上+课下)

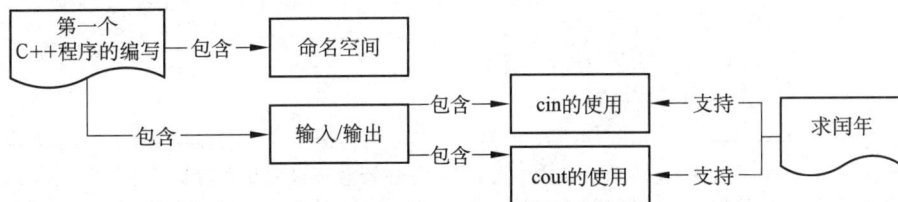

活动目标	命名空间(理解)、cin 标准输入流(使用)、cout 标准输出流(使用),编写第一个 C++程序、编程程序实现对闰年的判定

续表

活动任务序列(任务一)

任务一知识组块：		任务描述	学生学习视频,理解命名空间、cin 标准输入流、cout 标准输出流的基本使用,并完成第一个 C++程序的编写
		任务时长	70 分钟
		学习地点	课下

任务一知识组块：

```
┌─────────────┐        ┌──────────┐
│  第一个      │─包含─→ │ 命名空间 │
│C++程序的编写 │        └──────────┘
└─────────────┘        ┌──────────┐  ─包含─→ ┌────────────┐
           └─包含─→   │ 输入/输出 │          │  cin的使用  │
                       └──────────┘          └────────────┘
                                    ─包含─→ ┌────────────┐
                                            │  cout的使用 │
                                            └────────────┘
```

教学策略 (或学习策略)	□讲授　□小组讨论　□答疑　□实验　□实训　☑自主学习　□翻转课堂 □其他(请填写)<u>DEV C++编程</u>
师生交互过程	教师发布自主学习任务:通过智慧黄科平台,发布学习视频和学习课件,并通过通信工具通知学生按时学习,要求: 1. 完成中国大学 MOOC 视频复习:命名空间、cin 标准输入流、cout 标准输出流,并记录学习笔记 2. 仔细阅读教材相关内容 3. 完成测试题作答 4. 学习教学课件 1.2、1.3 学生完成自主学习任务:学生通过智慧黄科平台,观看学习视频,并认真学习课件和仔细阅读教材;运用命名空间、cin 标准输入流、cout 标准输出流编写第一个C++程序,对比分析开发 C 程序与 C++程序的异同点;完成上述任务,并在智慧黄科提交完成记录
学习资源	1. 中国大学 MOOC (1) 使用 VS 2022 创建第一个 C++程序　5min (2) 第一个 C++程序的解读　5min (3) 命名空间　8min (4) cout 输出的使用　8min (5) cin 的使用　5min 2. 教学课件 第 1 章　初识 C++ 3. 教材《C++程序设计教程(第 2 版)》,黑马程序员主编,人民邮电出版社,2021 年 (1) 1.2　第一个 C++程序的编写 (2) 1.3.1　命名空间 (3) 1.3.2　控制台输入/输出 4. 智慧黄科测试题库
学习成果及 评价标准	学习成果:完成课下自主学习任务,并在智慧黄科提交学习记录 评价标准:通过智慧黄科学习中心测验题目,检验学生对命名空间、cin 标准输入流、cout 标准输出流的使用情况,每小题答对得分 1 分,答错 0 分 编程实现输出"我爱中国,我要好好学习"的文字,增强爱国热情

续表

活动任务序列(任务二)

任务二知识组块:	任务描述	根据课下的预习任务,检验学生编写的第一个 C++程序,让学生通过编程实现对闰年的判定
	任务时长	30 分钟
	学习地点	课上

教学策略(或学习策略)	☑讲授　□小组讨论　☑答疑　□实验　□实训　☑自主学习　□翻转课堂 □其他(请填写)智慧黄科学习中心测验
师生交互过程	教师:检验学生编写的第一个 C++程序,提出常见的错误及解决方式。 学生:根据教师的引导进行讨论,设计实现闰年的判定算法。 教师:编程演示如何实现闰年判定,过程中涉及学生已预习内容的反馈(命名空间、cin 标准输入流、cout 标准输出流的使用)。 学生:对编程中出现的易错点进行记录
学习资源	无
学习成果及评价标准	学习成果: 1. 郑州轻工业大学 OJ 平台 1009 求平均分 1013 求两点间距离 2. 头歌实践教学平台 C++之整数性质判断 第 1 关　判断一个整数是奇数还是偶数 第 2 关　判断一个年份是否是闰年 第 3 关　判断一个整数是否是 2 学生完成上述编程,成绩计入平时成绩。 评价标准:编程规范、正确＋3 分,存在少量问题＋2 分,问题比较多＋1 分,未提交作业 0 分

活动 3 知识建模图(课上＋课下)

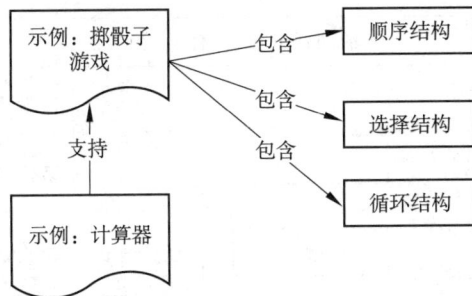

活动目标	能够编写 C++程序实现对计算器和掷骰子游戏的编写

续表

活动任务序列(任务一)

任务一知识组块：			
		任务描述	让学生完成计算器的编写,巩固顺序结构、选择结构、循环结构的知识
		任务时长	40 分钟
		学习地点	课下

教学策略 (或学习策略)	□讲授　□小组讨论　□答疑　□实验　□实训　☑自主学习　□翻转课堂 □其他(请填写)<u>DEV C++编程</u>
师生交互过程	教师发布自主学习任务:通过通信工具通知学生按时巩固已学习内容,并要求编写程序实现计算器的加、减、乘、除功能 学生完成自主学习任务:编写程序并发现存在的问题,课下对薄弱的地方及时补充相关视频的学习(顺序结构、选择结构、循环结构)
学习资源	无
学习成果及 评价标准	学习成果:按时完成本任务课后作业,完成编程任务。 1. 计算器的编写及课下视频学习 2. 郑州轻工业大学 OJ 平台 1033 求五级制成绩 1037 四则运算 3. 头歌实践教学平台 C++之整数计算基础 第 1 关　编写一个简单的加法计算器 第 2 关　求一个数的算术平方根 第 3 关　求一元二次方程 $ax^2+bx+c=0$ 的实数根 评价标准:编程规范、正确+3分,存在少量问题+2分,问题比较多+1分,未提交作业 0 分

活动任务序列(任务二)

任务二知识组块：			
		任务描述	让学生完成掷骰子游戏的编写,检验其对顺序结构、选择结构、循环结构的掌握
		任务时长	20 分钟
		学习地点	课上

教学策略（或学习策略）	☑讲授　□小组讨论　☑答疑　□实验　□实训　☑自主学习　□翻转课堂 □其他（请填写）<u>DEV C++编程</u>
师生交互过程	教师反馈：根据学生课下的计算器编写情况，提问学生设计算法和编程的注意事项。 学生回答：回答教师的提问，其他同学认真听讲，并对答案做补充。 教师描述：分析掷骰子游戏的算法。 学生编程：随机抽取 1 名学生在电脑端演示编程，其余学生在自己的作业本上编程实现掷骰子游戏。 教师巡视：检验学生的编程，并对错误进行指导
学习资源	无
学习成果及评价标准	学习成果：按时完成本任务课后作业，并在智慧黄科提交作业，完成编程任务。 1. 掷骰子游戏的编写及课下视频学习 2. 郑州轻工业大学 OJ 平台 1035 分段函数求值 评价标准：编程规范、正确+3 分，存在少量问题+2 分，问题比较多+1 分，未提交作业 0 分

活动 4 知识建模图（课上＋课下）

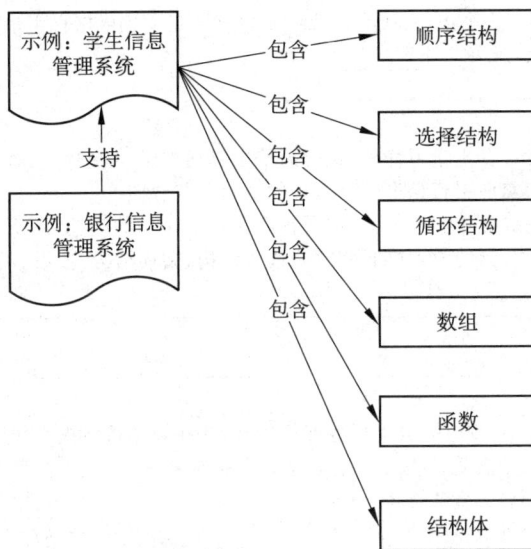

活动目标	能够编写银行信息管理系统、学生信息管理系统，实现编程技能的提高，达到对顺序结构、选择结构、循环结构、数组、函数、结构体的熟练运用

续表

活动任务序列(任务一)

任务一知识组块:

示例:银行信息管理系统 包含 → 顺序结构 包含 → 选择结构 包含 → 循环结构 包含 → 数组 包含 → 函数 包含 → 结构体	任务描述	让学生完成银行信息管理系统的编写,巩固其对顺序结构、选择结构、循环结构、数组、函数、结构体的使用
	任务时长	60分钟
	学习地点	课下
教学策略 (或学习策略)	□讲授　□小组讨论　□答疑　□实验　□实训　☑自主学习　□翻转课堂 □其他(请填写)<u>DEV C++编程</u>	
师生交互过程	教师发布自主学习任务:通过通信工具通知学生按时巩固已学习内容,并要求编写程序实现银行信息管理系统的基本业务功能 学生完成自主学习任务:编写程序并发现存在的问题,课下对薄弱的地方及时补充相关视频的学习(顺序结构、选择结构、循环结构、数组、函数、结构体)	
学习资源	无	
学习成果及评价标准	学习成果:按时完成本任务课后作业,并在智慧黄科提交作业,完成编程任务。 1. 银行信息管理系统的编写及课下视频学习 2. 郑州轻工业大学 OJ 平台 1065 统计数字字符的个数 1066 字符分类统计 评价标准:编程规范、正确＋3分,存在少量问题＋2分,问题比较多＋1分,未提交作业 0 分	

续表

活动任务序列(任务二)		
任务二知识组块: 示例:学生信息管理系统 ├─包含→ 顺序结构 ├─包含→ 选择结构 ├─包含→ 循环结构 ├─包含→ 数组 ├─包含→ 函数 └─包含→ 结构体	任务描述	按照软件工程的开发过程,进行需求分析,师生共同讨论实现学生信息管理系统的算法描述,并通过课堂现场编程的方法,提高学生的编程热情
	任务时长	30 分钟
	学习地点	课上

教学策略 (或学习策略)	☑讲授　□小组讨论　☑答疑　□实验　□实训　☑自主学习　□翻转课堂 □其他(请填写)DEV C++编程
师生交互过程	教师反馈:检验学生课下对银行信息管理系统的完成情况并点评,根据学生信息管理系统的确定需求分析。 学生思考:如何描述学生信息管理系统的算法?采用什么数据结构描述学生信息? 教师回答:根据学生的回答教师进行补充与引导。 教师编程演示:通过 DEV C++编程,创建学生结构体。 学生补充完善:创建输入模块、输出模块、查找模块等
学习资源	无
学习成果及评价标准	学习成果:按时完成本任务课后作业,并在智慧黄科提交作业,完成编程任务 评价标准:编程规范、正确+3分,存在少量问题+2分,问题比较多+1分,未提交作业 0 分

4.3.3　计算机组成原理课程教学设计实例

1. 教学设计

1) 课程简介

计算机组成原理是计算机类各专业必修的专业基础课程,其具有面向应用、突出实践、偏向硬件和理论的特点。通过本课程的学习,学生能够理解单处理机系统的组成结构以及各功能部件的组成和工作原理,并帮助学生建立计算机的整机概念,使学生初步具备设计简单计算机系统的能力,且对一些新技术、新产品以及计算机硬件的发展方向有一定的了解,从而为进一步学习本专业后续课程和进行与硬件有关的技术工作打下基础。

2)课程目标

(1)课程目标1:了解计算机系统结构发展现状和趋势,以及计算机组成的基本原理和分析方法。通过文献研究,培养对计算机系统结构领域的问题进行调研和分析并提出解决方案的能力。

(2)课程目标2:掌握计算机系统的基本组成、基本概念和基础知识,从整体上理解计算机系统各部分的功能,分析各部分之间的关系,识别和判断计算机系统结构领域的关键环节和影响因素,培养学生全面、系统、辩证地分析问题和解决问题的能力。

(3)课程目标3:掌握运算器的基本组成、基本原理和基本分析方法,分析相关领域复杂工程问题解决过程的影响因素,培养对相关的理论和实际问题进行求解的能力。

(4)课程目标4:掌握存储器的基本组成、基本原理和基本分析方法,理解存储系统的层次和作用,分析相关领域复杂工程问题解决过程的影响因素,培养对相关的理论和实际问题进行求解的能力。

(5)课程目标5:掌握控制器的基本组成、基本原理和基本分析方法,理解指令系统和指令执行过程,掌握指令流水线的基本原理,分析相关领域复杂工程问题解决过程的影响因素,培养对相关的理论和实际问题进行求解的能力。

(6)课程目标6:掌握系统总线和输入输出的基本组成和基本原理,分析相关领域复杂工程问题解决过程的影响因素,培养对相关的理论和实际问题进行求解的能力。

(7)思政目标:本门课程在培养学生专业素质和思维能力的同时,把课程的知识点与信息时代特征紧密结合,加深学生对国家计算机历史与发展的认识,培养学生的民族自豪感,以及勤奋刻苦、努力拼搏、锐意创新的大国工匠精神。

3)教学方案设计

(1)理论部分

课程理论部分的教学内容及基本要求如表4-14所示。

表 4-14　课程理论部分的教学内容及基本要求

模块、标题	教学内容	基本要求	学时	教学方式	对应课程目标
模块 1　计算机系统概论	教学内容： 1.1 计算机系统的分类和发展 1.2 计算机系统的组成 1.3 计算机系统的层次结构 教学重点： 计算机性能指标、存储程序的概念、计算机的工作过程、计算机系统的层次结构 教学难点： 计算机性能指标、存储程序的概念	1. 了解计算机的分类与应用范围 2. 掌握计算机的硬件，软件组成及各部件功能，理解计算机基本工作原理 3. 了解计算机软硬件发展历程及前景	4	讲授法、演示法	1、2
模块 2　运算方法和运算器	教学内容： 2.1 数据在计算机中的表示方法 2.2 定点加法、减法运算 2.3 定点乘法运算 2.4 定点除法运算 2.5 定点运算 2.6 浮点运算 教学重点： 数制转换；整数的原、反、补码表示，定点运算方法，定点运算器的组成 教学难点： 定点乘法运算、除法运算、浮点的表示方法	1. 掌握定点数和浮点数的表示方法 2. 掌握定点小数和整数的表示，以及原码、反码、补码和移码表示，掌握各种机器码可表示数的特点和范围 3. 掌握补码加减运算的方法、溢出的概念与检测方法、基本的二进制加法/减法器、十进制加法器 4. 理解定点乘法运算和除法运算的工作原理 5. 理解 ALU 的功能、设计方法和工作原理 6. 掌握浮点数的表示，理解阶码和尾数作用，掌握数的规格化表示方法 7. 掌握基本的浮点运算方法，了解浮点运算器的组成和原理 8. 理解内部总线的概念，分类及特点	10	讲授法、案例法	3

续表

模块、标题	教学内容	基本要求	学时	教学方式	对应课程目标
模块3 存储器	教学内容： 3.1 存储器概述 3.2 半导体随机读写存储器 3.3 只读存储器和并行存储器 3.4 Cache存储器 教学重点： 存储体系的基本原理、主存储器容量扩充的方法 教学难点： 基本存储元的结构、双端口存储器、多模块交叉存储器、相连存储器的工作原理	1. 了解存储系统的分类、分级结构与主存储器的技术指标 2. 理解 SRAM、DRAM 的组成和工作原理，了解只读存储器和并行存储器的组成和工作原理 3. 掌握构建存储系统的方法，掌握存储系统与其他部件的连接要点 4. 理解双端口存储器、多模块交叉存储器及相连存储器的组成和工作原理 5. 掌握 Cache 的运行原理、地址映射和地址变换，理解各种替换策略及其优缺点	10	讲授法、讨论法	4
模块4 指令系统	教学内容： 4.1 指令系统概述 4.2 指令格式 4.3 寻址方式 教学重点： 指令的一般格式、寻址方式 教学难点： 指令和数据的寻址方式	1. 了解指令系统的发展与性能要求，了解低级语言与硬件结构的要求 2. 掌握指令的基本格式及各个部分的功能 3. 掌握指令和数据的寻址方式，理解采用多种寻址方式的目的 4. 理解常用的两种堆栈结构以及它们的寻址方式 5. 了解典型指令系统的分类和组成，了解精简指令系统的特点	4	讲授法、讨论法、实验法	5

续表

模块、标题	教学内容	基本要求	学时	教学方式	对应课程目标
模块 5　中央处理器	教学内容： 5.1 CPU 的功能和组成 5.2 指令周期 5.3 时序产生器和控制方式 5.4 微程序控制器 5.5 硬布线控制器 5.6 流水 CPU 教学重点： CPU 的功能和基本组成，指令周期的概念，时序产生器的组成，微程序控制器及其设计技术，硬布线控制器的结构 教学难点： CPU 的功能和基本组成，指令周期的概念，时序产生器的组成，微程序控制器及其设计技术，硬布线控制器的结构	1. 掌握 CPU 的功能、基本组成和主要的寄存器 2. 掌握典型指令的指令周期，能够用方框语言表示指令周期 3. 理解时序产生器的功能和工作原理 4. 掌握微程序控制器的工作原理和设计方法 5. 理解硬布线控制器的组成和工作原理 6. 理解流水 CPU 的组成和工作原理 7. 了解 RISC CPU 技术和特点	10	讲授法、讨论法	5
模块 6　系统总线	教学内容： 6.1 总线的概念和结构形态 6.2 总线接口 6.3 总线控制 6.4 PCI 总线 教学重点： 总线接口、总线的仲裁、定时和数据传送模式 教学难点： 总线的仲裁、定时和数据传送模式	1. 理解总线的功能和组成，了解总线的结构形态 2. 理解信息的传送方式和总线接口的功能 3. 掌握总线的仲裁和定时方式，理解总线数据的传送模式 4. 了解 PCI 总线、ISA 和 Futurebus ＋ 总线的性能特点	4	讲授法、讨论法	6
模块 7　外围设备	教学内容： 7.1 外围设备概述 7.2 磁盘存储设备 7.3 显示设备 教学重点： 磁盘存储器的技术指标、刷新带宽 教学难点： 磁盘上信息的分布、显示设备的有关概念	1. 了解磁面、磁道、磁柱、扇区的概念，以及磁盘信息的分布特点 2. 掌握磁盘存储器重要的技术指标及计算方法 3. 掌握像素、分辨率、灰度级、刷新的概念，会计算刷新带宽	2	讲授法、演示法	6

续表

模块、标题	教学内容	基本要求	学时	教学方式	对应课程目标
模块8 输入输出系统	教学内容： 8.1 程序中断方式 8.2 DMA方式 8.3 通道方式 教学重点： 程序中断方式、DMA方式的基本工作原理 教学难点： 程序中断方式、DMA方式和通道方式的基本工作原理	1. 了解外围设备的定时方式 2. 掌握程序中断方式、DMA方式、通道方式的基本原理和信息交换方式	4	讲授法、讨论法	6

本课程的实验部分的教学内容及基本要求如表4-15所示。

表4-15 实验部分

实验名称（实验类型）	实验内容	实验目的	实验任务	基本要求	学时	对应教学目标
实验一：运算器实验	运用算术逻辑运算器74LS181进行有符号数/无符号数的算术运算和逻辑运算	1. 了解算术逻辑运算器（74LS181）的组成和功能 2. 掌握基本算术和逻辑运算的实现方法	1. 确定二进制拨码开关为初始状态，运行仿真，拨动二进制拨码开关，设定均为低电平状态 2. 将65H和A7分别写入数据缓冲寄存器DR1和DR2，拨码开关向数据暂存器DR1、DR2分别打入有符号数＋65H，A7(即 A＝65H，B＝A7) 3. 通过拨动 M、CN、S3、S2、S1、S0控制运算器进行运算，将结果填入表格	实验做完后必须写出实验报告。实验报告主要包括：实验目的、实验步骤和结果、结果分析（或思考题）等内容	2	3
实验二：通用寄存器实验	完成3个通用寄存器的数据写入与读出，并利用运算器完成 R0、R1、R2 三个寄存器的求和运算	1. 熟悉通用寄存器的概念，了解其组成和硬件电路 2. 完成3个寄存器的数据写入与读出	1. 通用寄存器的写入。拨动二进制数据开关向 R0、R1、R2 寄存器分别置数，数据分别为学号后两位、后两位加1、后两位加2，比如学号后两位为30，则数据分别为：30H、31H、32H 2. 通用寄存器的读出。二进制控制开关 CBA 通过74LS138译码输出 R0、R1、R2 的数据读出到数据总线，并验证结果	实验做完后必须写出实验报告。实验报告主要包括：实验目的、实验步骤和结果、结果分析（或思考题）等内容	2	4

实验名称 (实验类型)	实验内容	实验目的	实　验　任　务	基本要求	学时	对应教学目标
			3. 利用寄存器和运算器计算 F＝A＋B＋C，运算结果输出到总线(其中 A、B、C，的值分别为寄存器 R0、R1、R2 中存放的数据)，通过总线数据传输完成实验项目(要求详细列出各实验步骤中开关状态和完成的功能，并记录运算结果)			
实验三：存储器和总线实验	1. 按照实验步骤完成 RAM 数据读写，利用存储器和总线传输数据 2. 利用 80C51 完成 ROM 数据批量写入并验证	1. 掌握静态随机存储器 RAM 的工作特性及存储器 RAM 的数据读写方法 2. 了解只读存储器数据写入方法	1. RAM 数据读写 (1)内部总线数据写入存储器，给存储器的 00H、01H、02H、03H、04H、05H、06H、07H 地址单元中分别写入数据和数据值的要求，并将自己的学号后两位作为十六进制值，然后依次递增 (2)读存储器的数据到总线上，依次读出 00H、01H、02H、03H、04H、05H、06H、07H 存储单元中的内容，并记录结果 (3)利用 80C51 烧写数据到 ROM，并验证烧写内容 2. 二进制数据批量导入 ROM 3. 查看项目中存储器 ROM 和 RAM 的内容 4. 存储器 ROM 和 RAM 的读写	实验做完后必须写出实验报告。实验报告主要包括：实验目的、实验步骤和结果、结果分析(或思考题)等内容	4	4
实验四：指令部件模块实验	按照实验步骤完成实验项目，将打入 IR 寄存器的数据打入 PC 指针式寄存器，PC 指针自动加 1	1. 掌握指令部件 IU(PC、IR、ID)的组成方式 2. 熟悉指令操作码产生微程序入口地址的工作过程	1. PC 值的写入。拨动二进制数据开关向程序计数单元置数 00000001(置数灯亮表示它所对应的数据位为"1"，反之为零) 2. PC 值的读出。关闭数据输入三态(SW－B＝0)、CE 保持为 0、LOAD＝0、LDPC＝0、CBA＝001 时，利用拨码开关改变状态，打开 PC-B 缓冲输出门，数据总线单元应显示 00000001	实验做完后必须写出实验报告。实验报告主要包括：实验目的、实验步骤和结果、结果分析(或思考题)等内容		

实验名称 （实验类型）	实验内容	实验目的	实 验 任 务	基本要求	学时	对应教学目标
			3. PC 值送地址寄存器并加 1。在保持 PC 值读出的开关状态下，置 LDAR＝1、LDPC＝1，在 T3＝1 时把当前数据总线的内容（即 PC）打入地址锁存器，地址总线单元的显示器应显示 00H，在 T3 节拍的上升沿 PC 计数器加 1，PC 单元的显示器应显示 01H			
实验五：微程序控制单元实验	按照实验步骤完成实验项目，熟悉微程序的编制、写入、观察运行状态	1. 熟悉微程序控制器的工作原理 2. 掌握微程序编制及微指令格式	1. 32 位微指令代码说明 2. 编写 IN、ADD 指令 3. 微程序写入 4. 通过单步运行微程序，观察指令执行流程	实验做完后必须写出实验报告。实验报告主要包括：实验目的、实验步骤和结果、结果分析（或思考题）等内容	4	5
实验六：基本模型机的设计与实现	定义 5 条机器指令，并编写相应的微程序，上机调试，掌握整机概念	在掌握部件单元电路实验的基础上，进一步将这些部件组成系统，以此来构造一台基本模型计算机	1. 实验源程序及相关微程序，将微代码流程图代码化，并将机器指令及微程序按照规定的格式编写成十六进制格式文件 2. 时序启动单元采用运行方式 1，每点击一次"启动"运行一条微指令，运行并查看程序运行结果 3. 修改源程序并运行，实现 F＝1＋2＋3＋4＋5，记录运行步骤及运行结果	实验做完后必须写出实验报告。实验报告主要包括：实验目的、实验步骤和结果、结果分析（或思考题）等内容	4	6

4）教学实施

（1）线上学习阶段：学生在规定的时间内完成线上学习任务，提交作业并参与线上讨论。教师定期查看学生作业完成情况，线上解答学生问题。

（2）线下授课阶段：教师组织面授课程，结合线上学习情况进行重难点讲解。同时，通过互动教学提高学生的学习积极性和参与度。

（3）课程总结阶段：课程结束后，教师组织学生进行课程总结，回顾课程内容，评价教学效果。同时，鼓励学生提出对课程的改进建议，为后续教学提供参考。

5）教学评价

本课程的考核分为平时评价、实验评价和期末评价。平时评价占总成绩的 20％，分为课堂讨论（10％）、课堂测试（40％）、预习任务完成（10％）和课后作业完成情况（40％）。实验评价占总成绩的 20％，共计 8 次实验。期末评价占总成绩的 60％，主要考察所学的 8 个模块，分为单项选择题、分析题、计算题和设计题。

2. 教学单元设计

专业基础课计算机组成原理教案——Cache 存储器的教学设计如表 4-16 所示。

表 4-16　专业基础课计算机组成原理教案表（Cache 存储器）

2023—2024 学年第二学期第 8 周

知识建模图：

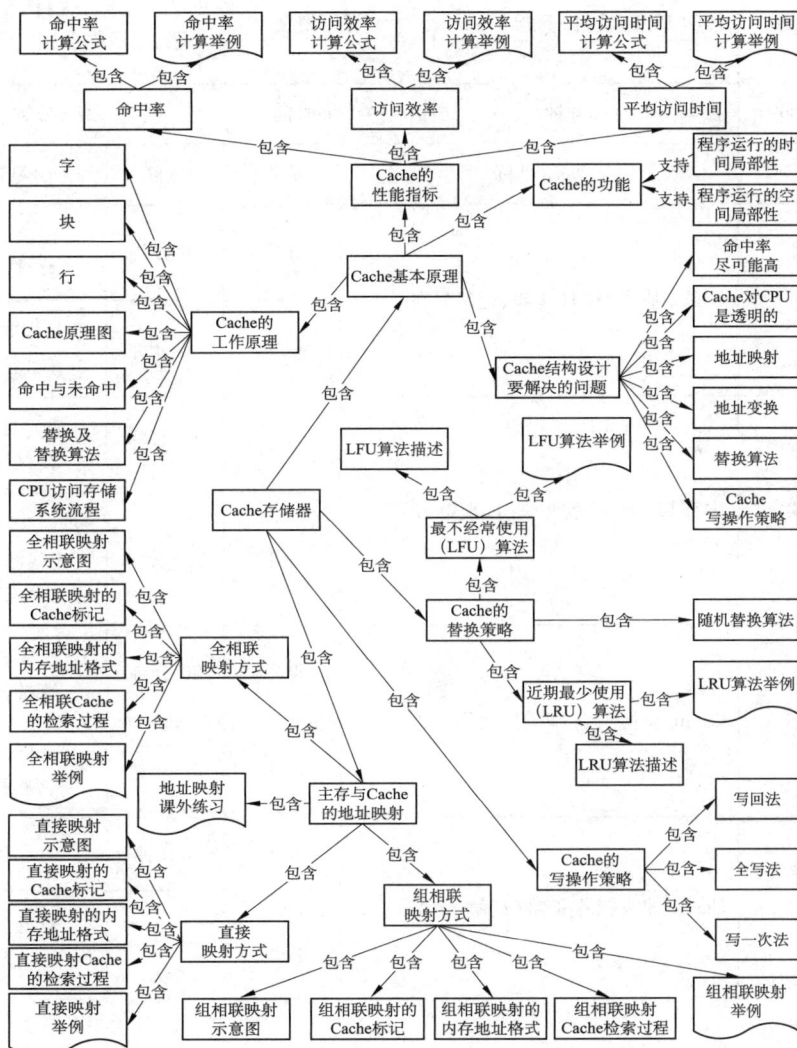

续表

学习目标	知识点（学习水平）			素质目标（课程思政点）	
学习目标	Cache 基本原理（理解、记忆）、主存与 Cache 地址映射（理解、运用）、Cache 替换策略（理解、运用）、Cache 的写操作策略（理解、记忆）			引导学生培养严谨科学态度，理解技术对社会发展的推动作用，激发创新精神与责任感，树立正确科技价值观。	

学习先决知识	知识点（学习水平）				
学习先决知识	程序运行的时间局部性（理解、运用）、程序运行的空间局部性（理解、运用）				

课上资源	教学 PPT、教材、例题		课下资源	学习视频、教材、在线测试题、课后作业题	
课上时间	100 分钟		课下时间	220 分钟	

活动序列	活动目标	地点	时间	学习资源
活动 1	Cache 基本原理（理解、记忆）	课上	20 分钟	教学 PPT、教材、例题
		课下	50 分钟	学习视频、教材、在线测试题
活动 2	主存与 Cache 地址映射（理解、运用）	课上	60 分钟	教学 PPT、教材、例题
		课下	110 分钟	学习视频、教材、在线测试题、课后作业题
活动 3	Cache 替换策略（理解、运用）	课上	20 分钟	教学 PPT、教材、例题
		课下	30 分钟	教材、在线测试题
活动 4	Cache 的写操作策略（理解、记忆）	课上	0 分钟	无
		课下	30 分钟	教材、在线测试题

活动 1 知识建模图(课上＋课下)

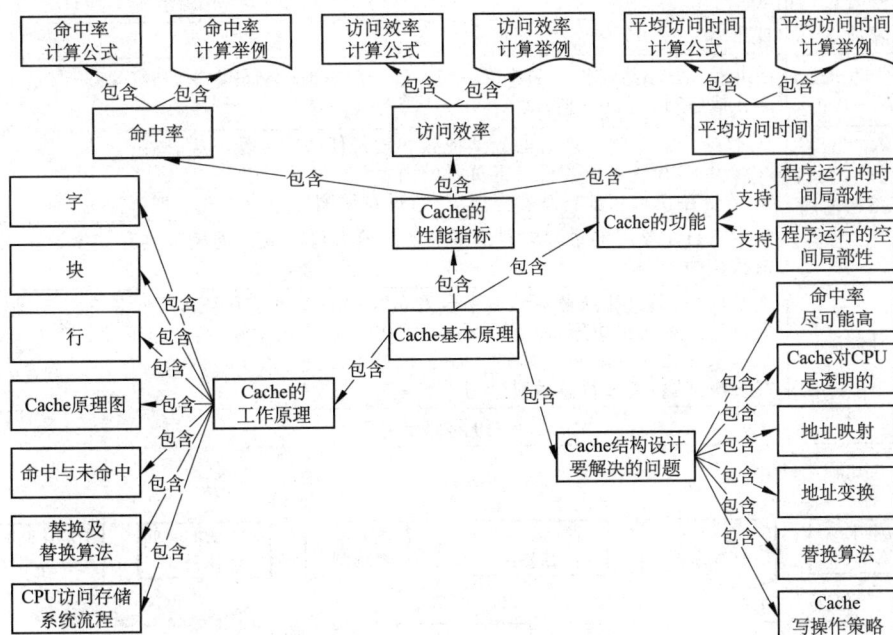

活 动 目 标	Cache 基本原理(理解、记忆)

活动任务序列(导入任务描述)

师生交互过程	教师引入问题:随着芯片制造技术的成熟与发展,CPU 的速度提升也越来越快, 而存储器速度提升却没有那么快,两者之间的差距越来越大。为了解决 CPU 和存储器的速度矛盾,特在 CPU 和内存之间增加一级或多级的 Cache 来解决问题

活动任务序列(任务一)

任务一知识组块:

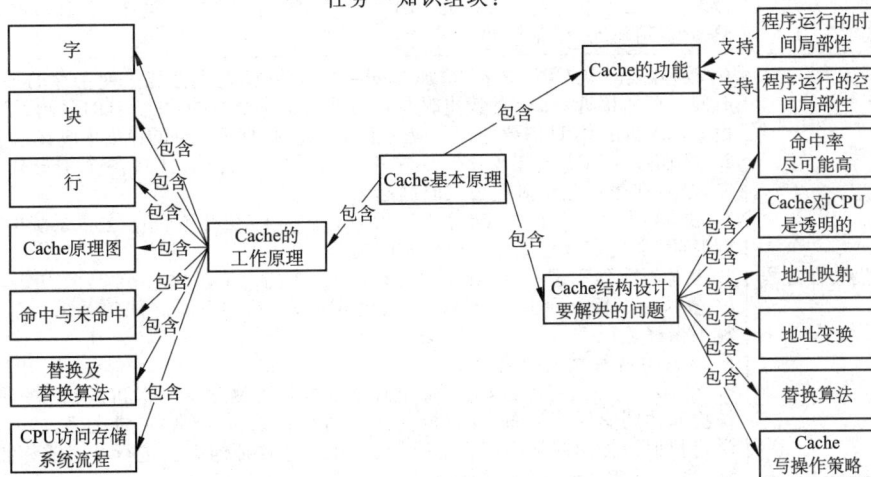

续表

任务描述	采用学生自主学习的方式,使学生对 Cache 的基本工作原理有一个大概的认识和理解
任务时长	50 分钟
学习地点	课下
教学方式 (或学习方式)	□讲授 □小组讨论 ☑答疑 □实验 □实训 ☑自主学习 □翻转课堂 ☑其他(请填写)在线测试
师生交互过程	1. 教师将需要学生观看的教学视频和教材任务布置给学生。 2. 学生观看视频和教材指定页码的内容。 3. 学生在视频和教材观看完成后,通过在线测试题检测知识理解情况
	学生在自主学习的过程中遇到不理解的地方可以通过通信工具和同学讨论或者请教教师
学习资源	教学视频:通过智慧黄科学习平台发布"Cache 基本工作原理"(时长 5 分 31 秒) 教材:《计算机组成原理》(第六版),白中英、戴志涛主编,科学出版社 3.6.1 Cache 基本原理(1. Cache 的功能;2. Cache 的基本原理) 在线测试题:通过智慧黄科学习平台发布

活动任务序列(任务二)

任务二知识组块:

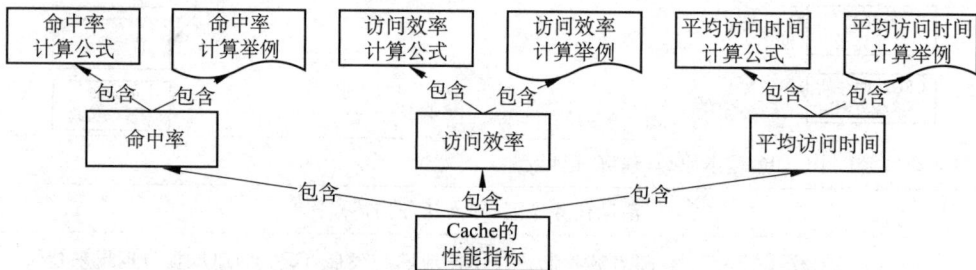

任务描述	通过课堂讲授和课堂练习的方式,使学生具备熟练计算 Cache 性能指标的能力
任务时长	20 分钟
学习地点	课上
教学方式 (或学习方式)	☑讲授 □小组讨论 ☑答疑 □实验 □实训 □自主学习 □翻转课堂 ☑其他(请填写)课堂提问
师生交互过程	1. 教师陈述:从 CPU 来看,增加 Cache 的目的,就是在性能上使主存的平均读出时间尽可能接近 Cache 的读出时间。为了达到这个目的,在所有的存储器访问中,由 Cache 满足 CPU 需要的部分应占很高的比例,即 Cache 的命中率应接近于 1 2. 教师利用 PPT 给出 Cache 命中率的表达式,指出公式中各个字母代表的含义,学生在教材上将对应公式圈画起来 3. 教师利用 PPT 在 Cache 命中率指标的基础上,给出 Cache/主存系统的平均访问时间,学生在教材上将对应公式圈画起来 4. 教师利用 PPT 进一步给出访问效率的表达式,学生在教材上将对应公式圈画起来 5. 教师在黑板上列出三个指标的其他表达式(利用三者之间的关系),学生在教材上做好笔记 6. 教师讲解教材上的例 3.4 7. 教师补充一道练习题,通过课堂提问的方式检测学生对本知识点的掌握情况。被提问的同学回答问题,教师根据回答情况记录到"平时成绩登记表"。其余同学可根据被提问同学的回答情况举手,并经过教师同意后进行补充或修正,教师在"平时成绩登记表"上进行记录

师生交互过程	学生在上课过程中有不理解的地方可举手打断,如果是共性问题,教师可以在课堂上进一步讲解;如非共性问题,可课下给学生解答。
学习资源	教学 PPT 教材:《计算机组成原理(第六版)》,白中英、戴志涛主编,科学出版社 教师补充的课内练习题
学习成果及 评价标准	1. 线上测试题 每小题 1 分,系统自动给分 2. 课外学习视频的观看 由"学习平台"进行记录并评分 3. 提问(随机提问,每个同学都有机会被提问到) 回答完全正确记 5 分,回答部分正确根据回答情况记 2~4 分,回答错误记 1 分,没有回答(缺勤)记 0 分,补充回答且正确的同学记 5 分
备注	无

活动 2 知识建模图(课上+课下)

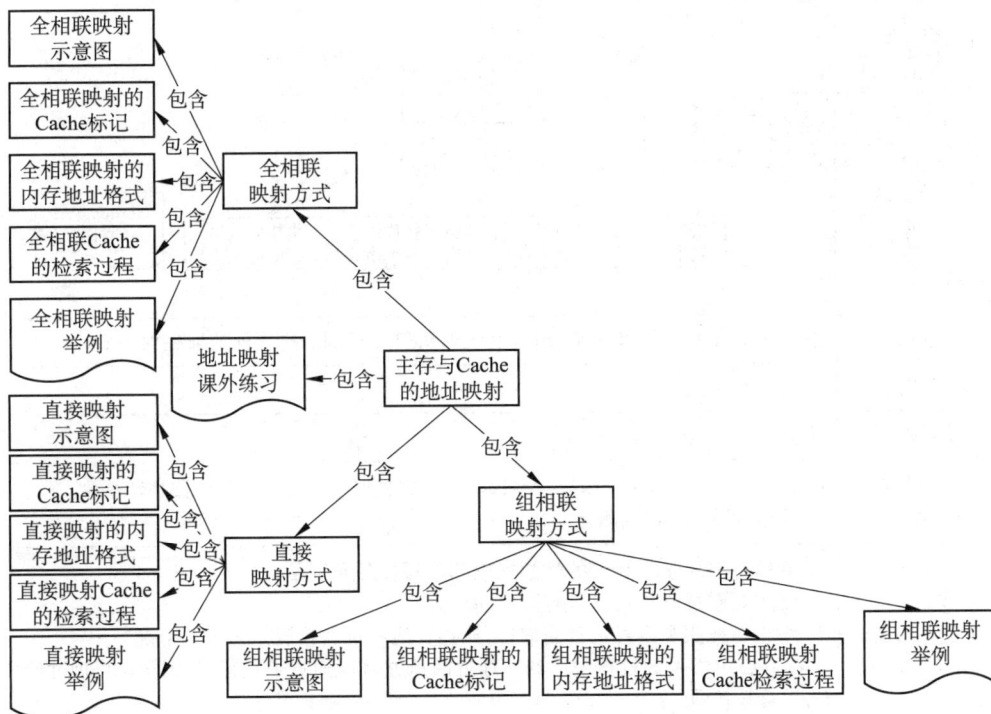

活动目标	主存与 Cache 地址映射(理解、运用)

	活动任务序列(导入任务描述)
师生交互过程	教师引入问题:与主存容量相比,Cache 的容量很小,它保存的内容只是主存内容的一个子集。为了把主存块放到 Cache 中,必须应用某种方法把主存地址定位到 Cache 中,这就称为地址映射

活动任务序列(任务一)

任务一知识组块:

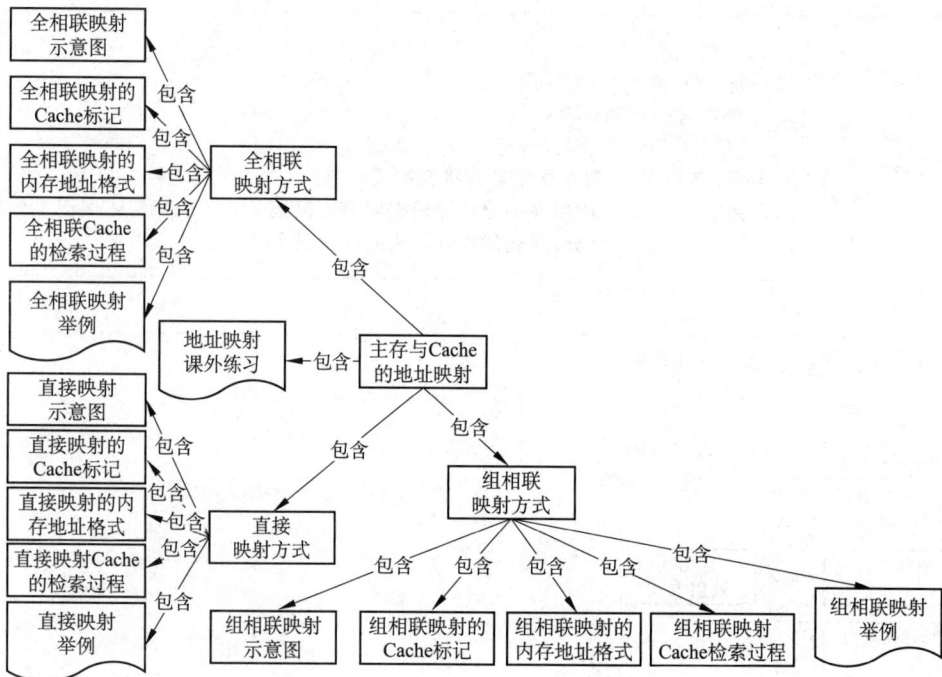

任务描述	采用学生自主学习的方式,使学生认识和理解 Cache 的三种地址映射方式
任务时长	50 分钟
学习地点	课下
教学方式(或学习方式)	□讲授　□小组讨论　☑答疑　□实验　□实训　☑自主学习　□翻转课堂 ☑其他(请填写)在线测试
师生交互过程	1. 教师将需要学生观看的教学视频和教材任务布置给学生 2. 学生观看视频和教材指定页码的内容 3. 学生在视频和教材观看完成后,通过在线测试题检测知识理解情况 学生在自主学习的过程中遇到不理解的地方可以通过通信工具和同学之间讨论或者请教教师
学习资源	教学视频:通过"智慧黄科"学习平台发布"Cache 与主存的映射"(时长 18 分 12 秒) 教材:《计算机组成原理(第六版)》,白中英、戴志涛主编,科学出版社 在线测试题:通过智慧黄科学习平台发布

活动任务序列(任务二)		
任务二知识组块：	任务描述	通过课堂讲授和课堂练习的方式,使学生具备熟练掌握全相联映射的能力
	任务时长	20 分钟
	学习地点	课上

教学方式 (或学习方式)	☑讲授　□小组讨论　☑答疑　□实验　□实训　□自主学习　□翻转课堂 ☑其他(请填写)课堂提问
师生交互过程	1. 教师陈述:全相联映射是指主存的一个块可以复制到 Cache 中的任一行 2. 教师利用 PPT 给出全相联映射的示意图,教师对图片做详细介绍,学生在教材上的对应部分做好补充笔记 3. 教师利用 PPT 动画讲解全相联映射 Cache 的检索过程,学生在教材上的对应部分做好补充笔记 4. 教师讲解教材上的例 3.7 5. 教师补充一道练习题,通过课堂提问的方式检测学生对本知识点的掌握情况。被提问的同学回答问题,教师根据回答情况记录到"平时成绩登记表"。其余同学可根据被提问同学的回答情况举手,并经过教师同意后进行补充或修正,教师在"平时成绩登记表"上进行记录 学生在上课过程中有不理解的地方可举手打断,如果是共性问题,教师可以在课堂上进一步讲解;如非共性问题,可课下给学生解答
学习资源	教学 PPT 教材:《计算机组成原理(第六版)》,白中英、戴志涛主编,科学出版社 教师补充的课内练习题

活动任务序列(任务三)		
任务三知识组块：	任务描述	通过课堂讲授和课堂练习的方式,使学生具备熟练掌握直接映射方式的能力
	任务时长	20 分钟
	学习地点	课上

教学方式 (或学习方式)	☑讲授　□小组讨论　☑答疑　□实验　□实训　□自主学习　□翻转课堂 ☑其他(请填写)课堂提问

师生交互过程	1. 教师陈述:直接映射是指主存的一个块只能复制到 Cache 中的一个特定行 2. 教师利用 PPT 给出直接映射的示意图,教师对图片做详细介绍,学生在教材上的对应部分做好补充笔记 3. 教师利用 PPT 动画讲解直接映射 Cache 的检索过程,学生在教材上的对应部分做好补充笔记 4. 教师讲解教材上的例 3.5 5. 教师补充一道练习题,通过课堂提问的方式检测学生对本知识点的掌握情况。被提问的同学回答问题,教师根据回答情况记录到"平时成绩登记表"。其余同学可根据被提问同学的回答情况举手,并经过教师同意后进行补充或修正,教师在"平时成绩登记表"上进行记录 学生在上课过程中有不理解的地方可举手打断,如果是共性问题,教师可以在课堂上进一步讲解;如非共性问题,可课下给学生解答
学习资源	教学 PPT 教材:《计算机组成原理(第六版)》,白中英、戴志涛主编,科学出版社 教师补充的课内练习题

活动任务序列(任务四)

任务四知识组块: 组相联映射方式 ──包含──→ 组相联映射举例	任务描述	通过课堂讲授和课堂练习的方式,使学生具备熟练掌握组相联映射的能力	
	任务时长	20 分钟	
	学习地点	课上	
教学方式 (或学习方式)	☑讲授　□小组讨论　☑答疑　□实验　□实训　□自主学习　□翻转课堂 ☑其他(请填写)课堂提问		
师生交互过程	1. 教师陈述:组相联映射是全相联映射和直接映射的结合 2. 教师利用 PPT 给出组相联映射的示意图,教师对图片做详细介绍,学生在教材上的对应部分做好补充笔记 3. 教师利用 PPT 动画讲解组相联映射 Cache 的检索过程,学生在教材上的对应部分做好补充笔记 4. 教师讲解教材上的例 3.6 5. 教师补充一道练习题,通过课堂提问的方式检测学生对本知识点的掌握情况 被提问的同学回答问题,教师根据回答情况记录到"平时成绩登记表"。其余同学可根据被提问同学的回答情况举手,并经过教师同意后进行补充或修正,教师在"平时成绩登记表"上进行记录 学生在上课过程中有不理解的地方可举手打断,如果是共性问题,教师可以在课堂上进一步讲解;如非共性问题,可课下给学生解答		

学习资源	教学 PPT 教材:《计算机组成原理(第六版)》,白中英、戴志涛主编,科学出版社 教师补充的课内练习题

活动任务序列(任务五)

任务五知识组块: 地址映射课外练习 ←包含 主存与Cache的地址映射	任务描述	通过学生课外自主学习和实训的方式使学生具备熟练掌握 Cache 三种地址映射的能力
	任务时长	60 分钟
	学习地点	课下

教学方式 (或学习方式)	□讲授　□小组讨论　☑答疑　□实验　☑实训　☑自主学习　□翻转课堂 □其他(请填写)课堂提问
师生交互过程	1. 教师通过"智慧黄科"学习平台发布课外作业任务 2. 学生在作业本上完成作业后拍照上传智慧黄科学习平台 3. 教师在智慧黄科学习平台完成作业批改 学生在完成课外练习任务的时候如果有不理解的问题,可以通过通信工具和同学讨论或者请教教师
学习资源	教材:《计算机组成原理(第六版)》,白中英、戴志涛主编,科学出版社 课外练习题
学习成果及 评价标准	1. 线上测试题 每小题 1 分,系统自动给分 2. 课外学习视频的观看 由"学习平台"进行记录并评分 3. 提问(随机提问,每个同学都有机会被提问到) 回答完全正确记 5 分,回答部分正确根据回答情况记 2~4 分,回答错误记 1 分,没有回答(缺勤)记 0 分,补充回答且正确的同学记 5 分。 4. 每项课外作业为 10 分,由教师根据作业参考答案在智慧黄科学习平台进行批改并由系统记录成绩
备注	无

活动 3 知识建模图(课上＋课下)

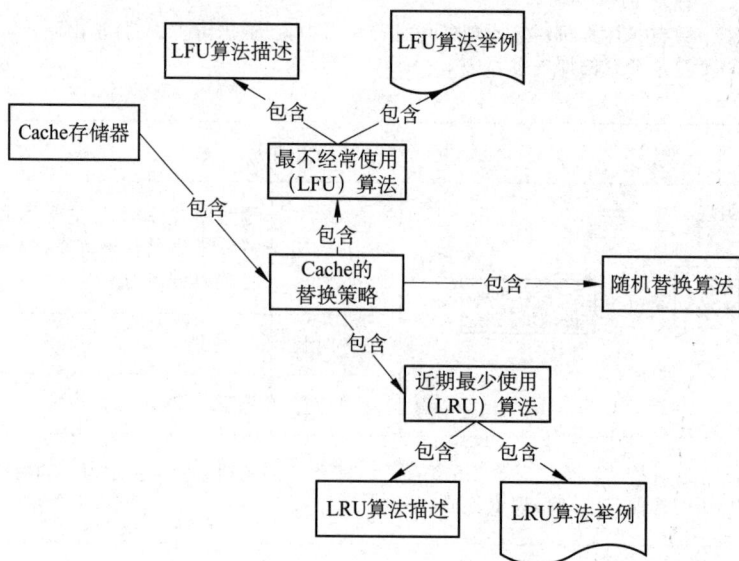

活动目标	Cache 替换策略(理解、运用)
活动任务序列(导入任务描述)	
师生交互过程	教师引入问题:Cache 工作原理要求它尽量保存最新数据。当一个新的主存块需要复制到 Cache,而允许存放此块的行位置都被其他主存块占满时,就要产生替换

活动任务序列(任务一)

任务一知识组块:

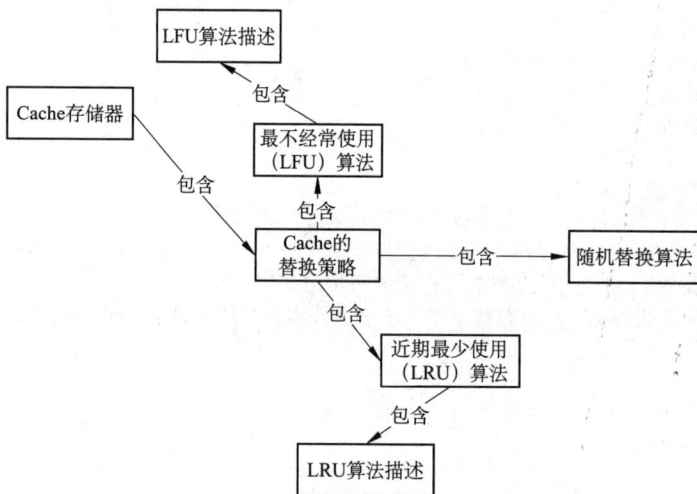

任务描述	采用学生自主学习的方式,使学生认识和理解 Cache 的三种替换策略
任务时长	30 分钟
学习地点	课下

教学方式 （或学习方式）	☐讲授　☐小组讨论　☑答疑　☐实验　☐实训　☑自主学习　☐翻转课堂 ☑其他（请填写）<u>在线测试</u>
师生交互过程	1. 教师将需要学生观看的教材任务布置给学生； 2. 学生观看教材指定页码的内容； 3. 学生在教材观看完成后，通过在线测试题检测知识理解情况
	学生在自主学习的过程中遇到不理解的地方可以通过通信工具和同学讨论或者请教教师
学习资源	教材：《计算机组成原理（第六版）》，白中英、戴志涛主编，科学出版社 在线测试题：通过智慧黄科学习平台发布

活动任务序列（任务二）

任务二知识组块： LFU算法举例 ↑包含 最不经常使用 （LFU）算法	任务描述	通过课堂讲授和课堂练习的方式，使学生具备熟练掌握 LFU 替换算法的能力
	任务时长	10 分钟
	学习地点	课上

教学方式 （或学习方式）	☑讲授　☐小组讨论　☑答疑　☐实验　☐实训　☐自主学习　☐翻转课堂 ☑其他（请填写）<u>课堂提问</u>
师生交互过程	1. 教师陈述：LFU 算法能够将一段时间内最不经常使用的那行数据换出 2. 教师利用 PPT 动画讲解一个补充的采用 LFU 算法的例题，学生认真听讲，做好笔记 3. 教师补充一道练习题，通过课堂提问的方式检测学生对本知识点的掌握情况。被提问的同学回答问题，教师根据回答情况记录到"平时成绩登记表"。其余同学可根据被提问同学的回答情况举手，并经过教师同意后进行补充或修正，教师在"平时成绩登记表"上进行记录 学生在上课过程中有不理解的地方可举手打断，如果是共性问题，教师可以在课堂上进一步讲解；如非共性问题，可课下给学生解答
学习资源	教学 PPT 教材：《计算机组成原理（第六版）》，白中英、戴志涛主编，科学出版社 教师补充的例题和课内练习题

活动任务序列(任务三)

任务三知识组块:		
近期最少使用 (LRU)算法 包含 LRU算法举例	任务描述	通过课堂讲授和课堂练习的方式,使学生具备熟练掌握 LRU 替换算法的能力
	任务时长	10 分钟
	学习地点	课上

教学方式 (或学习方式)	☑讲授 □小组讨论 ☑答疑 □实验 □实训 □自主学习 □翻转课堂 ☑其他(请填写)课堂提问
师生交互过程	1. 教师陈述:LRU 算法能够将一段时间内被访问次数最少的那行数据换出 2. 教师利用 PPT 动画讲解一个补充的采用 LRU 算法的例题,学生认真听讲,做好笔记 3. 教师补充一道练习题,通过课堂提问的方式检测学生对本知识点的掌握情况 被提问的同学回答问题,教师根据回答情况记录到"平时成绩登记表"。其余同学可根据被提问同学的回答情况举手,并经过教师同意后进行补充或修正,教师在"平时成绩登记表"上进行记录 学生在上课过程中有不理解的地方可举手打断,如果是共性问题,教师可以在课堂上进一步讲解;如非共性问题,可课下给学生解答
学习资源	教学 PPT 教材:《计算机组成原理(第六版)》,白中英、戴志涛主编,科学出版社 教师补充的例题和课内练习题
学习成果及 评价标准	1. 线上测试题 每小题 1 分,系统自动给分。 2. 课外学习视频的观看 由"学习平台"进行记录并评分。 3. 提问(随机提问,每个同学都有机会被提问到) 回答完全正确记 5 分,回答部分正确根据回答情况记 2~4 分,回答错误记 1 分,没有回答(缺勤)记 0 分,补充回答且正确的同学记 5 分
备注	无

活动 4 知识建模图(课下)

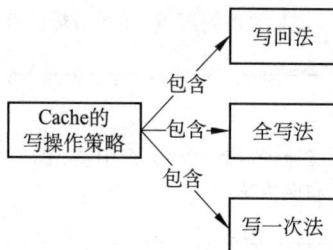

活动目标	Cache 替换策略(理解、运用)

活动任务序列(导入任务描述)

师生交互过程	教师引入问题:由于 Cache 的内容只是主存部分内容的副本,所以它应当与主存内容保持一致。然而,CPU 对 Cache 的写入都更改了 Cache 的内容。如何与主存内容保持一致,可选用三种写操作策略

活动任务序列(任务一)

任务一知识组块:

```
                    包含    ┌─────────┐
                   ───────→ │  写回法  │
                            └─────────┘
┌─────────┐  包含   ┌─────────┐
│ Cache的  │───────→ │  全写法  │
│ 写操作策略│        └─────────┘
└─────────┘  包含   ┌─────────┐
                   ───────→ │ 写一次法 │
                            └─────────┘
```

任务描述	采用学生自主学习的方式,使学生认识和理解 Cache 的三种写操作策略
任务时长	30 分钟
学习地点	课下

教学方式 (或学习方式)	□讲授　□小组讨论　☑答疑　□实验　□实训　☑自主学习　□翻转课堂 ☑其他(请填写)在线测试
师生交互过程	1. 教师将需要学生观看的教材任务布置给学生 2. 学生观看教材指定页码的内容 3. 学生在教材观看完成后,通过在线测试题检测知识理解情况 学生在自主学习的过程中遇到不理解的地方可以通过通信工具和同学之间讨论或者请教教师
学习资源	教材:《计算机组成原理(第六版)》,白中英、戴志涛主编,科学出版社 在线测试题:通过"智慧黄科"学习平台发布
学习成果及评价标准	线上测试题 每小题 1 分,系统自动给分
备注	无

专业基础课计算机组成原理教案——指令系统的教学设计如表 4-17 所示。

表 4-17 计算机组成原理专业基础课教案表(指令系统)

2023—2024 学年第二学期第 9 周

知识建模图:

续表

学习目标	知识点(学习水平)			素质目标	
	指令系统的发展与性能要求(理解、记忆)、指令格式(理解、运用)			使学生了解国家半导体技术的发展,具有较强的国家荣誉感	

学习先决知识	知识点(学习水平)				
	无				

课上资源	教学 PPT、教材、例题		课下资源	学习视频、教材、在线测试题、课后作业题	
课上时间	100 分钟		课下时间	110 分钟	

活动序列	活动目标	地点	时间	学习资源	
活动 1	指令系统的发展与性能要求(理解、记忆)	课上	10 分钟	教学 PPT、教材、例题	
		课下	30 分钟	学习视频、教材、在线测试题	
活动 2	指令格式(理解、运用)	课上	90 分钟	教学 PPT、教材、例题	
		课下	80 分钟	学习视频、教材、在线测试题、课后作业题	

活动 1 知识建模图(课上+课下)

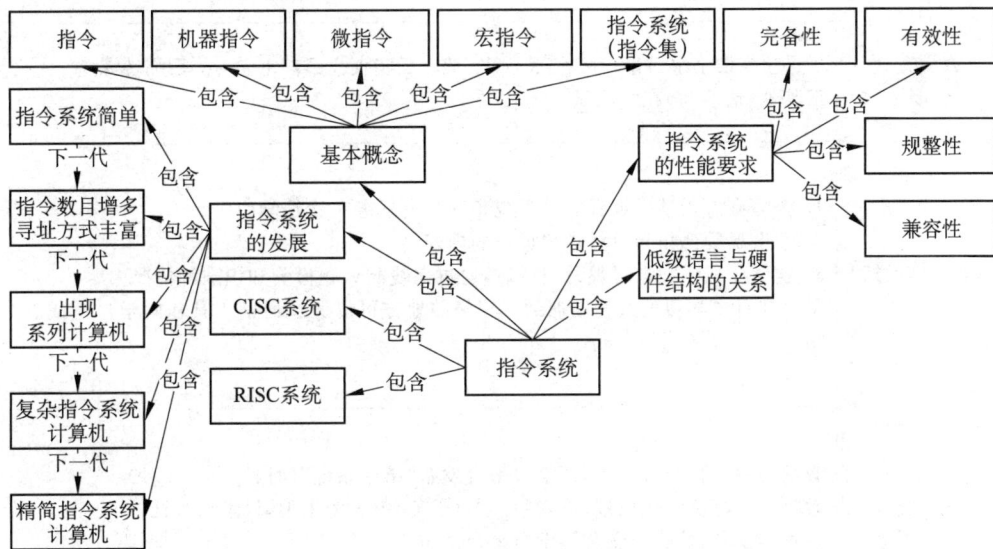

活动目标	指令系统的发展与性能要求(理解、记忆)

续表

活动任务序列（导入任务描述）

师生交互过程	教师先讲评上次课后作业题，向学生提供课后作业参考答案，并讲评上次布置的课外学习任务的完成情况。 教师引入新知识：从本次课开始学习第四章指令系统，本次课学习重点是指令格式

活动任务序列（任务一）

任务一知识组块：

任务描述	采用学生自主学习的方式，使学生认识和理解指令系统相关的基本概念
任务时长	30 分钟
学习地点	课下

教学方式 （或学习方式）	☐讲授　☐小组讨论　☑答疑　☐实验　☐实训　☑自主学习　☐翻转课堂 ☑其他（请填写）<u>在线测试</u>
师生交互过程	1. 教师将需要学生观看的教学视频和教材任务布置给学生 2. 学生观看视频和教材指定页码的内容 3. 学生在视频和教材观看完成后，通过在线测试题检测知识理解情况 学生在自主学习的过程中遇到不理解的地方可以通过通信工具和同学讨论或者请教教师
学习资源	教学视频：通过"智慧黄科"学习平台发布"指令系统"（时长 7 分 52 秒） 教材：《计算机组成原理（第六版）》，白中英、戴志涛主编，科学出版社 在线测试题：通过智慧黄科学习平台发布

活动任务序列(任务二)

任务二知识组块:	任务描述	通过课堂讲授的方式,使学生具备理解 CISC 系统和 RISC 系统各自特点的能力
CISC系统 ← 包含 → 指令系统 RISC系统 ← 包含	任务时长	10 分钟
	学习地点	课上

教学方式 (或学习方式)	☑讲授　□小组讨论　☑答疑　□实验　□实训　□自主学习　□翻转课堂 ☑其他(请填写)课堂提问
师生交互过程	1. 教师陈述:20 世纪 70 年代末期,出现了 CISC 到 RISC 的转变 2. 教师随机提问:"CISC 和 RISC 分别指什么?"被提问的同学回答问题,教师根据回答情况记录到"平时成绩登记表"。其余同学可根据被提问同学的回答情况举手,并经过教师同意后进行补充或修正,教师在"平时成绩登记表"上进行记录 3. 教师通过教学 PPT 讲解 CISC 系统和 RISC 系统各自的特点,学生认真听讲,做好笔记 4. 教师通过随机提问的方式,利用 PPT 上补充的选择题检测学生对本知识点的掌握情况,并根据学生回答情况在"平时成绩登记表"上进行记录 学生在上课过程中有不理解的地方可举手打断,如果是共性问题,教师可以在课堂上进一步讲解;如非共性问题,可课下给学生解答。
学习资源	教学 PPT 教师补充的选择题
学习成果及 评价标准	1. 线上测试题 每小题 1 分,系统自动给分 2. 课外学习视频的观看 由"学习平台"进行记录并评分 3. 提问(随机提问,每个同学都有机会被提问到) 回答完全正确记 5 分,回答部分正确根据回答情况记 2~4 分,回答错误记 1 分,没有回答(缺勤)记 0 分,补充回答且正确的同学记 5 分
备注	无

活动 2 知识建模图（课上＋课下）

指令系统

零地址指令 — 是一种 → 地址码 ← 是一种 — 一地址指令

地址码 ← 是一种 — 三地址指令

地址码 ← 是一种 — 二地址指令

指令系统 —包含→ 指令格式

指令格式 —包含→ 地址码

一条指令规定一个操作码 —包含→ 操作码

操作码 —包含→ 指令格式

n 位操作码规定 2^n 条指令 —包含→ 操作码

操作码 —包含→ 指令助记符

存储器存储器(SS)型指令 —包含→ 二地址指令

二地址指令 —包含→ 寄存器存储器(RS)型指令

二地址指令 —包含→ 寄存器寄存器(RR)型指令

指令格式 —包含→ 指令字长度

指令格式 —包含→ 指令格式的影响因素

指令格式 —包含→ 指令格式举例

单字长指令 —包含→ 按指令字位数分类

半字长指令 —包含→ 按指令字位数分类

双字长指令 —包含→ 按指令字位数分类

按指令字位数分类 ←包含— 指令字长度

按指令长度的可变性分类 ←包含— 按指令字位数分类

指令格式分析实例 —包含→ 指令格式举例

指令格式分析课堂练习

指令格式的影响因素 —包含→ 存储器的容量

指令格式的影响因素 —包含→ 机器的字长

指令格式的影响因素 —包含→ 指令的功能

变长指令字结构 —包含→ 按指令长度的可变性分类

等长指令字结构 —包含→ 按指令长度的可变性分类

固定长度的操作码 —包含→ 变长指令字结构

可变长度的操作码 —包含→ 等长指令字结构

扩展操作码技术 ←支持— 可变长度的操作码

向地址码扩充操作码长度 ←本质— 扩展操作码技术

扩展操作码技术 —包含→ 扩展操作码实例

扩展操作码技术 —包含→ 扩展操作码课堂练习

扩展操作码技术 —包含→ 扩展操作码课后练习

指令格式举例 —包含→ 八位微型计算机的指令格式

八位微型计算机的指令格式 —属于→ 字长可变固定操作码指令

指令格式举例 —包含→ MIPS R4000 指令格式 —属于→ RISC 系统，两种类型指令

指令格式举例 —包含→ ARM 的指令格式 —属于→ RISC 系统

指令格式举例 —包含→ Pentium 指令格式 —属于→ CISC 系统

活动目标	指令格式（理解、运用）
活动任务序列（导入任务描述）	
师生交互过程	教师引入问题:指令格式就是指令用二进制代码所表示的结构形式

活动任务序列(任务一)

任务一知识组块:

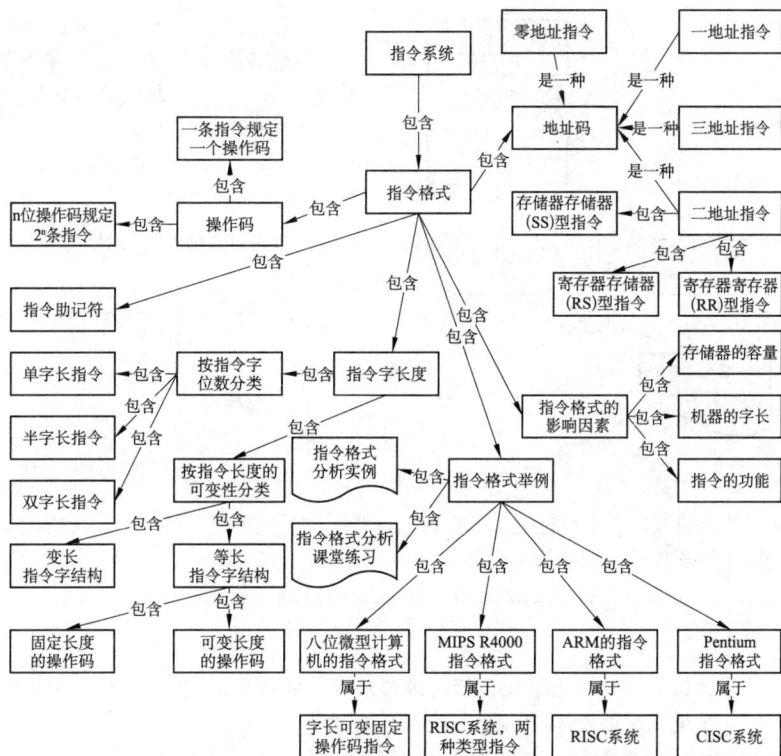

指令系统 —包含→ 指令格式

指令格式 包含:
- 操作码(一条指令规定一个操作码;n位操作码规定 2^n 条指令)
- 指令助记符
- 地址码
- 指令字长度
- 指令格式的影响因素
- 指令格式举例

地址码 是一种:
- 零地址指令
- 一地址指令
- 二地址指令
- 三地址指令

二地址指令 包含:
- 存储器存储器(SS)型指令
- 寄存器存储器(RS)型指令
- 寄存器寄存器(RR)型指令

指令格式的影响因素 包含:
- 存储器的容量
- 机器的字长
- 指令的功能

指令字长度 —包含→ 按指令字位数分类 包含:
- 单字长指令
- 半字长指令
- 双字长指令

按指令长度的可变性分类 包含:
- 变长指令字结构(包含:固定长度的操作码)
- 等长指令字结构(包含:可变长度的操作码)

指令格式分析实例
指令格式分析课堂练习

指令格式举例 包含:
- 八位微型计算机的指令格式 —属于→ 字长可变固定操作码指令
- MIPS R4000 指令格式 —属于→ RISC系统,两种类型指令
- ARM的指令格式 —属于→ RISC系统
- Pentium 指令格式 —属于→ CISC系统

任务描述	采用学生自主学习的方式,使学生认识和理解指令格式的相关问题
任务时长	50 分钟
学习地点	课下
教学方式(或学习方式)	□讲授　□小组讨论　☑答疑　□实验　□实训　☑自主学习　□翻转课堂 ☑其他(请填写)在线测试
师生交互过程	1. 教师将需要学生观看的教学视频和教材任务布置给学生 2. 学生观看视频和教材指定页码的内容 3. 学生在视频和教材观看完成后,通过在线测试题检测知识理解情况 学生在自主学习的过程中遇到不理解的地方可以通过通信工具和同学之间或者请教教师
学习资源	教学视频:通过"智慧黄科"学习平台发布"指令格式"(时长 10 分 51 秒) 教材:《计算机组成原理(第六版)》,白中英、戴志涛主编,科学出版社 在线测试题:通过智慧黄科学习平台发布

续表

活动任务序列(任务二)

任务二知识组块： 等长 指令字结构 ↓包含 可变长度 的操作码 ↓支持 向地址码扩充　←本质—　扩展操作码 操作码长度　　　　　　技术 ↓包含 扩展操作码 实例	任务描述	通过案例讲解的方式,使学生具备理解扩展操作码技术的能力
	任务时长	40分钟
	学习地点	课上

教学方式 (或学习方式)	☑讲授　□小组讨论　☑答疑　□实验　□实训　□自主学习　□翻转课堂 ☑其他(请填写)案例讲解
师生交互过程	教师采用PPT加板书的形式讲解教材上的例4.1。讲解过程中预设问题,引导学生积极思考,使其理解解决问题的过程。 1. 教师利用PPT展示例4.1的题目要求,引导学生读题 2. 教师向学生讲授扩展操作码的本质:向地址码字段扩展操作码的长度 3. 教师在黑板上写出15条三地址指令的指令格式,并强调其操作码字段的取值 4. 教师接下来在黑板上写出14条二地址指令的指令格式,并讲解设计过程 5. 教师引导学生完成接下来一地址和零地址指令的设计过程,把设计结果写在黑板上,并强调设计结果不唯一 6. 教师引导学生对扩展过程进行总结,并将总结内容在PPT上展示,学生做好笔记 学生在上课过程中有不理解的地方可举手打断,如果是共性问题,教师可以在课堂上进一步讲解;如非共性问题,可课下给学生解答
学习资源	教学PPT 教材:《计算机组成原理(第六版)》,白中英、戴志涛主编,科学出版社

活动任务序列(任务三)

任务三知识组块:	任务描述	通过课堂练习的方式,使学生具备熟练掌握扩展操作码技术的能力
	任务时长	30 分钟
	学习地点	课上

教学方式(或学习方式)	□讲授 □小组讨论 ☑答疑 □实验 □实训 □自主学习 □翻转课堂 ☑其他(请填写)<u>课堂练习、课堂提问</u>
师生交互过程	1. 教师在教材例 4.1 的基础上提出新的扩展要求,让学生完成,在完成过程中邻近的同学可以相互商讨 2. 学生在完成任务的过程中,教师可以在教室走动以解决学生提出的问题 3. 教师通过课堂提问的方式检查学生任务完成情况 被提问的同学回答问题,教师根据回答情况记录到"平时成绩登记表"。其余同学可根据被提问同学的回答情况举手,并经过教师同意后进行补充或修正,教师在"平时成绩登记表"上进行记录 学生如果问的是共性问题,教师可以在课堂上进一步讲解;如非共性问题,现场予以解答
学习资源	教学 PPT 教材:《计算机组成原理(第六版)》,白中英、戴志涛主编,科学出版社 教师补充的课内练习题

活动任务序列（任务四）

任务四知识组块：		
	任务描述	通过学生课外自主学习和实训的方式使学生具备熟练掌握扩展操作码技术的能力
	任务时长	30 分钟
	学习地点	课下

教学方式（或学习方式）	☐讲授　☐小组讨论　☑答疑　☐实验　☑实训　☑自主学习　☐翻转课堂 ☐其他（请填写）_____
师生交互过程	1. 教师通过"智慧黄科"学习平台发布课外作业任务 2. 学生在作业本上完成作业后拍照上传智慧黄科学习平台 3. 教师在智慧黄科学习平台完成作业批改 学生在完成课外练习任务的时候如果有不理解的问题，可以通过通信工具和同学讨论或者请教教师
学习资源	教学 PPT 教材：《计算机组成原理（第六版）》，白中英、戴志涛主编，科学出版社 课外作业任务

活动任务序列（任务五）

任务五知识组块：		
	任务描述	通过案例讲解的方式，使学生具备理解分析指令格式的能力
	任务时长	10 分钟
	学习地点	课上

教学方式（或学习方式）	☑讲授　☐小组讨论　☑答疑　☐实验　☐实训　☐自主学习　☐翻转课堂 ☑其他（请填写）课堂提问

师生交互过程	教师采用 PPT 加板书的形式讲解教材上的例 4.2 和例 4.3。讲解过程中预设问题,引导学生积极思考,使其理解解决问题的过程 1. 教师利用 PPT 展示例 4.2 的题目要求,引导学生读题 2. 教师引导学生从指令长度方面分析指令:"单字长? 双字长?"并将结果写到黑板上 3. 教师引导学生地址码的个数方面分析指令:"零地址? 一地址? 二地址?"并将结果写到黑板上 4. 教师引导学生从指令的个数方面分析指令:"因为指令的操作码字段为几位? 所以指令有几条?"并将结果写到黑板上 5. 教师在二地址指令的基础上分析指令是何种类型:"RR? RS? SS?"并将结果写到黑板上 6. 教师引导学生对扩展过程进行总结,并将总结内容在 PPT 上展示,学生做好笔记 7. 教师以相同的思路讲解例 4.3 学生在上课过程中有不理解的地方可举手打断,如果是共性问题,教师可以在课堂上进一步讲解;如非共性问题,可课下给学生解答
学习资源	教学 PPT 教材:《计算机组成原理(第六版)》,白中英、戴志涛主编,科学出版社

活动任务序列(任务六)

任务六知识组块:		任务描述	通过课堂练习的方式,使学生具备熟练掌握指令分析的能力
指令格式 分析实例 ←包含─ 指令格式举例		任务时长	10 分钟
		学习地点	课上
教学方式 (或学习方式)	□讲授　□小组讨论　☑答疑　□实验　□实训　□自主学习　□翻转课堂 ☑其他(请填写)课堂练习、课堂提问		
师生交互过程	1. 教师补充和教材例 4.2 和例 4.3 同类型的课堂练习任务,让学生完成,在完成过程中邻近的同学可以相互商讨 2. 学生在完成任务的过程中,教师可以在教室走动以解决学生提出的问题 3. 教师通过课堂提问的方式检查学生任务完成情况 被提问的同学回答问题,教师根据回答情况记录到"平时成绩登记表"。其余同学可根据被提问同学的回答情况举手,并经过教师同意后进行补充或修正,教师在"平时成绩登记表"上进行记录 学生在上课过程中有不理解的地方可举手打断,如果是共性问题,教师可以在课堂上进一步讲解;如非共性问题,可课下给学生解答		
学习资源	教学 PPT 教材:《计算机组成原理(第六版)》,白中英、戴志涛主编,科学出版社 教师补充的课内练习		

学习成果及评价标准	1. 线上测试题 每小题 1 分,系统自动给分 2. 课外学习视频的观看 由"学习平台"进行记录并评分 3. 提问(随机提问,每个同学都有机会被提问到) 回答完全正确记 5 分,回答部分正确根据回答情况记 2~4 分,回答错误记 1 分,没有回答(缺勤)记 0 分。补充回答且正确的同学记 5 分 4. 每项课外作业为 10 分,由教师根据作业参考答案在智慧黄科学习平台进行批改并由系统记录成绩
备注	无

结　语

1. 建设总结

产教融合型课程体系建设是当前教育改革的重要方向,旨在通过学校与产业的深度合作,实现教育内容与产业需求的有效对接,从而提高人才培养质量,促进经济发展。

在构建产教融合型课程体系的过程中,我们做了以下工作。

(1) 优化课程结构:在保持课程整体稳定性的前提下,优化课程结构,更新课程内容,以适应市场需求的变化。同时,注重课程之间的衔接和配合,形成完整的课程体系。

(2) 强化创新能力培养:在产教融合型课程体系中,注重学生创新能力的培养,通过开设项目化教学课程、组织学生参加学科竞赛等方式,提高学生的创新意识和实践能力。

(3) 完善实践教学体系:进一步完善实践教学体系,加强实践教学管理,改良实践教学环节的考核和评价机制,以便提高实践教学的质量。

(4) 强化行业企业参与:通过加强与行业、企业的合作,共同开发课程、编写教材、开展实践教学等,提高人才培养的针对性和实用性。

2. 发展趋势和展望

未来,我们将继续深化产教融合型课程体系建设,进一步优化课程设置、改进教学方法;注重学生创新能力的培养,提高学生的创新意识;加强学校与企业间的沟通与合作,实现教育资源与产业资源的共享;完善实践教学评价体系,提升实践教学的质量与效果;我们还将鼓励教师参与企业项目研发,提高教师的实践能力与科研水平。通过以上措施,我们将努力构建有特色的产教融合型课程体系,为培养高素质人才作出贡献。

参 考 文 献

[1] 谭浩强 . C 程序设计[M].5 版 . 北京:清华大学出版社,2017.

[2] 黑马程序员 . C＋＋程序设计教程[M].2 版 . 北京:人民邮电出版社,2021.

[3] 白中英,戴志涛 . 计算机组成原理[M].6 版 . 北京:科学出版社,2019.

[4] 王道论坛 .2024 年计算机组成原理考研复习指导[M].北京:电子工业出版社,2021.

[5] 耿祥义,张跃平 . Java 2 实用教程[M].6 版 . 北京:清华大学出版社,2021.

[6] 乔冰琴,郝志卿 . 软件测试技术及项目案例实战[M].北京:清华大学出版社,2020.

[7] 嵩天,礼欣,黄天羽 . Python 语言程序设计基础[M].2 版 . 北京:高等教育出版社,2017.

[8] 黑马程序员 . 软件测试[M].2 版 . 北京:人民邮电出版社,2023.

[9] 王珊,萨师煊 . 数据库系统概论[M].5 版 . 北京:高等教育出版社,2014.

[10] 李冬海,靳宗信 . 轻量级 Java EE Web 框架技术:Spring MVC＋Spring＋MyBatis＋Spring
Boot[M].北京:清华大学出版社,2022.

[11] 杜悦,常志军,董美,等 . 一种面向海量科技文献数据的大规模知识图谱构建方法[J].数据分
析与知识发现,2023,7(2):141-150.

[12] 周杰 . 在知识的应用过程中培养建模能力:以"反比例函数的应用(第 2 课时)"为例 [J]. 中学
数学,2023(14):45-47.

[13] 李元军,许云艳 . 以探究促知识建模 以感悟促思维发展:以"反比例函数的图象与性质"课堂
教学为例[J].中学数学,2023(12):93-94.

[14] 田永樟 . 基于知识图谱的高校政策文件知识建模研究[D]. 哈尔滨:哈尔滨师范大学,2023.

[15] 黄浦 . 支持工艺创新设计的知识建模与应用技术研究[D]. 西安:长安大学,2023.

[16] 吕扬才 . 课程导向的专业知识状态建模与应用研究[D]. 上海:华东师范大学,2023.

[17] 黄焕,元帅,何婷婷,等 . 面向适应性学习系统的课程知识图谱构建研究:以"Java 程序设计基
础"课程为例[J].现代教育技术,2019,29(12):89-95.

附录　知识建模法

一、知识建模法简介

(一)概念及应用

知识建模法应用非常广泛,是一个复杂的过程,涉及多个步骤和方法。它旨在创建一个专业知识建模图,为培养新型人才搭建坚实的知识体系基础。

知识建模法将知识域可视化或映射为地图。通过可视化技术,理解知识与知识之间的关系。知识建模法是以图的形式表示知识,其中节点代表实体,如人物、地点或事物;线则代表实体之间的关系。知识建模法在操作中通常需要借助 Microsoft Visio 软件。

(二)作用

知识建模法可以将传统的学科知识体系和企业的实践知识体系用一个逻辑联系起来,形成统一的人才培养的知识点数据库;可实时动态更新"有用"的教学知识、企业任务知识等。知识建模法不仅在技术领域发挥着重要的作用,而且在教育教学领域也带来了革命性的变化,其主要作用体现在以下三个方面。

第一,帮助教师进行课程先后序列的排布。

第二,帮助教师进行每课教学任务的分解。

第三,检查专业的人才培养目标与课程结构之间的对应性,以及课程目标与其知识结构的对应性是否清晰、合理。

二、准备工作

在进行知识建模前,教师需提前做好以下准备工作。

(1)每个专业以一门项目化教学课程及其对应的专业基础课为分析单位。

(2)本专业参与项目化教学课程及其对应的专业基础课的所有教师。

(3)项目化教学课程相关的所有资料:教材、企业任务说明书、企业任务工单、视频学习资料、其他资料等。

(4)所有教师携带笔记本电脑,提前安装好 Microsoft Visio 软件。

(5)以 2 至 3 位教师为一组,合作一个模块的知识建模,可以按照模块内容或者章节内容进行分工。

三、方法与规则

（一）罗列知识点

罗列专业基础课中要讲授的所有专业知识点，要注意以下事项。

（1）知识点应该是某种学习的结果。

（2）列出不属于教学资料的先决知识。

（3）有些知识点不在教学材料中，但需要学生掌握。

（4）对于无法确定的知识点，只要团队达成共识，就可以罗列进去。

（5）有可能不能完全将知识点罗列出来，后续还可以进一步补充。

以"中国近代史"课程中的"鸦片战争"章节为例，提取出的知识点包括鸦片战争、半殖民地半封建社会、鸦片战争前的中国、马嘎尔尼使团礼仪之争、林则徐虎门销烟、《南京条约》。

（二）确定知识的类型

知识的类型包括：陈述性知识、事实范例、程序性知识和认知策略。

（1）陈述性知识，又称描述性知识，是关于"是什么""为什么""怎么样"的知识，用字母"DK"表示，在知识建模图中用 ▭ 表示。

（2）从本质上讲，事实范例也是一种陈述性知识，如方案、产品、现象、事实、问题、案例、例子，以及命题的推导过程和论证过程，这类知识代表着特定的现实及知识的运用，用字母"FC"表示，在知识建模图中用 ▭ 表示。

（3）程序性知识，又称操作性知识，是关于"怎么做"的知识，这种知识表达的是实物的运动过程或者某种操作的步骤序列，用字母"PK"表示，在知识建模图中用 ⬭ 表示。

（4）从本质上讲，认知策略也是一种程序性知识，但由于其非常特殊，因此单独归类，包括问题解决策略、学习方法、信息加工策略等，用字母"CS"表示，在知识建模图中用 ⬭ 表示。仍以"鸦片战争"章节为例，陈述性知识是近代中国、半殖民地半封建社会、鸦片战争前的中国；事实范例是鸦片战争、马嘎尔尼使团礼仪之争、林则徐虎门销烟、《南京条约》。

（三）绘制知识建模图

使用上述不同类型知识的图例，在 Microsoft Visio 软件中按照知识建模法绘制知识建模图。绘图时，必须标出所有知识点之间的关系，即九种语义关系：各类包含；组成或构成；是一种；具有属性；具有特征；定义；并列；是前提；支持。

绘制知识建模图时，需注意以下事项。

（1）"具有属性""组成或构成"两种关系必须标在最上位概念节点上；"是一种"关

系不能跨越概念层级。

（2）原则上禁止出现孤立节点。

（3）最终的知识建模图是共创和共识的结果。

（4）对知识建模图进行优化与定稿。

每位教师绘制好知识建模图后，交由另外 1～2 位教师进行检查，直到达成共识。该课程的知识建模图绘制完毕后，汇总并输出文档。

参考文献

[1] 杨开城.以学习活动为中心的教学设计实训指南[M].北京:电子工业出版社,2016.

[2] 杨开城,陈洁,张慧慧.能力建模:课程能力目标表征的新方法[J].现代远程教育研究,2022,34(2):57-63,84.

[3] 杨开城,孙双.一项基于知识建模的课程分析个案研究[J].现代教育技术,2010,20(12):20-25.

郑 重 声 明

本书属于黄河科技学院教学改革系列成果之一，著作权属于黄河科技学院，作者享有署名权。

任何未经许可的复制、销售行为均违反《中华人民共和国著作权法》，其行为人将承担相应的法律责任。为了维护市场秩序，保护读者的合法权益，避免读者误用盗版书造成不良后果，我社将配合行政执法部门和司法机关对违法犯罪的单位和个人进行严厉打击。社会各界人士如发现上述侵权行为，希望及时举报，我社将奖励举报有功人员。